De la fijación a la libertad

El Eneagrama de la liberación

Eli Jaxon-Bear

EL GRANO DE MOSTAZA

Título en inglés:
From Fixation to Freedom: The Enneagram of Liberation

Título en castellano:
De la fijación a la libertad: El Eneagrama de la liberación

Autor
Eli Jaxon-Bear

Traducción
Miguel Iribarren

Maquetación y portada
Félix Lascas

Fotografía portada
Jasmin Lace

Corrección ortotipográfica
Olga Montobio

Primera edición en España
Septiembre 2012

Impreso en España

Depósito legal
B-25624-LV

ISBN
978-84-940210-5-3

EDICIONES EL GRANO DE MOSTAZA, S.L.
Carrer de Balmes, 394 ppal. 1.ª
08022 Barcelona, SPAIN

www.elgranodemostaza.com

CONTENIDOS

Primera parte
La puerta a la libertad: la naturaleza de la realidad

Segunda parte
El Eneagrama de la fijación del carácter

Tercera parte
Despertar: esencia, trascendencia y silencio

Agradecimientos

Este libro no habría sido posible sin las enseñanzas y la transmisión de Ramana Maharshi. Su encarnación de la Verdad es una inspiración para todos aquellos que aman la pureza del Ser. A mi amado *satguru* Papaji, encarnación del silencio y transmisor de libertad para todos los que llegaron a su puerta, debo esta vida exigua. Y a mi más querida amiga, compañera, esposa y maestra, Gangaji, también se lo debo todo. Sin su voluntad de acabar con la fijación, aún estaría por ahí, aullando a la Luna.

Aunque nunca nos conocimos, Oscar Ichazo es el padre del Eneagrama moderno, y todo lo que yo pueda haber añadido está construido sobre la sólida base que él estableció. Claudio Naranjo trajo la enseñanza al grupo SAT de Berkeley, donde se le infundió una profunda comprensión psicológica. Jerry Perkins me introdujo al Eneagrama y me conectó con su profesora Kathleen Speeth. Me siento muy agradecido a ambos. También a mis hermanos y hermanas sufíes que han pasado siglos explorando las profundidades de la esencia, y a A. H. Almaas, que trajo estas enseñanzas a Occidente.

Este libro también tiene adquirida una gran deuda con los amigos espirituales que aparecieron en forma de estudiantes. Saleem Berryman, que ha estado tumbado de espaldas durante años por sufrir una enfermedad que le robó su vitalidad física, se ha dedicado a hacer de este libro una realidad. Keith Crozier, Jamie Baldwin, David Mills y Nelson Sorbo han ayudado de todas las maneras que han sido necesarias, y Padma Gordon ha dirigido su proceso de nacimiento. Shanti Einolander hizo un estupendo trabajo de corrección.

Asumo plena responsabilidad por cualquier error o lapsus.

Prólogo

Conocí a Eli Jaxon-Bear en julio de 1997. En aquel tiempo mi búsqueda era doble. En el camino espiritual, había llegado todo lo lejos que podía ir por mi cuenta, y eso estaba muy bien según muchos criterios. Realizaba largos y frecuentes retiros de meditación, y en esos periodos había tenido experiencias consistentes de la no mente, estados de profunda absorción y momentos de clara realización. No obstante, estaba convencida de que los había conseguido con un considerable esfuerzo y compromiso con la meditación sentada y los retiros silenciosos. Cuando no estaba en algún retiro, seguía dominada por una mente inquieta y por conductas reactivas incomprensibles que ya no parecían congruentes con quien creía ser y con lo que comprendía de la vida.

La segunda parte de mi búsqueda fue profesional. Durante toda mi vida adulta, las personas cercanas habían acudido a mí en busca de consejo. A medida que me desarrollaba espiritualmente, también crecían estas habilidades. Durante los años anteriores a mi encuentro con Eli, tuve muchos amigos terapeutas, y estaba claro que buscaban mi consejo cuando tenían problemas personales. Varios de ellos me animaron a que aceptara pacientes.

En abril de 1997 empecé a cobrar una pequeña cantidad por mis servicios. Me interesé por programas de posgrado y formación profesional, puesto que tenía muchas ganas de desarrollarme. Al mismo tiempo, examinaba con mucha precaución las cosas que permitía que me conformaran e influyeran. Una amiga terapeuta, que sabía todo esto y había experimentado mi trabajo, me dijo que había oído hablar de un hombre llamado Eli Jaxon-Bear, un formador de terapeutas y profesor del Eneagrama, que era el marido de Gangaji. Me invitó a ver un vídeo de una de sus conferencias en la Universidad de Stanford y aproveché la oportunidad. En el momento en que vi a Eli y lo oí hablar, supe que sería mi profesor. Reservé plaza para un retiro que se celebraba en Esalen pocas semanas después.

Eli se sentó con nosotros en círculo. Formábamos un grupo de entre veinticinco y treinta personas de procedencias y creencias espirituales muy diversas. Nos sentamos en silencio durante unos quince minutos y entramos sin esfuerzo en las profundidades de la quietud. Eli parecía estar lleno y rodeado de silencio. Parecía exudarlo con cada respiración, en cada palabra. E incluso cuando nos instruía sobre el Eneagrama, haciendo comentarios a menudo aderezados con chistes y risas desinhibidas, en sus ojos ardía un enorme silencio. Él me aterrorizaba y, sin embargo, no podía sentarme suficientemente cerca. La conexión que sentía era profundamente íntima aunque cómoda, como si lo conociera de toda la vida, pero aún lo observaba con precaución para sentirme segura ante su fuerza imprevisible, que parecía absorberme.

A medida que Eli desplegaba ante nosotros todo el entramado del Eneagrama, me pareció que podía relacionarme con cada fijación del carácter con un profundo reconocimiento y familiaridad. Todas ellas parecían discurrir dentro de mí. Estaba confusa y, conforme me identificaba con cada punto de fijación, me sentía más desdichada, atrapada por toda esta nueva conciencia de la actividad inconsciente de la conducta condicionada. Al principio de uno de los encuentros, Eli me miró a los ojos y me invitó a hablar. Yo compartí lo disgustada que estaba. Dije que había venido a aprender sobre el Eneagrama como una herramienta de liberación, pero que me sentía más esclava que nunca. Él me animó a sentir profundamente el disgusto, y también todo lo demás, que era incluso más profundo. Atravesando la desazón, caí en un deseo increíble de libertad, y en un momento estaba en casa, experimentándome a mí misma como el vacío, la plenitud y las profundidades del silencio. La realización fue profunda e inmediata. ¡El silencio siempre está a nuestro alcance! Como nuestro propio ser, ¡siempre está presente! El final de la búsqueda. Punto y aparte. Nada que hacer. Nada que practicar. Somos simplemente Eso. Hasta ese momento nunca había visto la posibilidad de tener un acceso tan profundo al Ser.

Si ese momento fue el final del trabajo de liberación de mí misma, también fue el principio. El Eneagrama, tal como lo enseña Eli, ofrece una herramienta para reflejar la estructura egoica de la personalidad y la fijación del carácter. En resumen, ofrece un plano, un mapa de lo que no somos. Se trata de verter luz sobre aquello que ha estado discurriendo a una gran profundidad en el inconsciente, y una vez que lo vemos, ya no puede volver a tener la misma fuerza.

Cuando conocí a Eli, aún no sabía que el miedo guiaba cada uno de mis actos y pensamientos; que estaba experimentando la vida a través de una amalgama de respuestas condicionadas. ¡Qué humillante darse cuenta de que todo lo que tratamos de reivindicar como individuos (la historia, los dolores, las debilidades, etc.) en realidad no es nada individual ni original, puesto que hay muchísimas personas que están viviendo la misma fijación del carácter! ¡Y qué liberador es dejar de tomárselo como algo personal!

Me resulta difícil separar los beneficios de ser alumna de Eli de los de conocer el Eneagrama. Todo ello está entretejido con una buena suerte enorme, maravillosa y misteriosa. Sé que no soy la única afortunada: cada paciente y cada persona con la que me encuentro se beneficia continuamente, más allá de mi capacidad de entender lo que ocurre. Sé que el Eneagrama me ayuda a ver el problema central con rapidez e impide que lo superficial me desvíe. A medida que caen las falsas identificaciones, el sufrimiento se alivia.

Me inclino con la mayor gratitud ante esta enseñanza que te brinda inmediatamente una puerta a la libertad. Me alegro de que se te ofrezca a través de este libro. ¡Que todos los seres sean libres!

SHEILA FIRNSTEIN
ASHLAND, OREGÓN,
FEBRERO DE 2001

SRI H. W. L. POONJAJI

¡Despierta! Ya eres libre.

Introducción

Cuando, en 1987, escribí mi primer libro sobre el Eneagrama, solo había otra obra sobre el tema, escrita desde la perspectiva de un jesuita. Yo estaba intentando que el Eneagrama fuera más accesible a personas de todas las procedencias y tradiciones espirituales, pues entendía que podía usarse para trascender las cristalizaciones del ego. Por aquel tiempo, mi propia búsqueda espiritual aún no había acabado, de modo que mi libro solo podía ir tan lejos como yo había llegado. A lo largo de la década siguiente, dos grandes acontecimientos precipitaron la escritura de *De la fijación a la libertad: el Eneagrama de la liberación*.

En primer lugar —y fue lo más importante—, conocí a un verdadero maestro que me enseñó a dejar de ceder a la fijación del ego. Ese maestro fue sri H. W. L. Poonja, de Lucknow, India. Antes de conocerlo, todo mi trabajo para acabar con la fijación solo consiguió un éxito limitado.

Él llamaba «detener la mente» a lo que yo llamaba «acabar con la fijación». Descubrí que cuando la mente está totalmente aquietada, esta fijación no aparece. Yo llevaba casi veinte años tratando de aprender a parar la mente. En la detención de la mente y la revelación del verdadero Ser, la falsa fijación del yo quedó expuesta como una condición neurótica de la mente apegada a la forma.

En segundo lugar, esta revelación me llevó a dedicar mi vida a apoyar el mensaje de mi maestro para acabar de raíz con el sufrimiento, deteniendo la mente y realizando directamente la verdad de quienes somos. Desde esta realización, quiero compartir la enseñanza básica del Eneagrama con la esperanza de que sea usado como vehículo de liberación.

El gran don del Eneagrama es que describe quien no eres. Muestra lo que vela la conciencia prístina y pura por los hábitos de la identificación egoica. Cuando estos hábitos mentales quedan expuestos, puedes elegir acabar con todas las falsas identificaciones y realizar tu verdadera naturaleza. En el momento en que existe la voluntad de confrontar las mentiras básicas que participan en la creación del ego, el Eneagrama es un espejo de sabiduría que apunta hacia aquello que la mente no quiere ver.

Mi deseo ferviente es que el lector use este libro para buscar la verdad en sí mismo. En este proceso se puede descubrir y experimentar directamente la totalidad del verdadero ser. Desde ahí puede empezar la verdadera autoindagación, que llevará a la autorrealización.

Que haya paz y amor entre todos los seres del universo. ¡Que todos los seres sean libres!

ELI JAXON-BEAR

PRIMERA PARTE

La puerta a la libertad: la naturaleza de la realidad

SRI RAMANA MAHARSHI
(30 DE DICIEMBRE DE1879 - 14 DE ABRIL DE 1950)

El deseo de felicidad

Tu verdadera naturaleza es felicidad y dicha

SRI RAMANA MAHARSHI

Todo el mundo quiere ser feliz. Este es un componente universal de la condición humana, y puede parecer tan evidente que no merece la pena señalarlo. Incluso los que se odian intensamente a sí mismos o se muestran violentos con los demás pueden comprobar que estos impulsos se derivan de su deseo de felicidad no realizado.

¿Por qué tan pocas personas son felices? Si es cierto que nuestra naturaleza es la felicidad y la dicha, ¿por qué es tan poco común que las personas alcancen estos estados y vivan vidas de gratitud y amor?

¿Cómo es que la búsqueda universal de la felicidad nos ha conducido a todo el espectro de sufrimiento que existe actualmente en el planeta? Incluso las expresiones más extremas de guerra, asesinatos, violaciones y devastación medioambiental se derivan, en última instancia, del deseo humano de felicidad.

¿Cómo puede manifestarse como ignorancia, avaricia y violencia el deseo de felicidad? El Eneagrama ofrece una respuesta a este rompecabezas y apunta hacia la solución.

Esta puerta inconcebible a la gran liberación está en todos. Nunca ha estado bloqueada; nunca ha dejado de funcionar. En el mundo han aparecido Budas y maestros Chan, y han ofrecido métodos oportunos, con muchos dispositivos diferentes, usando medicinas ilusorias para curar enfermedades ilusorias.

MAESTRO CHAN YUAN SOU

Atravesar la puerta de la liberación es entrar en la felicidad, la dicha y el conocimiento de la propia identidad. En el pasado, este ha sido un suceso muy raro. Cuando una de las grandes almas, como Buda o Cristo, alcanzaba la liberación, era un evento de tal magnitud que se recordaba durante miles de años. Sin embargo, muy pronto estos grandes seres se convierten en objetos de adoración, como si la iluminación solo fuera algo que le ocurrió a otra persona hace mucho tiempo y no guardara relación con nuestra situación actual, excepto como objeto de oración.

Esta puerta a la liberación está en todos. Atravesarla supone la realización de nuestro potencial humano. La especie humana aún sigue evolucionando. Y está en una carrera contrarreloj. ¿Evolucionaremos hasta el siguiente nivel de nuestro desarrollo potencial o, quizá, destruiremos la capacidad de la Tierra para sustentarnos antes de conseguirlo?

Los que han despertado a su verdadera naturaleza de felicidad y dicha han sido los precursores, los heraldos de lo que vendrá. Ahora, despertar a nuestra verdadera naturaleza no solo es posible para unas pocas grandes almas, sino para todos. Las semillas se están echando a los vientos. La gran puerta a la liberación está abierta y todos pueden atravesarla.

El Eneagrama ha aparecido en nuestros tiempos como una medicina ilusoria para curar una enfermedad ilusoria. La enfermedad es la idea egoica de la separación. La cura consiste en mirar en el espejo de sabiduría del Eneagrama para así ver la verdad de nuestro ser más allá de las falsas identificaciones.

~

El Eneagrama sagrado: un vehículo para la autoindagación

La entidad personal,
que identifica su existencia con la vida en el cuerpo físico
y se llama a sí misma «yo», es el ego.

El cuerpo físico,
que es intrínsecamente inerte, no tiene sentido del ego.
El Ser, que es pura conciencia, no tiene sentido del ego.

Entre estos dos, surge misteriosamente el sentido del ego,
que es el pensamiento «yo».

Este ego, o identidad personal separada,
está en la raíz de todo sufrimiento en la vida.
Por lo tanto,
ha de ser destruido por cualquier medio posible.
Esto es liberación o iluminación o autorrealización.

RAMANA MAHARSHI

En todas las personas hay una inteligencia viviente que intenta descubrir de manera definitiva su fuente y su verdadera identidad. El santo autorrealizado Ramana Maharshi te enseña a sumergirte dentro de ti mismo para descubrir quién eres realmente.

El método de la autoindagación consiste en mirar dentro para averiguar de qué está hecho el «yo». Puedes empezar a ver lo que has identificado falsamente contigo mismo. Cuando investigas directamente todos tus pensamientos, historias mentales, emociones y sensaciones corporales ves que todos ellos no son tú. Ellos están en constante cambio, mientras que tú eres lo que no desaparece ni cambia. Tú eres la conciencia que da lugar a todas las percepciones y experiencias.

Darse cuenta de que uno es pura conciencia es algo que no se aprende, ni se estudia ni se cree. Debe ser experimentado directamente e investigado con inteligencia para descubrirlo por uno mismo. Al sumergirse dentro, se descubre que el yo que lo hace, que es el mismo que está leyendo esta página, solo es una idea.

Hay un momento afortunado y misterioso en el que el deseo de felicidad lleva a considerar si esto que hemos estado llamando «yo» es real. A la luz de la autoindagación, descubrimos que las limitaciones que antes parecían definirnos son como líneas transparentes trazadas sobre el agua. Solo existen en la superficie de la conciencia, en nuestra imaginación. Cuando estas ilusiones mentales quedan claramente expuestas, el verdadero ser ilimitado se revela a sí mismo.

Al servicio de este descubrimiento último, el Eneagrama aparece como un espejo de sabiduría para que la conciencia reconozca cómo se ha identificado falsamente con las formas particulares. En su profundidad sutil, el Eneagrama revela pautas subconscientes de reconocimiento físico, emocional y mental. La identificación esencial es «yo soy alguien». Una vez que surge este pensamiento, el ego se queda cristalizado en la mente y la conciencia se experimenta a sí misma como limitada.

La primera limitación es la idea de que quien uno es está dentro, y quien uno no es está fuera. Ahora el «yo» tiene una identidad estrecha, es un objeto en el espacio que se llama «yo». El Eneagrama describe claramente nueve variantes de esta creencia básica de que uno es un cuerpo separado y limitado.

Mi maestro, sri Poonjaji, un discípulo de Ramana Maharshi, solía contar una historia maravillosa sobre las olas del mar. Estas corren continuamente hacia la orilla, donde estallan y chocan contra la arena. Luego retroceden para reagruparse y volver a estallar y a chocar contra la arena. Cada ola tiene su propio momento y movimiento únicos, su tamaño y su forma de avanzar, y parece diferente de todas las demás.

Un día, una pequeña ola sintió curiosidad al ver otra ola que venía de muy lejos. Se le aproximó y le preguntó: «Pareces una ola grande, vieja y sabia. Has viajado desde muy lejos y has visto muchas cosas. Tal vez puedas responderme: ¿existe el océano?».

La ola vieja sonrió y dijo: «Bueno, he oído hablar del océano, pero en realidad no lo he visto».

Con el Eneagrama puedes descubrir que has creído ser una ola, separada del océano de la conciencia. Una vez que reconoces con claridad la estructura de la mente, tienes elección. Puedes seguir creyendo que eres un «yo» limitado, o puedes empezar a examinar detalladamente la falsa creencia de que tu identidad está limitada por el tiempo y la forma. Para elegir el segundo camino, en el ego debe surgir el deseo de transcender el ego. Debe surgir un deseo ardiente de libertad, de verdad, de Dios.

Cuando se rinde conscientemente la identificación limitada, se produce una gran relajación. Ya no quedan ganas de seguir jugando un juego mental autodestructivo. Cuando el juego del sufrimiento se para, sobreviene una gran realización. Se descubre que, por debajo de toda identificación, está el océano de la dicha y la paz supremas. Este es el comienzo.

La estructura del ego

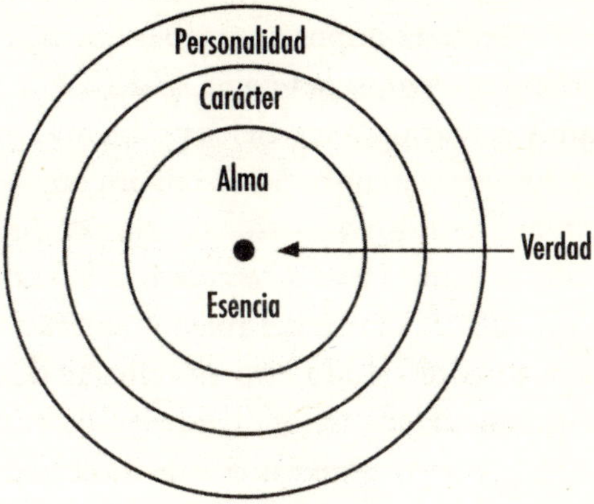

Personalidad

Todo organismo tiene una personalidad. Lo vemos en perros, gatos y caballos. Incluso estudios realizados sobre las hormigas informan que tienen personalidades. Esta es el anillo más periférico y superficial de la estructura del ego. Está compuesta por predisposiciones condicionadas o genéticas, que se encuentran con circunstancias sociales o medioambientales.

La personalidad incluye las actividades de los tres cuerpos de manifestación: el físico, el emocional y el mental. «Mis pensamientos», «mis sentimientos» y «mis conductas» son los tres reinos de la manifestación con los que las personas se identifican.

El objetivo de la mayoría de las terapias tradicionales es darte un ego más funcional. La identificación egoica requiere el mantenimiento continuo de una historia personal. La historia del yo, *mi* historia, se construye uniendo momentos destacados de fenómenos que han ido surgiendo y dándoles un hilo de continuidad, lo que se consigue interpretando todo personalmente. A menudo la terapia guarda relación con la calidad de la historia que te cuentas a ti mismo. El terapeuta suele ser como un entrenador empático que te enseña a construir la historia de otra manera.

Puedes cambiar tu historia personal. Si tienes un diálogo interno negativo, sin duda es mejor obtener un diálogo interno positivo. En cierta etapa del proceso de maduración, cambiar tu historia puede ser valioso. Y puede ser importante saber que no estás limitado a una historia particular. Pero, si la terapia se detiene a nivel de la personalidad, seguirás volviendo a los viejos problemas, retomándolos una y otra vez, en similares circunstancias, con un nuevo repertorio de gente que representará los mismos personajes de siempre.

A menudo la gente viene a terapia o a los talleres porque quiere tener más valentía, liberarse del miedo, aprender a aceptarse más o perdonar a sus padres. Todo esto es trabajar dentro del ámbito del cambio de personalidad. La gran trampa de trabajar con la personalidad y con sus circunstancias es que nunca se aborda la pregunta acerca de *quién* tiene una personalidad, *quién* está haciendo el trabajo.

Contar historias personales es una especie de autohipnosis. Es una «inducción al trance» en el que la conciencia entra al describir el mundo, al reaccionar ante él y al desarrollar opiniones y creencias personales con respecto a cómo debería ser el mundo.

Si estás espiritualmente maduro, no te sentirás satisfecho con una personalidad mejor o con una vida mejor. Tendrás hambre de algo más profundo. Sentirás un anhelo de volver a casa, un anhelo de verdadera paz, de libertad y de amor. Fundamental y definitivamente, la personalidad no es el problema ni la solución.

La fijación del carácter

El Eneagrama no es un sistema de clasificación de la personalidad, como se suele presentar tan a menudo, sino más bien una definición de las fijaciones del carácter. La misma fijación del carácter puede manifestarse en una gran variedad de personalidades. Jack Nicholson y Slobodan Milosevic tienen la misma fijación del carácter, pero distintas personalidades.

La fijación del carácter es un nivel más profundo que la personalidad. Aquí es donde reside el nudo del ego. Todos los pensamientos, sentimientos y conductas de la personalidad surgen de esta identificación central. También puede considerarse que la fijación del carácter es la estrategia central para la supervivencia del cuerpo. Es en este nivel donde el falso sentido del yo, que es la raíz de toda infelicidad, puede ser reconocido y trascendido.

La fijación del carácter es la máscara que extiende el ego sobre el *verdadero* carácter. Este último reside en el nivel del alma. Es la expresión de las cualidades desarrolladas de la esencia de esta. El verdadero carácter se desarrolla cuando uno está dispuesto a sacrificar el placer personal, o la seguridad, por algo más importante; para defender lo que se sabe que es verdad frente a los temores y las racionalizaciones de la fijación del carácter.

El trabajo directo sobre el verdadero carácter nunca lo desarrolla; es una forma de egoísmo. Este queda expuesto y se fortalece en los actos de desprendimiento y desinterés.

El gran reto consiste en reconocer y exponer la *imitación* que hace la fijación, tanto del verdadero carácter como de las cualidades esenciales del alma, que se describen en la sección siguiente. Esta imitación es algo intrínseco a la estrategia del ego para conseguir seguridad, control y amor.

La fijación del carácter también mantiene sin examinar el sentido del yo, al proporcionar una imagen positiva con la que identificarse abiertamente o en secreto. Cada fijación es una *idealización*, una historia internalizada que hace que parezca buena y correcta, aunque en realidad encubre lo que está ocurriendo.

Cuando te encuentras por primera vez con la fijación Dos, la de *dar*, parece muy amorosa y amistosa. El mensaje implícito que transmite el Dos es: «¿Cómo puedo ayudarte y qué puedo hacer por ti?». No obstante, cuando llegas a conocer esta fijación con un poco más de profundidad, se parece más a una máquina de extracción: «Cuidaré de ti si me das amor. Lo haré todo por ti si confirmas mi valía». Este egoísmo oculto está encubierto por la imitación de la verdadera bondad. La verdadera bondad esencial no necesita reconocimiento, mientras que la imitación que hace el ego de la bondad sí lo necesita.

Como la fijación del carácter imita la esencia de la propia alma, puedes sentirla como una experiencia muy real de tu identidad. Por esta razón el Eneagrama sagrado es una gran ayuda, pues es capaz de penetrar y desvelar este truco de la mente egoica de forma despiadada.

Alma y esencia

El alma es conciencia cristalizada de una forma muy sutil. Es el emerger de la conciencia *yo* como un cuerpo efímero. Es ella la que reencarna vida tras vida buscando realización y felicidad: buscando a Dios.

Cuando el alma no está iluminada y lleva la carga de una identidad egoica, en el antiguo lenguaje sánscrito de India se la llama *jiva*. En este caso el alma, o *jiva*, es el almacén de las tendencias latentes y de los deseos insatisfechos que nacen en un nuevo cuerpo. La identificación del alma con el cuerpo genera el nudo egoico de la fijación del carácter.

Las cualidades de la esencia del alma se describen en el sistema sufí de las *latifas* sutiles. Cada cualidad de la esencia está enmascarada por la correspondiente cualidad de la fijación. Por ejemplo, la *latifa* roja de *shakti*, o poder, está velada por el uso que hace la fijación Ocho del poder personal. La *latifa* verde de bondad está velada por el orgullo con que la imita la fijación Dos. La *latifa* blanca de pureza, lo está por la ira contra la impureza de la fijación Uno. La *latifa* dorada de alegría, por la melancolía en la búsqueda de la alegría de la Cuatro. La *latifa* negra de paz está velada por el intento de la Cinco de crear paz retirándose del contacto con el mundo externo. La azul de absorción, por la búsqueda de dicha de la Siete a través de las actividades externas.

Las *latifas* de la esencia no describen la verdad del alma, que está completamente vacía de toda forma, incluso de la más sutil. La inteligencia vacía y viviente que es la verdad del Ser no tiene color, forma ni cualidades y, sin embargo, es la fuente de toda forma, y da sabor, textura y color a todas las cosas.

Cuando confrontamos el empuje de la fijación del carácter porque ya no estamos dispuestos a permitir los viejos patrones que velan la esencia, la fijación se quema y, entonces, nuestra verdadera naturaleza puede brillar.

El verdadero Ser

Si las almas son como chispas volando en la noche infinita, el verdadero Ser no es únicamente las chispas, sino también la noche, el universo y el campo en el que el universo surge. El chiste cósmico es que el alma está hecha de aquello que ella misma está buscando: conciencia inmortal. La iluminación consiste en darse cuenta de que tú eres esa misma conciencia inmortal. Se descubre que Dios, el alma y el universo son Uno.

Es posible despertar del trance del ego y de la identificación con la forma. Esto es tomar conciencia de la verdadera vaciedad de todas las cosas. ¡Vemos claramente que, en realidad, no existe nada! ¡La nada es todo lo que existe! Y esta *nada* está más allá de la descripción, de las palabras. Cuando te das cuenta de que eres la totalidad de la plenitud inteligente y vacía, alcanzas la iluminación, despiertas del trance del sufrimiento.

La experiencia del despertar varía de una persona a otra en profundidad, duración y alcance. Algunas experiencias son breves y superficiales, y otras son vastas y profundas. Cuanto más dispuesta está la mente individual a abrirse a aquello que está más allá de ella, más profunda es la realización. La verdad de lo que se experimenta no cambia. Pero sí la capacidad de la mente de comprender y de aproximarse a lo que está más allá de su capacidad de comprensión.

Una vez que cortas el nudo de la identidad egoica, eres libre. En sánscrito, el *jiva* se convierte en un *jivan mukta*, un alma liberada. Tal como los budistas hacen listas de las cualidades de los distintos Budas y *bodhisattvas*, seres cuyas vidas están dedicadas a la iluminación de todos, el alma madura al profundizar en la realización de su verdadera naturaleza. Tras la experiencia del despertar, se produce una profundización natural. Este proceso tiene lugar a través de pruebas y tentaciones que, o bien llevan la conciencia de vuelta a la identificación, o bien la liberan más, estableciéndola en un nivel más profundo de realización.

La liberación final es la reunión con Dios. Al descubrir su verdadera naturaleza, que está más allá de toda forma, el alma se realiza como el Uno informe. En sánscrito, el Ser como alma liberada recibe el nombre de *Atman*. Cuando esta se disuelve en la unión con el Amado, la Totalidad Una, se la llama *Brahman*.

Brahman, o Dios, es el campo inmutable y absoluto que da lugar a toda forma, incluyendo a Dios, el alma y todo lo que llamamos el universo. Cuando la identificación pasa de un cuerpo particular, por más sutil que sea, a la totalidad del Ser de la que emergen todos los objetos, el alma toma conciencia de sí misma como conciencia pura e ilimitada. A este cambio de identificación se lo denomina realización del Ser. En esta realización no solo descubres que el amor es todo lo que hay, sino también que tú eres este amor.

La esencia interna del Eneagrama

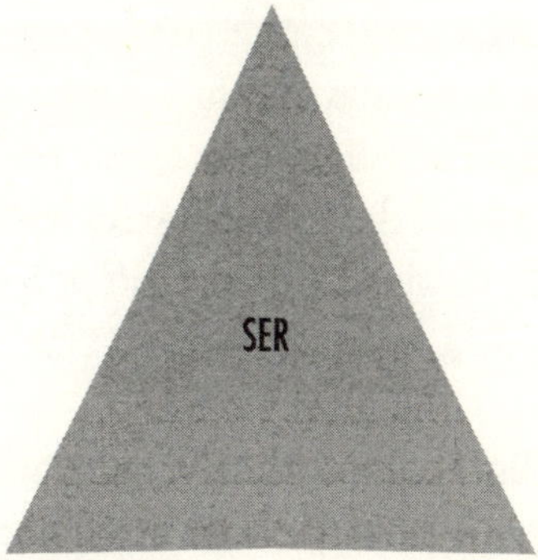

Este simple triángulo es la base de la estructura del Eneagrama. Todo lo demás se despliega a partir de esta trinidad. El triángulo representa los aspectos centrales de la verdad viviente e innombrable que subyace a toda manifestación.

Estos aspectos son indivisibles y continuos. No se trata de cualidades separadas que puedan ser divididas, tal como no puedes separar del fuego lo que percibes como el calor, la luz y la cualidad ardiente. Pero, para los propósitos de nuestra indagación, dibujaremos estas cualidades en un triángulo y actuaremos como si el Ser inmortal pudiera distinguirse de la Conciencia y del Amor.

Hablar de lo innombrable como si fuera un objeto es impreciso. La verdad del Ser no es un objeto, ni una forma ni algo que pueda ser nombrado. Sin embargo, en la búsqueda de la verdad sin nombre, estos pueden servir como dedos que señalan en la dirección correcta.

Distintas tradiciones espirituales usan diversos apelativos para apuntar hacia el absoluto: Verdad, *Dharmakaya*, Dios, Amor, el Amado, Conciencia crística, Naturaleza de Buda, Ser, Nada, Existencia, etc. Todas estas denominaciones hacen referencia a esa misma Presencia innombrable, inconmensurable y eterna, reconocida universalmente en todas las culturas y tradiciones.

En sánscrito, el Ser se describe como *Satchitananda*. El significado de *Sat* es 'ser inmortal', que también es conciencia. *Chit* puede traducirse como 'conciencia pura ilimitada', absoluto vacío más allá del tiempo, del espacio y de la forma. *Ananda* significa 'amor/dicha'. Estos son los tres aspectos principales de la verdad única e indivisible.

Conciencia pura e ilimitada, Vacío y Amor son la verdadera naturaleza de lo que se expresa a sí mismo como *yo*. Solo hay un *yo*, y este Uno da lugar a la totalidad de la manifestación. Mirando hacia fuera a través de una miríada de ojos, el Uno ve su propio reflejo por doquier. Todos dicen: «Yo soy». Esto es universal. ¿Hay alguien que diga: «Yo no soy»?

Conciencia, Inteligencia y Dicha son cualidades que brillan de manera natural como expresiones del Ser/Conciencia/Amor. Esta es la verdadera y radical condición del verdadero Ser. No tienes que trabajar nada, crear nada ni transformar nada para convertirte en esto. No es algo que conseguirás algún día, cuando hayas trabajado suficientemente duro. Esto es quien tú ya eres. La única que te dice que las cosas son de otra manera es tu mente. Ella, debido a su condicionamiento, crea velos de somnolencia, miedo y deseo basados en la idea «yo soy alguien».

La percepción de un «universo» procede de una inducción al trance. Lo que los hindúes llaman «el poder velador de *Maya*», el mundo ilusorio, surge de la pura conciencia y proyecta una ilusión de oscuridad o confusión sobre la conciencia pura. Este truco de Maya hace que parezca que la conciencia pura no es todo lo que hay. Como el Ser se hace este truco a sí mismo, la conciencia parece estar limitada, pues se identifica a sí misma con una forma limitada. Esta es la ilusión de Maya. En la pura luz blanca, no se ve nada. En la pura oscuridad, no se ve nada. Solo en el juego de sombras y en la relatividad se manifiesta la apariencia. Este es el mágico espectáculo de luces de Maya.

Una vez que la conciencia aparentemente particularizada se identifica con un cuerpo, se entra en la ignorancia. La ignorancia, o ignorar lo que realmente está aquí, es una forma más personal de hipnosis. Es como quedarse dormido. En sánscrito, a esta cualidad onírica de la mente se la denomina *tamásica*. Se trata de una mente densa, oscura, nublada, opaca y estancada, cuyas características se asemejan a las del barro sedimentado o el aceite de motor usado que se vierte en una olla. La cualidad tamásica de la mente es ignorancia. En primer lugar, ignorancia del verdadero Ser y, después, de confundirse a uno mismo con un ser humano.

La ignorancia del verdadero Ser es la raíz de todo sufrimiento. A partir de ella, surgen el miedo y la duda: el miedo por la supervivencia del cuerpo y la duda con respecto a la propia competencia para lidiar con un mundo peligroso. También surgen las necesidades y los deseos del cuerpo. El amor queda velado por el deseo de amor y el miedo de salir herido. Esto produce la armadura emocional. Al percibir que hay requisitos para conseguir amor, se produce la «venta» de uno mismo.

Esta es la condición humana: ignorancia, duda y miedo, armadura emocional, sentir necesidad de amor y hacer cosas para conseguirlo. En esto consiste una vida normal; no la vida natural, sino la normal.

Yo soy alguien

Una vez que surge el primer pensamiento *yo* en el campo vacío de la conciencia, se produce la identificación con un cuerpo. La gente dice: «Soy Fred y tengo cuarenta años». La identificación es con el cuerpo. Una vez que surge el pensamiento «yo soy alguien» en la conciencia pura y se identifica con un cuerpo particular, el triángulo toma este aspecto:

Cuando tenemos el pensamiento «yo soy alguien», también surge el universo como lo «otro». No existe la distinción entre tú, él, ella o ello si primero no tenemos un yo.

Una vez que hay un yo y un mundo, lo que uno es queda dentro y el mundo queda fuera. Esta es la alienación fundamental del ego. Todo sufrimiento surge del sentimiento de tener un yo separado.

El mito de Adán y Eva está lleno de resonancias simbólicas del camino que recorre la conciencia hacia su propio despertar. En el Jardín del Edén hay unidad, aunque el ser humano aún no es consciente de sí mismo. Entonces, Dios, el Creador, establece el mandamiento de no comer de cierto árbol. Para comer la fruta de ese árbol, la mente del hombre debe desafiar a Dios. Las tentaciones de la carne se usan para derrocar a Dios. Al alimentarnos del fruto del conocimiento del bien y del mal, se destruye simbólicamente la unidad del Jardín del Edén y entonces aparece la dualidad de la mente: el hombre frente a Dios, el hombre frente a la mujer, lo correcto frente a lo equivocado. Entonces, los seres humanos son expulsados del Jardín y deambulan durante incontables generaciones; la mente está al mando y en guerra contra Dios. El resultado puede verse en la Tierra en nuestros días.

El yo se imagina que es el hacedor, el pensador y el que disfruta, o sea, se identifica con los cuerpos físico, emocional y mental. De esta manera, la mente egoica asume el lugar de Dios, imaginando que tiene el control. Todo ego siente que tiene el control y, en secreto se da cuenta de que no tiene ni idea de qué hacer. Cuando el sufrimiento propio de esta condición se vuelve insoportable, el hijo pródigo vuelve a casa, a la fuente. Después de la rendición, la mente vuelve a Dios y la conciencia individual encuentra su camino a casa en lo divino.

La cristalización de la fijación

El Eneagrama es una descripción del pensamiento *yo,* que es el nudo del ego.

Cuando se enseña el Eneagrama, se suele partir del supuesto de que la fijación es un fenómeno de la personalidad que aparece en cierto momento de la infancia. En mi trabajo con la gente he descubierto que la fijación, o la predisposición a ella, ya está presente en el útero materno. Es cierto que a veces se recuerda un momento de cristalización en la infancia, entre los tres y los cinco años de edad, a medida que se desarrolla la estructura del ego. Pero, aunque la fijación se cristalice en ese momento, su potencial ya estaba latente, esperando el momento de aparecer.

Podemos comparar este proceso con el de una flor. Incluso antes de que florezca una rosa, resulta evidente que es una rosa. El potencial de la flor es inherente a la raíz; la rosa florecerá cuando le llegue el momento. Asimismo, la fijación del carácter ya es evidente en la infancia y, a menudo puede detectarse en el útero materno. Algunas fijaciones parecen compartir experiencias comunes en el útero.

Stanislav Grof, en su trabajo psicoterapéutico pionero con LSD, postuló que los traumas del nacimiento forman el carácter. En mi experiencia de trabajo con la regresión a vidas pasadas, la fijación del carácter parece que ya está presente en el ADN. Existen algunas manifestaciones físicas que son exclusivas de fijaciones particulares.

A partir del análisis de los estudios realizados con gemelos y mellizos, y de mis propias observaciones, me he dado cuenta de que los gemelos idénticos parecen tener la misma fijación, mientras que los mellizos presentan fijaciones diferentes. Esto vuelve a apuntar a que la formación del carácter depende del ADN.

Un mellizo expuso así sus recuerdos en el útero materno:

> *Tengo la fijación Cinco, y no podía soportar tener a mi hermana allí conmigo. Era muy claustrofóbico. He pasado el resto de mi vida huyendo de esa experiencia para estar solo. Por otra parte, a mi hermana, que es una fijación Dos, le encantaba tener compañía en el útero, y aún continúa persiguiéndome mientras yo viajo por el mundo para esconderme.*

Cuando pregunté a mi maestro por la raíz de la fijación, dijo que son los deseos insatisfechos los que producen el nacimiento. Estos deseos insatisfechos, o impresiones latentes, llamados *samskaras* en sánscrito, son los que surgen como fijación del carácter en el nacimiento. El ego se crea y toma forma a fin de satisfacer esos deseos. Esto es lo que se conoce como *samsara* o «el ciclo interminable de sufrimiento en la rueda de la encarnación».

Infancia

Cuando somos bebés, experimentamos a nuestros padres como si fueran Dios, de acuerdo con todas las definiciones del término. Párate a considerar lo que significa la palabra *Dios*. Dios es el Creador, el proveedor, el que todo lo sabe. Los padres encajan en esa definición para el bebé. Como ellos crearon al bebé, el bebé los experimenta literalmente como el Creador. Los padres son los proveedores: sin ellos, el bebé muere. Y, desde la perspectiva del bebé, los padres lo saben todo: visitan otros mundos que el bebé ni siquiera puede imaginar.

Por desgracia, la mayoría de nosotros nacemos en un mundo en el que Dios, el padre, no está iluminado. Venimos al mundo como pura conciencia, totalmente dependientes de nuestros padres. Entonces Dios, el padre, nos da un nombre, nos dice que somos un cuerpo, y pronto tenemos un pasado y un futuro. El padre, en su función de Dios, nos transmite e induce al trance de la esclavitud. Se nos imprime una identidad personal; esta es la herida original. En lugar de ser reconocidos como lo que somos, pura conciencia, se nos reconoce básicamente como buenos bebés o malos bebés. Si dormimos por la noche y comemos a la hora, somos buenos bebés. Si nos despertamos y lloramos, somos malos bebés. Tal vez seamos bebés guapos o feos, bebés listos o estúpidos. Esto es lo que el mundo nos superpone, esto es «Dios» diciéndonos quiénes somos.

La inducción al trance que supone nuestro nombre comienza inmediatamente. ¿Cuántas veces, a lo largo de muchos meses, oímos la letanía con la que se va tejiendo el hechizo: «Tú eres Sally»? Finalmente, lo internalizamos y estamos de acuerdo: «Sí, yo soy Sally».

Con este condicionamiento, el bebé tiene que aprender a sobrevivir. Por lo tanto, aprende su programa individual: a sonreír y a ser guapo, o a luchar contra el programa. Aprende que ser un buen bebé equivale a conseguir amor, y ser un bebé malo equivale a ser rechazado. Aunque los estilos pueden ser diferentes, en ambas relaciones el mecanismo de supervivencia es el condicionamiento parental.

Llegados a este punto, el niño ha perdido contacto con quien es realmente. Se lo identifica como niño, con una armadura construida, defensas y hábitos de conducta. El niño cree: «Este soy yo». Después sale a encontrar «felicidad, paz y realización» en el mundo de los objetos:

> *Si encuentro a alguien que me quiera lo suficiente, me sentiré bien.*
> *Si soy suficientemente rico, me sentiré bien.*
> *Si tengo la pareja adecuada, las experiencias adecuadas o las ropas adecuadas, entonces me sentiré bien.*

Mientras creamos ser un organismo que marcha hacia su muerte inevitable, esta búsqueda fuera de uno mismo no revelará el significado ni la realización que esperamos encontrar en ella.

La búsqueda de la paz, la felicidad y el amor en los fenómenos externos ocurre porque uno se ha quedado dormido e ignora su propia identidad. La futilidad de buscar fuera lo que nunca puede hallarse allí, normalmente, produce algún grado de depresión, paranoia y coraza emocional. Cuando estás perdido en el trance sonámbulo llamado «yo y mi vida», el ciclo parece interminable. La coraza emocional puede reforzar la disociación que a su vez, sustenta la duda y el miedo. Así, el sueño que te aturde parece deseable y alimenta el hambre de que te ame alguien externo a ti.

Pero es posible empezar a deshacer el ciclo alejándose de la persecución interminable de la satisfacción fuera de uno mismo. Entonces, empezarás a darte cuenta de que la única manera de encontrar la verdadera satisfacción es yendo hacia ti mismo, hacia las profundidades de tu ser. Finalmente te encuentras de frente con el nudo del ego. Este es el punto de la verdadera rendición.

Usar el Eneagrama

Hijo mío,
como crees que eres un cuerpo,
durante mucho tiempo has estado cautivo.
Has de saber que eres pura conciencia.
Con este conocimiento como espada,
corta tus cadenas
¡y sé feliz!

ASHTAVAKRA GITA

El gran regalo del Eneagrama de la fijación del carácter es que nos da la estructura exacta del nudo del ego. La conciencia es nuestra espada y el Eneagrama nos muestra el nudo que tenemos que cortar. De esta manera es posible la iluminación o la autorrealización.

El Eneagrama revela cómo hemos identificado falsamente nuestro yo con los cuerpos físico, emocional y mental. Esta identificación está presente en la creencia no examinada de que somos un cuerpo con conductas, sentimientos y pensamientos. Cuando llevamos estas pautas de identificación subconsciente a la luz, podemos descartarlas en la búsqueda del verdadero «yo». De esta manera, el Eneagrama resulta útil de manera inmediata en el proceso del despertar o iluminación.

Según una historia sufí muy conocida, una noche el mulá Nasr Id'n estaba bajo una farola, de rodillas y apoyado sobre las manos, buscando frenéticamente.

—¿Qué estás haciendo? —le preguntó un amigo que pasaba por allí.

—Estoy buscando mis llaves —replicó el mulá.

—¿Las has perdido debajo de la luz? —le preguntó su amigo.

El Mullah levantó la vista, sonrió y dijo:

—No, en realidad las he perdido en esos matorrales oscuros que hay junto a la puerta, pero aquí hay mucha más luz y se puede ver mejor.

Cuando buscamos bajo la farola lo que sabemos que está en las sombras, nos consolamos con la actividad de la búsqueda y acabamos sintiéndonos frustrados cuando se demuestra que lo que hemos encontrado no es duradero. Cuando estamos dispuestos a mirar directamente a eso que hemos enmascarado y justificado, el Eneagrama nos ofrece luz, reflejando la luz sin juicio. Nos brinda la oportunidad de ver la estructura mecánica del ego que hemos identificado como nuestro «ser». De esta manera, el Eneagrama es extremadamente preciso en su descripción de lo que es falso, para que la verdad pueda ser revelada.

George Gurdjieff, uno de los primeros maestros espirituales de Occidente que usó el sistema del Eneagrama con sus estudiantes, dijo que cada persona tiene lo que él llamó un «rasgo principal». Este es la parte de nuestra identidad egoica que más nos cuesta ver. La pauta general de nuestros pensamientos, sentimientos y conductas nos parece tan real y tan personal que la hemos identificado incorrectamente con quienes somos. La cualidad dominante de fondo de este rasgo principal es lo que nos impide examinarlo directamente. De hecho, este rasgo es tanto una obstrucción como una puerta potencial a la realización de nuestro ser.

Gurdjieff basó su trabajo en la creación de choques conscientes para producir el despertar a la autoconciencia. El Eneagrama puede proporcionarnos este tipo de choque.

Pero, como cualquier medicina poderosa, también es muy fácil usarlo erróneamente. El peligro reside en reconocer los patrones de identificación y usar esta comprensión para justificar su continuidad. Por ejemplo: «Bueno, como soy un Cinco, tengo que retirarme». O: «Soy un Ocho, de modo que, cuando me enfado, simplemente estoy siendo yo mismo». A menudo suelo hallar este tipo de justificaciones. Este es el peligro. Entonces, en lugar de ser un espejo reflector puro, el Eneagrama sagrado se vuelve otro sistema de mantener el sentido del ego, en vez de afrontarlo, atravesarlo y ver más allá de él.

Cuando se trata con descuido, todo lo sagrado se convierte en un veneno. Así como el vino sacramental mal empleado produce el estupor de la borrachera, toda verdad tratada con negligencia nos lleva a un sistema de creencias que fomenta el ego espiritual. Si abordas el Eneagrama con respeto, es una gran medicina. Si lo haces con descuido, puede ser un gran veneno.

Una manera útil de aplicar el Eneagrama es empezar a reconocer las fijaciones no solo en ti mismo, sino también en tus relaciones. Podemos perdonar y sentir compasión cuando descubrimos que cada uno de nosotros está estructurado de manera un poco diferente y que cada uno realiza un proceso distinto para completar la misma tarea. Reconocer la estructura egoica de tu madre te permite comprender lo que puede parecer una conducta inexcusable. Con esta comprensión, podemos empezar a perdonarnos a nosotros mismos y a perdonar a nuestras parejas, padres e hijos. Podemos dejar de exigir que las personas de nuestra vida cambien. Podemos dejar de pedir peras al olmo.

Mediante el proceso de reconocer nuestras pautas de fijación, se produce algo muy importante. La mente consciente se da cuenta de que en la vida están ocurriendo más cosas de las que pueden verse a simple vista. Es posible que empieces a ver pautas de conducta que antes eran invisibles. Cuando sigues la pista de estas pautas remontándote hasta la fijación central, comienza un proceso precioso de firmar la paz contigo mismo a niveles que tal vez ni siquiera sabías que existieran. A medida que vayas soltando delicadamente los nudos que bloquean la plena expresión de tu ser, sin duda te asombrará la sutileza de las texturas impresas a lo largo del tiempo. Cuando abandonamos el identificarnos con las pautas mecánicas de la fijación del ego, dejamos de tomarnos la vida personalmente, y entonces puede acabar el sufrimiento causado por nuestras reacciones a las experiencias de vida.

Te sugiero que comiences leyendo todo el libro hasta el final. A medida que leas sobre cada fijación, empieza a generar posibilidades de comparación contigo mismo, con tus conocidos o con personas famosas. No debe preocuparte si lo haces bien o no, y no te aferres demasiado a tus primeras impresiones u opiniones.

Es importante darse cuenta de que todos manifestamos la totalidad de las pautas, sea en un momento u otro. No obstante, hay un lugar en el cual estamos fijados, un lugar que nos puede resultar difícil de ver, que pasamos por alto subconscientemente con la certeza de que nosotros no somos así. También es importante darse cuenta de que no cambiamos de fijación. Empleamos estrategias de todas ellas, recurrimos a ciertas tácticas cuando estamos bajo presión y a otras cuando estamos relajados. (Comentaremos los movimientos de los puntos con más detenimiento en otro capítulo del libro). Pero la cristalización de la fijación primaria no cambia nunca.

No es la fijación la que despierta. Tú despiertas de la creencia de que eres una fijación. Pero, antes de poder ser libre, debes reconocer tu identificación subconsciente y afrontarla.

El Eneagrama revelará las dinámicas sutiles que emergen en las relaciones. Sé respetuoso con este sistema. No lo uses nunca para ganarle una discusión a tu pareja diciéndole: «Oh, eso solo es tu fijación». Si dices esto con un tono de ataque —y siempre tienes que confiar en lo que te diga tu pareja a este respecto—, tú también estás perdido en tu fijación y no estás en el mejor lugar para apuntar las deficiencias de los demás.

Algunas personas se reconocen inmediatamente cuando leen una descripción particular. Otras vacilan. Date cuenta de que la duda es la «pasión» del punto Seis. Otros se reconocerán en todos los puntos. Pueden hacer falta varias lecturas para encontrar el propio. Tómatelo con ligereza y juega a reconocer las manifestaciones de todas las pautas en ti y en los que te rodean.

El gran potencial del Eneagrama es que puede usarse para cortar tu identificación con el ego. Puedes descubrir que el ego solo es un patrón; no eres tú. Entonces, puedes permitir que tu identificación con el ego se disuelva, negándote a alimentarla con tu participación.

Usa el Eneagrama como vehículo para el despertar, más que como una manera de convertirte en «algo» mejor: en un Cinco mejor o en un Siete mejor. Algunos aprenden el sistema con la intención de encontrar la pareja correcta o de mejorar su negocio. Este es un uso erróneo del Eneagrama sagrado y solo sirve para perpetuar el sufrimiento personal: no hace nada para descubrir cuál es la raíz de todo sufrimiento, que es la identificación con nuestra fijación como si fuera nuestra realidad.

El potencial del Eneagrama es usarlo como una profunda medicina espiritual. No se trata de convertirte en una fijación mejor, sino de descubrir quién eres de verdad, más allá de cualquier pauta de pensamiento, sentimiento o conducta. No hay nada que hacer. Todo hacer es de la fijación. Hacer más solo es fijación. Estar dispuesto a detener todo hacer fijado, a morir a la identidad personal como conocedor y hacedor, abre la posibilidad de reconocer lo que está aquí ahora, antes de cualquier hacer. El simple hecho de ver la naturaleza mecánica de las pautas que has identificado contigo mismo permite una rendición más profunda y el descubrimiento de la verdad de ti.

Una vez que has visto más allá de toda falsa identificación, puedes alcanzar la verdadera libertad, vivir como la esencia ilimitada del Ser, en lugar de vivir las imaginaciones que crees ser. Cuando dejas de imaginar que eres lo que no eres, reconoces tu Ser por doquier. En este encuentro con tu Ser, eres la encarnación silenciosa de la felicidad y la dicha.

SEGUNDA PARTE

El Eneagrama de la fijación del carácter

El Eneagrama de la fijación del carácter

Los que confunden la apariencia con la realidad,
la sombra con la sustancia y lo verdadero con lo falso,
no llegan a alcanzar lo esencial.

GAUTAMA BUDA, DHAMMAPADA

Ahora vamos a examinar cuidadosamente la apariencia, la sombra y lo falso: el falso ser llamado «yo» que hemos creído que era la verdadera realidad. Para realizar este examen de quien no eres, acudimos al Eneagrama, que describe la estructura de la fijación del carácter o ego.

La palabra «*Eneagrama*» viene del griego y significa ‹de nueve lados›. El Eneagrama de la fijación del carácter es una manera de identificar nueve máscaras egoicas diferentes. Estas nueve máscaras del ego se agrupan en tres clasificaciones primarias, dependiendo de qué «cuerpo» alberga la identificación. Cuando la identificación surge en el cuerpo físico, la fijación está basada en la ira. Cuando surge en el cuerpo mental, está basada en el miedo. Y cuando surge en el emocional, la fijación es histeria basada en la vergüenza. Estas tres fijaciones primarias se basan, todas ellas, en el miedo: miedo a la ira, miedo al amor y miedo al miedo.

Cada una de las tres clasificaciones básicas —ira, histeria y miedo— presenta tres versiones diferentes. Hay tres puntos de ira, tres puntos histéricos o «de imagen» y tres puntos de miedo, que constituyen los nueve tipos básicos.

Cuando escuché esta enseñanza por primera vez, se la llamaba el Eneagrama de la personalidad, y así es como había sido enseñada durante muchos años. Mi comprensión del Eneagrama es fundamentalmente diferente. No trabajo en el nivel de la personalidad, pues he descubierto que el Eneagrama describe otra capa más profunda: la fijación del carácter. La personalidad es un fenómeno superficial que ocurre en el ambito de la fijación del carácter. La personalidad hace referencia a las cualidades o tendencias, que pueden cambiar con el tiempo. Uno puede tener un rasgo de personalidad «gruñón» y aprender a ser más agradable, o tener una personalidad «tímida» y volverse más sociable.

Sin embargo, la fijación del carácter se mantiene constante a lo largo de la vida. Mientras uno se siga identificando como animal humano, la fijación del carácter es la modalidad primaria de percepción e identificación, lo que de manera muy previsible determina nuestra manera de pensar y de actuar. La fijación del carácter es el lecho sobre el que se construye la personalidad. En la hipnosis, un individuo puede cambiar drásticamente de personalidad al variar ciertos rasgos de conducta. No obstante, este cambio de personalidad no afecta la fijación subyacente del carácter.

El Eneagrama de la fijación del carácter es mucho más profundo y significativo que la mera manifestación de la personalidad. Si se limitara a describir la personalidad, solo resultaría útil de una manera superficial y limitada. Al darnos un mapa detallado de cómo está fijada la conciencia para cada uno de los tipos de carácter, el Eneagrama de la fijación del carácter es un apoyo valiosísimo en el proceso de autoindagación y autorrealización.

El Eneagrama revela las pautas mentales habituales con las que nos identificamos. Nos resultan tan familiares que nos puede parecer que son nuestra esencia, cuando, de hecho, son un impostor, algo que recubre superficialmente nuestra verdadera esencia. Cuando descubrimos el punto del Eneagrama con el que nos hemos identificado subconscientemente, podemos sufrir una conmoción. Después de todo, lo que creíamos que era exclusivamente nuestro no es tan especial. Lo único que de verdad es digno de amor es la pura esencia, que brilla de manera natural cuando la fijación no está activa y la mente está aquietada. La verdadera esencia no necesita ser curada, creada o alcanzada; simplemente tenemos que darnos cuenta de que es la naturaleza permanente de nuestro Ser.

Para creerte limitado a lo que comúnmente llamamos «yo» —mi nombre, mi cuerpo, mis pensamientos, sentimientos y sensaciones— tienes que pasar por alto la verdad omnipresente de quien eres realmente: amor puro, ilimitado, vacío, silencioso, consciente. La tendencia a pasar por alto la verdad de quien eres se considera normal. Desde la primera infancia, las demás personas comparten esta percepción errónea y la refuerzan de forma continua. Lo normal es que esta idea subconsciente de quienes creemos ser se convierta en la motivación impulsora que nos obliga a vivir y reaccionar mecánicamente. Entre tanto, en general, somos inconscientes de las motivaciones más profundas, que están enraizadas en la falsa creencia de que somos personas únicas, separadas de todos los demás. En el pasado, ha sido muy poco común cuestionar la realidad de lo que llamamos *yo*.

En sí misma, la fijación del carácter no es el problema. Este sobreviene cuando la máquina de la fijación está en marcha y se toma las cosas personalmente. Cuando empiezas a reconocer que la fijación es como una máquina, puedes soltar cualquier implicación personal. La implicación personal es el ego. Cuando este desaparece, los problemas se van.

Por suerte, cuando reconocemos que lo que llamamos *yo* solo es una pauta (y hay cientos de millones de otras personas que tienen la misma pauta), ya no podemos tomarnos las cosas tan personalmente. Entonces, podemos elegir dejar de identificarnos con la pauta. Si uno es firme en su voluntad de no caer en las falsas concepciones del ser, muere a lo irreal y vive en la revelación del verdadero Ser.

Las tres fijaciones básicas

Cada ego se experimenta como el centro del universo, y las personas se imaginan que tienen el control. La mente pensante cree estar al mando: hace que las cosas ocurran y ofrece seguridad al cuerpo. Es posible que te moleste mucho que alguien empiece a decirte qué debes hacer. El impulso hacia la ira es físico; es una ira animal. Aparece en el cuerpo físico, del mismo modo que la necesidad de amor nace en el cuerpo emocional y que el diálogo mental lo hace en el cuerpo mental.

Como el yo cree ser un cuerpo entre muchos otros cuerpos —solo y separado en el vasto universo—, surgen la ira, el miedo y las necesidades. Hay ira en relación con quién controla el cuerpo, miedo por la supervivencia de este e identificación con sus necesidades emocionales. A estos se los llama los puntos centrales del Eneagrama y se les asignan los números Nueve, Seis y Tres.

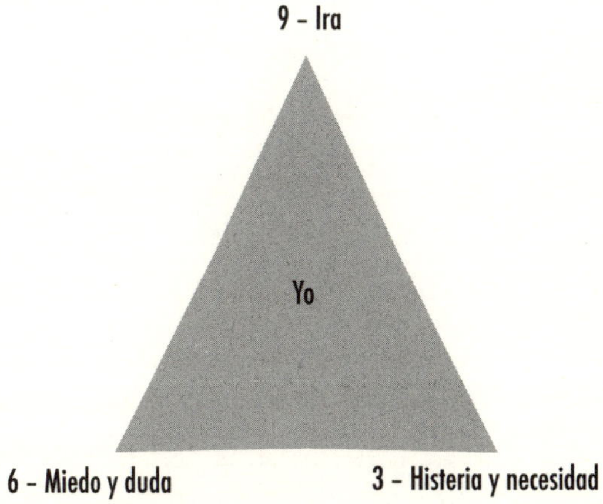

La elección básica que afronta cada persona es la de vivir como Ser/Conciencia/dicha o como ira/miedo/necesidad. La verdadera libertad está ahora mismo a disposición de todos los seres. Es posible descubrir las pautas subconscientes de creencia, deseo e identificación que permiten que la conciencia se mantenga adormecida.

Los tres cuerpos y la cristalización del carácter

La fijación solo es posible si hay identificación con los cuerpos físico, emocional y mental. Mientras el nudo esté atado y la conciencia crea momentáneamente que es una forma, sutil o más densa, la fijación está cristalizada en uno de los tres cuerpos de manifestación.

- Tres de los nueve puntos del Eneagrama están fijados en el cuerpo físico. Estos puntos de vista se clasifican como obsesivo-compulsivos o puntos de la ira.
- Tres puntos están fijados en el cuerpo emocional. Se clasifican como histéricos, o puntos de la imagen.
- Tres puntos están fijados en el cuerpo mental. Se clasifican como paranoides-esquizofrénicos, o puntos del miedo.

Cada uno de nosotros tiene un cuerpo físico, emocional y mental, y cada uno manifiesta la mayoría de las pautas de todas las fijaciones. Sin embargo, nuestro punto de vista esencial cristaliza en uno de estos tres cuerpos. Allí está localizado nuestro rasgo principal; es el lugar donde nuestra respuesta al mundo está más profundamente atrincherada.

Cada cuerpo parece tener su propia mente y su propio proceso de pensamiento.

- El cuerpo físico piensa en el reino del impulso, moviéndose hacia el placer y alejándose del dolor. Opera a un nivel preverbal y no racional.
- El cuerpo emocional piensa en emociones u oleadas de sentimiento; no es racional y a menudo es preverbal. Los pen-

samientos emocionales son de necesidad y buscan conseguir aprobación y amor. Después, cuando no se satisfacen las necesidades, entran en juego las reacciones emocionales de ira, dolor y tristeza.
- El cuerpo mental está en el reino de los pensamientos y las ideas. Es el hogar del diálogo interno. Generalmente están presentes una idea esquizofrénica sobre «yo» y «mi relación» con el mundo externo y una preocupación con respecto a qué «hacer».

Si pensamos que el carácter es como un paisaje con valles, montañas y arroyos, cada uno de nosotros es la manifestación de un paisaje completo. A veces nuestra conciencia deambula hasta la cumbre de la montaña y a veces va al río. No obstante, cuando una situación nos hace reaccionar, respondemos desde nuestra fijación particular. Volvemos inmediatamente a la parte del paisaje que identificamos como nuestro «hogar». Cuando somos fieles de esta manera a nuestra fijación del carácter, traicionamos a nuestro verdadero Ser.

Un obsesivo-compulsivo (punto de la ira) puede conducir por la autopista perdido en emociones de amor o componiendo mentalmente un poema. Pero, si alguien invade su carril, su cuerpo siente un impulso inmediato hacia la furia. Esta es la fijación. La forma de lidiar con la ira dependerá del desarrollo personal y de la personalidad.

- Los obsesivo-compulsivos, o puntos de la ira, se mueven en contra de la gente.
- Los histéricos, o puntos de la imagen, se mueven hacia la gente.
- Los paranoides, o puntos del miedo, se alejan de la gente.

Examinaremos cuidadosamente las nueve fijaciones una por una. Empecemos por los puntos de la ira, sigamos con los de la imagen y después con los del miedo. El Nueve, el Seis y el Tres componen el triángulo interno del Eneagrama, y cada uno de ellos es el punto central de uno de los tres cuerpos: físico, emocional y mental. Hay dos variantes de estos tres puntos centrales, la versión exteriorizada y la versión interiorizada.

- El Nueve es el núcleo de la ira.
  — El Ocho es la versión exteriorizada.
  — El Uno es la versión interiorizada.

- El Tres es el núcleo de la histeria.
  — El Dos es la versión exteriorizada.
  — El Cuatro es la versión interiorizada.

- El Seis es el núcleo del miedo.
  — El Siete es la versión exteriorizada.
  — El Cinco es la versión interiorizada.

Los tres impulsos animales

Todos los animales están dirigidos por tres impulsos instintivos primarios para la supervivencia de la especie:

- Conservación: supervivencia de la unidad individual.
- Sexual: reproducción de la unidad individual.
- Social: jerarquía y papel del individuo en el rebaño.

En el sistema del yoga hindú, estos impulsos instintivos se corresponden directamente con los tres primeros *chakras*, o centros de energía, del cuerpo sutil.

La metáfora usada en el *kundalini* yoga para describir los tres primeros *chakras* es la de un dragón que acumula tesoros y damiselas en la mazmorra mientras aterroriza a la gente del campo. Una vida egoísta, agresiva, basada en el miedo es una vida vivida desde los tres impulsos o instintos animales.

Mientras la conciencia se identifique con la carne, estos tres impulsos son los mediadores con la totalidad de la vida. Mantienen la fijación en un sustrato situado por debajo del nivel de la pasión. Alimentan la pasión de la fijación y, hasta que no se aborden, estas pasiones seguirán repitiéndose inconscientemente.

A los pies de estos tres impulsos, se sitúan las violaciones y los pillajes de la especie humana, la destrucción de los reinos de la naturaleza y del equilibrio de la vida sobre la Tierra. Estos impulsos se subliman en el deseo egoico de felicidad y se manifiestan a través de las pasiones de cada fijación.

El sistema yóguico del despertar pide que la *kundalini*, o fuerza de vida, de la que se dice que está enroscada como una serpiente en la base de la columna, se eleve de su lóbrego sueño en las regiones inferiores hasta atravesar directamente el *chakra* corazón. La iluminación del Cristo o del *bodhisattva*, un ser cuya vida está dedicada a la iluminación de todos los seres, consiste precisamente en atravesar el *chakra* corazón, con la consecuente trascendencia del ego personal, que muere en la Conciencia Crística. El verdadero potencial humano, y la exigencia de nuestros tiempos, es esta trascendencia.

En nuestra época y cultura tenemos la oportunidad de usar nuestra propia vida como si se tratara de un maestro que nos enseña a trascender el ego. Para llevar a cabo este trabajo sagrado, se nos ha dado el regalo único del Eneagrama a fin de aproximarnos a la trascendencia de una manera completamente fresca.

Cada fijación está dirigida por una pasión particular. Buscamos la felicidad, manifestando nuestras pasiones, en un intento de satisfacer uno de los tres impulsos inferiores. Juzgamos erróneamente que la felicidad es el resultado de caer en la fijación; cuando, de hecho, el resultado de la fijación es el sufrimiento y la neurosis. Cada vez que caemos en la fijación se refuerza la creencia de que somos una entidad separada.

Es poco común que un individuo esté dispuesto a hacer el sacrificio supremo de negarse a caer en la fijación. Por eso a Jesús y a Buda se les rinde culto miles de años después. Está claro que el despertar de un alma singular en cada generación no es suficiente. El mito del salvador divino, que entrará con un ejército de ángeles para salvarnos de nosotros mismos, ya no es operativo. Uno por uno, cada uno de nosotros debe estar dispuesto a dar el salto de lo animal a lo divino. Gracias al Eneagrama, esto deja de ser un concepto para convertirse en un proceso muy concreto de trascendencia del egoísmo. La trascendencia del egoísmo no se consigue *haciendo* algo, sino estando completamente dispuesto a abandonar los actos del egoísmo. No puede trascenderse este deseando que se vaya la fijación, espiritualizándola o con un pensamiento como: «En realidad, no existe». Solo es posible trascenderlo permaneciendo inmóvil ante la fuerza del *tsunami* de la fijación.

Mientras viva basándome en la supervivencia, el sexo o el estatus social, se tratará de una vida vivida para «mí», una vida egoísta. Una vida de relativa satisfacción y relativo placer. En realidad, lo que buscamos una y otra vez es la satisfacción y la felicidad últimas. Pero esto nunca puede encontrarse en el ámbito del egoísmo relativo. Para hallar la verdadera satisfacción, tenemos que dejar atrás este ámbito.

Es notable que la satisfacción completa, la paz profunda y el verdadero amor se hallen en la vida desprendida y desinteresada. En ella, el verdadero Ser se encuentra por doquier. En una vida vivida desde una identidad que trasciende la fijación se descubre que la verdadera dicha, el verdadero amor, la intimidad y la satisfacción verdaderas emanan naturalmente de la vida misma.

El reconocimiento de los tres impulsos y de sus características únicas, que se muestran en cada uno de los puntos de fijación, es útil de dos maneras distintas.

En primer lugar, conocer el impulso subyacente ayuda a identificar de manera precisa la fijación. Todos hemos visto numerosas personas que están mal tipificadas. Pero cuando los tres impulsos se correlacionan con la fijación, el error en la tipificación se hace más evidente.

En segundo lugar, al conocer el impulso distingues a tu peor enemigo. Sabes dónde es más probable que te vendas. Aunque cada impulso debe ser afrontado y quemado, habrá un impulso que será el más difícil de superar, y también será el primero que reaparecerá para tentarte y hacerte volver a la fijación.

La pasión particular que dirige la fijación se alimenta principalmente de uno de los instintos, que se vuelve dominante con respecto a los demás.

- Una fijación sexual usará el sexo para lidiar con problemas financieros y sociales.
- Una fijación en la conservación llevará estrategias de supervivencia al ámbito social y sexual, y elegirá compañeros que alimenten el instinto de conservación.
- Una fijación social establecerá alianzas sexuales que mejoren el estatus social y usará las conexiones sociales para lidiar con los asuntos de la supervivencia.

Imagina que la fijación del carácter es un taburete de tres patas. Todas las fijaciones tienen tres patas, pero una es más corta que las otras, por lo que el taburete está inclinado hacia ese lado, y ladea también la totalidad del paisaje. Cada fijación tiende a ver el mundo desde su propia posición inclinada.

- Los subtipos caracterizados por la conservación pueden parecer más nerviosos y tensos que los demás. Dedican más tiempo a preocuparse por cuestiones de supervivencia y seguridad.
- Los subtipos sociales a menudo se centran en la vida familiar; prefieren los grupos y disfrutan del medio social. Llaman a casa con frecuencia, y están involucrados en la relación con sus padres y con sus hijos. Organizan a la gente del trabajo para ir a comer juntos u orquestan cenas para grupos. Son las personas más interesadas en el estatus.
- Los subtipos sexuales tienden a preferir las relaciones de uno a uno. Son carismáticos y la sexualidad gotea de sus ojos. Tienden a tener más relaciones con el sexo opuesto que con el propio y su plumaje sexual es más rico.

Obsesivo-compulsivos: los puntos de la ira

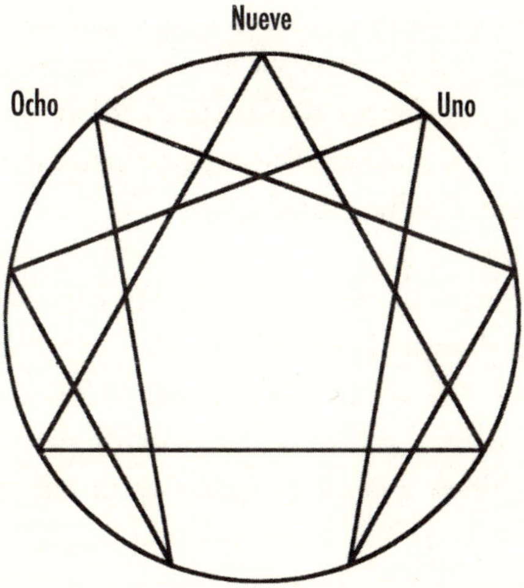

La ira surge, en primer lugar, en el cuerpo físico. Hay otras emociones y pensamientos que la siguen. Los puntos de la ira hacen mal uso de la energía de los cuerpos emocional y mental, que están al servicio de este impulso hacia la ira del cuerpo físico. Su estilo es ir en contra de otra gente.

A veces se los llama el «grupo del ser». El asunto central de los puntos de la ira gira en torno a la creencia errónea: «Solo soy un ser humano». En este caso, se identifica con el cuerpo humano el hecho de *ser*. Todos los problemas, enfermedades, calamidades y sufrimiento tienen su origen en esta ignorancia básica.

La primera ira y la más profunda es la provocada por el hecho de estar encarnado en una forma animal. Por encima de esta, está la furia contra el Padre, a quien se hace responsable de esto. Todas las demás emociones se derivan de esta emoción central de ira.

Al creer que se es un cuerpo, si se reprime tanto la furia primaria como la derivada de culpar al Padre, surge el conflicto entre ser uno mismo y estar controlado por otros. Esto se manifiesta como tendencias y hábitos de desafío, control u obediencia.

- El Uno es obediente y, por lo tanto, está enfadado.
- El Ocho es desafiante y por lo tanto, tiene miedo.
- El Nueve está atrapado entre la obediencia y el desafío, vacilando entre la conformidad, que produce furia, y el incumplimiento, que produce miedo.

Los asuntos centrales para todos los tipos obsesivo-compulsivos giran en torno al tiempo, la limpieza y el dinero. Estos tres asuntos se convierten en áreas de lucha por el control. Por ejemplo, los puntos de la ira pueden usar el hábito de llegar tarde para demostrar su disconformidad. Obligar a otros a esperar es una manera de mantener el control.

Mientras que los Ochos y los Nueves suelen ser muy desarreglados —puedes encontrar a su alrededor montones de ropa sin lavar, cajas viejas de pizza y botes vacíos de cerveza—, los Unos tienen un aspecto obsesivamente pulcro. Todo tiene una apariencia perfecta y su ropa puede parecer un uniforme.

El Ocho evita los sentimientos tiernos y vulnerables porque conllevan debilidad y dependencia y, por tanto, una pérdida de control. Los Ochos se sienten justificados en la expresión de su furia, mientras que los Nueves y los Unos evitan la furia por considerarla socialmente inapropiada.

El Nueve, el punto central de la ira, es la raíz de todas las demás fijaciones. Todas ellas surgen de este primer «quedarse dormido». En cierto sentido, todas las fijaciones son versiones del punto Nueve y, finalmente, tienen que experimentar el despertar de la mente durmiente e ignorante del punto Nueve.

Punto Nueve: el punto central de la ira

Esencia:	Conciencia
Idea sagrada:	Amor divino
Camino santo:	Acción correcta
Rasgo principal:	Indolencia
Pasión:	Pereza
Idealización:	«Me siento cómodo»
Estilo de discurso:	Epopeya
Trampa:	Buscador
Mecanismo de defensa:	Narcotización
Evitación:	Conflicto
Dicotomía:	Creyente/escéptico
Subtipos:	Conservación: apetito Social: participación Sexual: unión

Si bien el Nueve es el punto central de la ira, lo que puede percibirse de manera inmediata es su aparente ausencia de ira. En la superficie, los Nueves parecen dulces, amables y de trato fácil. Incluso es posible que parezca que fluyen con el mundo. Como han evitado la ira hasta un nivel tan profundo y primario, el síntoma superficial del Nueve es que no está dispuesto a sentir y a expresar su ira en el momento. En lugar de ello, emplea diversas estrategias para ignorarla o para irse a dormir, repitiendo así la estrategia original de evitación en un nivel más superficial de la mente. A un Nueve le resulta mucho más fácil sentirse triste, solitario, atemorizado o deprimido que sentirse enfadado. El impulso de quedarse dormido ante su ira queda justificado por la imagen idealizada de que es una «persona amorosa». La ira no expresada puede «gotear» en una conducta pasivo-agresiva, o acumularse hasta que el Nueve explote de furia ante un suceso menor.

La fijación Nueve está situada en la cima del triángulo central y tiene una pata en el lado conformista del Eneagrama (Uno, Dos, Tres, Cuatro) y otra en el lado inconformista (Ocho, Siete, Seis, Cinco). El Nueve se posiciona en la ambivalencia. Tiene una pata en el Tres, que es el punto más conformista, y otra en el Seis, que es un punto antiautoritario o inconformista.

El problema de los Nueves es que los enfurece mostrarse sumisos o conformistas, pero los aterroriza mostrarse insumisos o inconformistas. Como quieren ser buenos chicos o chicas, se quedan atrapados en la sumisión, lo que produce furia. Esto puede manifestarse estando, habitualmente, de acuerdo con las preferencias de otros; pero después expresan pasivamente su ira porque se «sienten controlados» y se muestran resentidos con quien ha expresado sus preferencias. Esto lleva a que los Nueves se queden emocionalmente aislados, sean lentos a la hora de llegar a acuerdos o persistan tercamente en su manera de hacer las cosas.

Pasión: pereza

Para el Nueve, el punto central de la ira, la pasión que hace funcionar la máquina, es la *pereza*. El Nueve es único en el sentido de que todas las demás pasiones hacen olas, pero la pereza del Nueve da como resultado una falta de ellas. Es el hundimiento en la pomposidad y la rimbombancia. Los Nueves no son necesariamente perezosos para realizar un trabajo cualquiera, pero sí cuando se trata de trabajar en lo esencial. La ira y el conflicto se evitan a toda costa. En lugar de enfadarse, los Nueves se vuelven inconscientes. En lugar de involucrarse en las oleadas de furia, se hunden en el sonambulismo. La metáfora de la persona que está todo el día repantingada en el sofá describe el estilo de evitación del Nueve.

Todos los Nueves tienen problemas con la ira no resuelta. Siempre está allí. A menudo sienten que, si dejaran salir la rabia, el resultado podría ser letal. Para evitar que esto ocurra, se vuelven inconscientes. Un signo delator de una fijación Nueve en acción es cuando se les ponen los ojos vidriosos y «desconectan», en lugar de enfadarse en el momento. Una persona que acostumbre a mostrarse conflictiva, beligerante y avasalladora es poco probable que sea un Nueve.

Como hemos mencionado anteriormente, los Nueves casi nunca se muestran enfadados, a pesar de que el suyo es el punto central de la ira. A menudo parecen muy melosos; realmente puedes sentir su dulzura. Y, como la autoestima es un verdadero problema para estas personas, harán todo lo que puedan para ser amorosas y gustar a los demás.

Ronald Reagan es un buen ejemplo de esta actitud. Todos los que lo rodeaban decían que era un hombre amable. Le gustaba a todo el mundo; no había sensación de malicia. Él prefería estar en su rancho montando a caballo a tomar decisiones de Estado. Era persistente la sensación de que Reagan solo era un reflejo de las creencias y opiniones de sus consejeros más cercanos (como su esposa o el fiscal general). Y, aparentemente, casi nunca tomaba decisiones; todo se hacía por medio del consenso de sus consejeros. Incluso afirmaba que en gran medida era inconsciente de muchas de las decisiones importantes que se tomaban en su despacho.

Algunos puntos del miedo tienen miedo de enfadarse y es posible que se consideren a sí mismos Nueves. No obstante, para los puntos del miedo la represión de la ira está al servicio de la seguridad personal. Tienen miedo de que su enfado provoque una respuesta violenta de la otra persona. Los Nueves temen más su propia violencia reprimida. Algunos de ellos me han dicho que creen que, si realmente se dejaran ir, podrían matar a alguien. Esto no quiere decir que nunca se enfaden ni que nunca lo demuestren. Lo hacen. Pero la expresión suele llegar mucho después del momento en el que se generó el sentimiento. Hay estallidos, pero generalmente no guardan relación con el problema que se está tratando y, a menudo, no se dirigen a quien los ha ofendido, sino que se muestran iracundos con su pareja porque allí se sienten seguros. Como la ira no se expresa apropiadamente en el momento, se acumula hasta que algo menor, o sin importancia, activa un volcán de furia almacenada durante años.

Como se ha mencionado anteriormente, en los Nueves la indolencia no significa que sean perezosos. Trabajan y, a menudo muy duro. Pueden ser industriosos y productivos. No obstante, están dormidos a los principales asuntos de sus vidas. Cuando surge un asunto esencial, el Nueve se desvía hacia lo no esencial. Si se están acercando a algo importante, se involucran mucho en los detalles sin importancia. Los Nueves dicen que tienen que limpiar la casa antes de celebrar una gran fiesta porque está hecha un desastre, y después se dedican a algo nimio como limpiar el hueco de la chimenea con un cepillo de dientes. Pueden centrarse en los detalles y olvidarse del lío mayor que los asedia por todas partes. Al ignorar el cuadro mayor, todo adquiere la misma importancia y, por lo tanto, lo hacen todo secuencialmente.

Imagina que caminas hasta el jardín de una casa y ves que el césped está a medio cortar y la máquina cortacésped está junto a la escalera, a un lado de la casa. Subes por la escalera y ves que han limpiado la ventana, y que parte del escritorio está ordenado, y así puedes seguir el rastro de una serie de proyectos sin terminar. Cada uno lleva al siguiente, y la tetera que está en el fuego está a punto de desbordarse. Así actúa el Nueve, pasando de una tarea inacabada a otra.

Una Nueve me dijo que llegaba tarde a todas las citas importantes. Al darse cuenta de que la cama de su hijo no estaba hecha, entró en la habitación para hacerla, pero se quedó absorta leyendo un artículo de la revista *Junior Scholastic*. Se sentó allí, en la cama a medio hacer, y se puso a leer una revista de la escuela primaria a pesar de que iba a llegar tarde a una importante entrevista de trabajo.

Los Nueves tienden a sentirse fascinados por los aspectos estructurales para desviarse hacia lo no esencial. Esto puede hacer de ellos buenos carpinteros, electricistas o fontaneros, puesto que pueden visualizar lo que hay detrás de las paredes y detectar la estructura. Esto podría ser una estrategia para evitar escuchar las quejas de sus parejas acerca de lo que está mal en su relación.

El Nueve es un punto especial en este sistema. Es el aquel donde se refleja todo el Eneagrama. Todos sus demás puntos tienen una distorsión en sus filtros de percepción, creada por las oleadas de la pasión. Como el punto de vista del Nueve no está distorsionado, puede reflejar todos los puntos de vista. Son personas que pueden entender y asumir la totalidad de las posiciones. A los Nueves les resulta difícil conocer sus propias opiniones porque pueden oír todos los puntos de vista y todos les parecen razonables. Por esta razón son buenos mediadores y, a menudo, suelen adoptar este papel entre sus padres cuando son niños.

Un trabajador social muy dulce comentó que tenía este problema. Sus superiores le decían: «Está muy claro que este niño no debería estar en esta casa por todas estas buenas razones...».

El trabajador social estaba de acuerdo: «Sí, correcto. No debería estar en esa casa». Pero, cuando llegaba a la casa en cuestión, hablaba con los padres y ellos le decían: «No, no, él debe quedarse aquí», y pasaban a exponer todas sus razones. El trabajador social las comprendía, asumía su punto de vista y estaba de acuerdo con ellos: «Sí, tenéis razón. Esto tiene sentido».

Me comentó que a veces iba de un lado para el otro durante días, escuchando y mostrándose de acuerdo con todos los bandos, incapaz de afrontar el conflicto o de producir confrontación. Le resultaba imposible asumir una postura fuerte que disgustara a los demás.

Las personas que manifiestan la fijación del Nueve han perdido su posición personal y pueden entender todos los puntos de vista, de modo que tienden a mimetizarse con aquellos con quienes comparten una relación. Verás que los Nueves, a veces, cambian su estilo de forma radical para estar con una nueva pareja o en un nuevo entorno. Ronald Reagan es un buen ejemplo de esto. Partió de una posición muy liberal en el sindicato de actores, hasta que su nueva esposa lo rodeó de compañías más conservadoras.

Un Nueve contó que había estado casado con una Ocho más de cuarenta años. Durante ese tiempo, bebía una botella de *whisky* con ella cada noche y a menudo se emborrachaban en las fiestas. Su esposa murió cuando él tenía setenta y tantos y él volvió a casarse con una dama muy recta que acostumbraba a ir a la iglesia. Ahora apenas bebía, excepto algún cóctel ocasional, e iba a la iglesia cada domingo.

Después de toda una vida de abusar del alcohol, se produjo un cambio de conducta radical, basado únicamente en los hábitos de su pareja.

Los Nueves a menudo asumen la posición subordinada en una relación para asegurarse de no hacer nada que sea percibido como malo. Parecen ser capaces de fundirse con el otro, de convertirse en su reflejo. Muy a menudo acaban con parejas que se expresan más que ellos, o con parejas emocionalmente volátiles. El Nueve es el reflector, el que ofrece apoyo en el fondo de la relación.

Es raro que un Nueve abandone una relación. O bien la otra persona rompe, o bien alguien viene y se lleva al Nueve. A los Nueves les resulta muy difícil enfrentarse directamente a sus parejas. Es muy raro que ellos tomen una postura y mantengan esa actitud el tiempo suficiente para provocar la separación. Para abandonar una relación, el Nueve se cierra emocionalmente y se convierte en piedra hasta que la otra persona se aleja.

El Nueve intenta mantener el control aferrándose. Él es el lugar de la conducta anal-retentiva. A menudo se dedica a coleccionar cosas que podrían ser útiles algún día. No son coleccionistas que piensen detenidamente en los artículos que acumulan, tampoco revisan ni reorganizan sus colecciones. Suelen tener el garaje lleno de grandes cajas de cosas «que algún día van a poner en orden».

Su estilo de decoración interior tiende a ser como el de una cervecería austríaca, con jarras de cerveza de todos los tamaños y formas y pequeñas reliquias por doquier, todas llenas de polvo. Es posible que tenga uno o dos motores de coche extras en el garaje, o todos los libros de texto desde primer grado almacenados en cajas en la habitación de invitados, o cajones llenos de tuercas y tornillos de tamaños que no encajan. Pilas de periódicos o revistas marcan el lugar donde se suele sentar el Nueve.

Una mujer comentó que, cuando limpiaba el ático de su madre recientemente fallecida, se topó con un viejo escritorio lleno de pequeños cajones. En uno de estos había un haz de cuerdas con una nota que decía: «Cuerdas demasiado pequeñas para usarlas».

En su vida profesional, al Nueve le puede resultar muy difícil soltar el dinero, y es posible que habitualmente llegue tarde a las citas.

Ambas son expresiones de sus tendencias a la retención anal.

La limpieza personal también puede ser un problema. En India, un país Nueve, he visto gente en cuclillas que se frotaba furiosamente con agua de un río lleno de suciedad, cerca de pilas de basura y excrementos. En una ocasión vi a una mujer barrer una porción de carretera sucia. Creaba remolinos de polvo más altos que su cabeza al mover la basura de un lugar a otro y, mientras tanto, los búfalos la seguían, olisqueando lo que ella había removido. Pigpen, el personaje de los dibujos de Charlie Brown, encarna y resume perfectamente este estilo.

La idea sagrada del Nueve es el amor divino, y el ego a menudo usa este concepto para justificar su fijación. El Nueve realmente quiere amar y ser amado. Cree que para ser amoroso y ser amado no debe expresar ira. La ira no expresada se traduce en inacción pasivo-agresiva o en lesiones autoinfligidas. El cuerpo de un Nueve puede adquirir una cualidad similar a la madera, como si sus tejidos almacenaran ira no expresada durante años.

Una mujer me contó una historia sobre su padre Nueve:

> *Mi madre tuvo que salir de la ciudad inesperadamente y mi padre se quedó con los seis hijos. Mi madre lavaba los platos. De modo que a los pocos días entró en la cocina y empezó a fregarlos él. Se sentía enfadado porque nadie más los fregaba, pero nunca pidió a ninguno de sus hijos que lo hiciera. Estaba enojado, y su enfado siempre estaba presente, pero nunca lo expresaba.*
>
> *Mientras lavaba la vajilla, rompió un vaso y se cortó la mano. Mi hermano tuvo que llevarlo a toda prisa al hospital, donde le dieron varios puntos. Cuando volvió de allí con todos los puntos, y vio que la vajilla seguía sucia, no nos dijo nada. Entró en la cocina y se puso a lavarlos otra vez. Pronto tenía un nuevo corte en la otra mano y tuvo que volver al hospital.*

Como muestra este ejemplo, algunos Nueves pueden expresar su ira desviándola hacia sí mismos. Por ello tienen tendencia a sufrir accidentes y a chocarse con cosas. Las compañías de seguros han descubierto que una gran mayoría de los accidentes están causados por un pequeño porcentaje de gente. Probablemente, la mayoría de ellos sean Nueves, pues tienden a «salirse» del cuerpo para evitar sentir ira.

Un electricista contó que mientras llevaba a su gato al trabajo con él este salió corriendo a la calle y alguien lo atropelló. Enfadado, se dio la vuelta, se topó con la rama de un árbol y casi se saca un ojo. Este Nueve no sabía qué hacer con su enfado, de modo que lo dirigía hacia dentro. Él interpretó este suceso de toparse con la rama y casi sacarse un ojo como un autocastigo por no vigilar al gato.

Un amigo mío, que es Nueve, se ha salido de la carretera y ha volcado su coche al menos dos o tres veces al bajar de su casa en la montaña. Tiene el hábito de subir a su coche y conducir cuando está enfadado y, a veces, pierde el control. Los Nueves con frecuencia expresan su ira mientras conducen, porque así se despersonalizan. Pueden gritar, murmurar, maldecir o acelerar encerrados en la concha anónima del coche.

El entorno infantil

Es habitual que el Nueve describa un trauma en el canal natal. A menudo se siente bajo presión, desea deshacerse de ella y también se siente encerrado. Al experimentar presión y sentirse impotente para deshacerse de ella, el Nueve puede volverse rígido y adoptar una actitud pasivo-agresiva. Es posible que se quede paralizado al estar bajo presión. Tiene la sensación de que es inútil luchar y resistirse, y esto le produce un profundo sentimiento de depresión y desesperación.

Este tema puede repetirse en la infancia. Una mujer contó que cuando era niña solía tener ataques de ira y llanto. Cada vez que cojía una de estas pataletas, su madre la metía en el armario y cerraba la puerta. Se quedaba llorando allí hasta caer dormida. El mensaje que captó fue que nunca debía expresar su enfado, porque eso la llevaba al aislamiento y a la oscuridad. Y el único escape era dormir.

Otro adulto Nueve me habló de su infancia en Alemania. Su vida hogareña era desdichada y lo único que le gustaba era la Navidad. Era lo mejor que le ocurría en todo el año. Unas Navidades, su madre hizo trajes de lana idénticos para los cinco hijos. Este Nueve, que en aquel momento tenía cinco años, se puso el suyo y le empezó a picar. El comezón lo estaba volviendo loco y quería quitarse el traje. Su madre le dijo: «Tienes que llevarlo para celebrar la Navidad». Él sintió el dilema entre querer obedecer y sentirse enfurecido por tener que hacerlo. Y pensó: «He de llevar puesto este traje y sufrir para vivir la Navidad, o no llevar este traje y quedarme en la cama». Su madre mojó la prenda para intentar que fuera más cómodo, pero eso solo empeoró el picor. Pasó a tener un traje mojado que le producía picor. El hombre me contó esta historia cuando tenía casi cincuenta años, y aún llevaba la rabia consigo.

Otro Nueve explicó una experiencia vivida a los cinco años de edad. Estaba pasando por una tabla para llegar a la otra orilla de un arroyo cuando alguien empezó a tirarle piedras desde atrás. Las vió pasar a su lado. Cuando llegó a la otra orilla, tomó una, se giró y la lanzó. No alcanzó a la niña que le había lanzado las piedras, sino que le dio en la cabeza a su hermano pequeño, que empezó a sangrar. Aterrorizado ante la posibilidad de haberlo matado, volvió a cruzar el arroyo y le vendó la cabeza con su camisa. Después corrió a casa para coger más camisas con las que vendarlo, angustiado ante la idea de que el niño podría morir y de que su ira podría matar a alguien. Cuando llegó, corrió a su habitación, abrió el cajón y agarró las camisas. Entonces su madre entró y le preguntó: «¿Adónde vas? Si no me lo dices, no sales de esta habitación». Se sentía atrapado entre el terror de haber matado a alguien y el miedo a contárselo a su madre. Eligió no hacerlo y se quedó en su habitación, enfurecido y aterrorizado. La obediencia produjo furia. A partir de esta experiencia, decidió no volver a enfadarse nunca más, y no volver a expresar su ira. En lugar de enfurecerse, escondía la ira en su inconsciente.

De niños, los Nueves a menudo se quedan en un segundo plano. Pueden estar a la sombra de sus hermanos. Los dramas agudos se producen entre otros miembros de la familia, y el Nueve es un observador. A menudo explican que actuaban como pacificadores de la familia, o que se ocultaban en sus habitaciones mientras sus padres se peleaban. Muchos Nueves dicen que en sus familias, simplemente, no se les permitía expresar el enfado.

Aunque no estén en el centro del escenario, los Nueves no se libran de lidiar con problemas de sumisión y furia. De niños tienden a vivir a través de sus padres y cuando son padres pretenden vivir a través de sus hijos. A menudo estos padres llevan a sus retoños al partido o a la clase de *ballet*, pues desean que hagan lo que ellos no hicieron. Como el Nueve tiende a perder los límites personales, suele tener la sensación de que, si su hijo logra hacer algo, es como si él mismo lo hubiera hecho.

Idealización

La idealización es: «Me siento cómodo». La esencia que el Nueve está velando es el «Ser», al que imita sintiéndose cómodo en el cuerpo.

El punto Nueve es el superviviente del Eneagrama. Los Nueves se pueden fundir casi con cualquier situación. Dado que su pasión es la pereza, evitan confrontar el momento. Esta idealización de la comodidad los lleva a justificar su tendencia a no hacer olas. Venderse a la comodidad suele ser una de las grandes trampas para la fijación Nueve. Dejan «que todo se deslice». La tentación consiste en racionalizar que lo que está ocurriendo ahora no es importante y que podrá ocuparse de ello más adelante.

Michael Deaver escribió este informe que describe a Reagan. Fue publicado en la revista Life:

> *En la mañana de la inauguración, llegué a la casa poco después de las 9 a. m. para ayudar a los Reagan a prepararse para las ceremonias. A Nancy la estaban peinando.*

—¿Dónde está el gobernador? —pregunté.
—Creo que aún está en la cama —dijo ella sin volver la cabeza.
Abrí la puerta de su habitación. Estaba oscuro como boca de lobo; las cortinas aún corridas apenas podía distinguir un montón de mantas en medio de la cama.
—¿Gobernador? —pregunté.
—¿Sí?
—Bueno, la inauguración es dentro de dos horas.
—¿Significa eso que tengo que levantarme?

Estilo de discurso: gran relato o epopeya

La forma de hablar es una herramienta de diagnóstico muy importante en cada una de las fijaciones. El estilo del Nueve es la epopeya. Los Nueves, a menudo, se sienten más cómodos cuando son ellos los que hablan.

Si le preguntas a un Nueve cómo está, en lugar de una respuesta simple, obtienes una descripción de este tipo:

> *Bueno, estoy muy bien, aunque esta mañana tengo un poco de resaca. Salí con Joe. ¿Te acuerdas de él?, creo que estuvimos con él en la fiesta de aquel tipo que no me acuerdo cómo se llama, y fuimos a aquel lugar en Fulton, ¿qué nombre tenía? ¿Fulton o Farrell? Bueno, sabes, entonces tomamos unas copas y nos encontramos con aquel otro tipo, sabes, ¿cómo se llama?, y me contó esta historia. Me parece que está...*

No todos los Nueves son así. Algunos tienen el hábito de la timidez y apenas hablan. Pero, hasta los tímidos, cuando empiezan a hablar, pueden darte un exceso de información técnica o irse por la tangente.

A los Nueves les resulta insoportable estar en el presente, de modo que tienden a narcotizar esa sensación saltando fuera del momento y de la conversación.

Milton Erickson, el famoso psiquiatra hipnotizador, era un Nueve. Su manera de poner a los clientes en trance era hipnotizarlos con monólogos. Erickson creaba una historia interminable que no solo ponía a la gente en trance, sino que subconscientemente era una metáfora de su trabajo.

Otro terapeuta importante que convirtió la fijación del Nueve en su estilo de terapia es Carl Rogers. En la terapia rogeriana, el terapeuta no es directivo, simplemente refleja el punto de vista del cliente. Para Rogers, el terapeuta perfecto es el que se limita a reflejar.

La trampa: el buscador

La trampa del Nueve es ser un *buscador*. El hábito de buscar es una manera de drogarse. Por ejemplo, un Nueve al que entrevisté miraba el micrófono y trataba de descifrarlo. En lugar de estar involucrado en la discusión, pensaba: «Me pregunto si ese micrófono está conectado a esos cables, y si hay un condensador...».

Los Nueves pueden pasar horas descifrando e internalizando el mundo. A veces les gusta trabajar la madera, sobre todo lijarla. Lijan durante horas y horas y horas, perdidos en sus pensamientos... resolviendo las cosas... trabajando en el mundo... descubriendo cómo funciona todo... buscando la estructura del universo... o el secreto de la vida.

Los Nueves son personas que pueden realizar tareas monótonas y disociarse durante largos periodos, y aun así hacer un buen trabajo. Pueden ser tejedores o dedicarse a introducir datos en el ordenador: trabajos monótonos y repetitivos. Sienten cierta comodidad realizando estas labores. Aprecian tener las manos ocupadas en algo útil mientras «se salen» de este momento. En mi trabajo he descubierto que la trampa del buscador también puede ser una puerta para escapar al otro lado. Cuando se dedica toda la vida a la misión de buscar la verdad, la verdad se revela. La fijación misma se convierte en el vehículo en el que uno va montado hasta la orilla del final del sufrimiento. No obstante, cruzar a la otra orilla significa abandonar la fijación y dejar atrás todas las ideas con respecto a «quién soy yo».

Mecanismo de defensa: narcotizarse

El Nueve cree que la ira está prohibida, o al menos que es severamente juzgada y que existen serias objeciones con respecto a ella. Estar enfadado es no ser amoroso ni ser digno de amor. Como desea ser «bueno», se narcotiza a sí mismo como mecanismo de defensa para atenuar su impulso hacia la furia.

Según el diccionario Webster, un narcótico es ‹una droga que en dosis moderadas amortigua los sentidos, alivia el dolor y produce un sueño profundo» y «algo que alivia, calma o adormece›.

El Nueve puede alcanzar este efecto soporífero de muchas maneras. La droga elegida puede ser la comida, el alcohol o la televisión. Pero es típico que el Nueve desarrolle maneras de alcanzar internamente este adormecimiento. Un participante en un taller describió esta estrategia para calmarse a sí mismo:

> *Cuando empiezo a sentir ira, en cualquier situación, me calmo en seguida diciéndome: «Está bien, cálmate, todo está bien». Lo hago automáticamente. Sé que lo hago para evitar el sufrimiento, pero, en realidad, no funciona. Sé que el enfado sigue allí.*

Cuando detuvo esta estrategia y experimentó directamente la furia que había evitado, descubrió la auténtica liberación que había estado tratando de hallar mediante la narcotización.

Este mecanismo de defensa a menudo se expresa a través del hábito y la rutina. Cuando el Nueve rompe un hábito, frecuentemente siente como si hubiera perdido un pedazo de sí mismo. Los Nueves confían en las rutinas que les permiten irse a dormir mientras ellas actúan como un piloto automático. Se trata de personas que pueden tomar el mismo desayuno cada día, año tras año. En una ocasión leí una noticia sobre un hombre que fue al mismo restaurante cada día durante cuarenta y dos años y siempre pidió lo mismo.

Algunos de los Nueves que han venido a mis talleres eran gente de la vieja contracultura, de los que tomaban LSD. Aún llevaban el pelo largo, coleta y pendientes en los años ochenta de los *yuppies*, cuando todo el mundo llevaba ropa de diseño.

Por su adicción al hábito, los Nueves pueden ser ejecutivos con mucho éxito. Algunos son líderes de grandes corporaciones porque aprendieron un hábito muy al principio y después continuaron con él.

En cuanto a rutinas y hábitos, he oído decir a algunos Nueves: «No tengo ningún hábito en absoluto». Al examinar esa afirmación más de cerca, a menudo ocurre que fueron estructurados tan rígidamente cuando eran niños —en internados y academias militares— que ahora tienen por costumbre rechazar todas las rutinas. Les resulta difícil quedarse con cualquier hábito en particular. La rutina siempre se está disolviendo, siempre está cambiando hacia alguna otra cosa. Para estos Nueves, la evitación de toda rutina se convierte en un hábito.

Los Nueves a menudo almacenan el enfado en el cuello, los hombros y el vientre. Es posible que tengan problemas ortopédicos y que se causen accidentes a sí mismos. Recientemente me encontré con un viejo amigo Nueve que fabrica muebles. Cuando me sonrió y me saludó con la mano, vi la venda que le cubría tres dedos y el codo.

Evitación: confrontación

Los Nueves evitan la confrontación a toda costa. Una de las maneras que tienen de expresar el enfado es sentarse inmóviles sin hacer nada, hundiendo sus talones en el suelo. Pueden ser las personas más obstinadas del Eneagrama.

Como los Nueves quieren ser amorosos y evitar el conflicto, les resulta extremadamente difícil decir no. Pero, aunque no dicen que no, cuando se acerca el momento de cumplir el compromiso, puede parecer que arrastran los pies. Cuando se les pide que hagan algo, su respuesta visceral interna suele ser: «No quiero», mientras que su respuesta externa suele ser: «De acuerdo, lo haré». Después, llegado el momento, a menudo no cumplen.

Los Nueves pueden verbalizar su enfado en la seguridad del entorno familiar, o con sus animales domésticos, o pueden fantasear con confrontaciones cuando están en un ambiente distendido. A menudo cuentan en algún otro lugar lo enfadados que estaban, tal vez en el trabajo. Cuando esto se investiga, la otra parte no suele saber que el Nueve estaba enfadado.

Una mujer Nueve negó que los Nueves siempre evitan la confrontación.

—Eso no es cierto —dijo—, yo me confronto.

—Dame un ejemplo.

—Bueno, la semana pasada fui a ver a mi jefe y le dije: «Si no haces que este tipo que está en la sección de vehículos compartidos empiece a prestar atención y sea más amable con la gente, me voy a enfadar mucho y le voy a decir lo que pienso».

Ella no fue directamente a la fuente de la irritación, el hombre de la sección de vehículos compartidos, para decirle: «Estás haciendo que me enfade».

El problema del Nueve es que no expresa el enfado en el momento, porque, a menudo, no lo siente conscientemente. En lugar de sentirse enfadado, el Nueve se desvía hacia algún tipo de narcotización.

Vuelvo a citar lo que Deaver ha escrito sobre Reagan:

> *Me topé con él una mañana poco después de que los Reagan adquirieran un cachorrito, un gran pastor belga muy peludo llamado Lucky.*
>
> *Francamente, el perro me volvía loco. Recuerda que yo llevaba en la Casa Blanca desde las seis de la mañana, que ya tenía una o dos reuniones a mis espaldas y también una agenda muy llena que comentar. Y el presidente estaba en el despacho oval con su perro, tratando de enseñarle a obedecer. Yo tosía y le sugería que ya era hora de empezar a trabajar. Él, en gran medida, me ignoraba. «Aquí, Lucky. Aquí, Lucky».*
>
> *Finalmente, aquel día me sentí particularmente frustrado y le dije: «Señor presidente, tiene que sacar ese perro de aquí. Acabará meando en su escritorio».*

Reagan me miró y dijo: «¿Y por qué no? Todos los demás lo hacen».

La dicotomía: creyente/escéptico

Cada uno de los puntos presenta una dicotomía, una polaridad. Todas las fijaciones manifiestan ambos polos, pero se inclinan más hacia uno de ellos que hacia el otro. La dicotomía del Nueve es *creyente/escéptico.* Algunos Nueves son escépticos con un creyente en el trasfondo; otros son creyentes con un escéptico en el trasfondo. Esta dicotomía crea circunstancias como «un matrimonio de prueba» de diez años de duración. El Nueve no está realmente seguro de que la cosa vaya a funcionar, de modo que continúa quedándose por allí un par de años más para asegurarse.

Los Nueves se hacen miembros de organizaciones, pero es posible que nunca participen plenamente. Parece que creen en la organización pero quieren echarle un vistazo, o dudan de ella y también quieren echarle un vistazo. Nunca están totalmente presentes en el momento. Parecen creyentes, a veces casi crédulos con respecto a una idea, y al momento siguiente pueden ser unos cínicos que dudan de todo. (La duda está relacionada con el estrés y el movimiento hacia el Seis, que es el origen de la duda).

Descubriremos que hay relaciones entre todos los puntos. El Nueve, por ejemplo, se mantiene en equilibrio entre el Ocho y el Uno. El Nueve tiene la furia del Ocho inconformista y el juicio internalizado del Uno.

~

Subtipos

Conservación: apetito

El mecanismo de conservación del Nueve es el *apetito.* En el caso extremo, estas son las personas de más de ciento cincuenta kilos que necesitan asientos muy anchos en el avión. También hay muchos Nueves del apetito y de conservación que están bastante delgados y tienen aspecto atlético. No obstante, tienen una sensación de apetito insatisfecho en todas las cosas.

Lo usan para intentar reprimir los sentimientos de ira, pero no les funciona. Esto hace que los Nueves caracterizados por la conservación sean los más visiblemente irritados. También genera un deseo constante de algo que pueda aliviar temporalmente los sentimientos de furia y desesperación. He trabajado con obsesivo-compulsivos adictos a la pornografía y a la masturbación que eran Nueves marcados por la conservación.

En circunstancias menos severas, pueden ser personas que se refieren a sus posesiones como «juguetes» y que expresan frustración por carecer de suficientes recursos para tener el último de ellos o el mejor. Trabajé con un paciente cuyos juguetes preferidos eran los automóviles de carreras. Dedicaba todos sus ingresos a reconstruirlos, pero nunca era suficiente. Si estaba restaurando un Ferrari, no era el mejor Ferrari. Si estaba hacia un Lamborghini, siempre había otro mejor ahí fuera, sin el cual no podía sentirse feliz. Este era el tema de su vida. Tenía un hambre que nunca podía satisfacer.

A menudo, cuando surgen asuntos relacionados con la conservación, como que aún no les han pagado el alquiler, tratan de lidiar con la ansiedad o con la ira comiendo en exceso, tomando enormes cantidades de bebida o alimento. El hombre que tuvo que llevar puesto el traje de lana que le picaba era un Nueve del subtipo conservación. Tenía que llevar el traje de lana para disfrutar de la Navidad y eso le hacía mostrar conformidad, lo que a su vez le producía furia. Ahora, cuarenta años después, siente que nunca tiene suficiente, independientemente de las actividades en las que participe. Tanto si come, como si bebe vino o hace el amor, la satisfacción sigue eludiéndolo.

Social: participación

El Nueve social está marcado por la *participación*. Son las personas a las que les gusta participar y unirse a organizaciones. Y aquí es donde a menudo entra en acción el escéptico oculto, que busca la participación social y, sin embargo, se muestra renuente. Para ellos, participar significa estar suspendidos en el aire, dudando entre involucrarse profundamente y no hacerlo en absoluto.

Esto queda ejemplificado en muchas de las personas que se unen a clubes como el Elks Club, el Moose Club, Lions, Rotary Club, The Bowery Street Boys, los masones y cientos de otras organizaciones fraternales, sociales, de servicio y de negocios. Los Nueves sociales suelen ir a las reuniones, pero raras veces se convierten en líderes de la organización. Se quedan en la periferia; nunca están realmente presentes, pero tampoco abandonan. Si les preguntas, es posible que te digan que aún tienen ciertas reservas con respecto a las organizaciones a las que pertenecen. Es como el matrimonio de prueba que dura diez años, solo que ocurre dentro de organizaciones y grupos, en contextos sociales.

Sexual: unión

El Nueve sexual recibe el nombre de *unión*. Los Nueves sexuales se funden con la otra persona. Pierden sus límites más que los otros Nueves, en el sentido de no saber dónde acaba el yo y dónde empieza el otro. Están tan fundidos y sienten una pérdida de límites tan completa que no consiguen aclararse. Se pierden en el amado. Se trata de un intento inconsciente de retornar a una sensación de unidad que trascienda la fijación.

No obstante, en lugar de abandonar la idea personal del yo para descubrir directamente la conciencia ilimitada, vasta y sin distinciones, intentan fundir este yo en el otro a fin de crear unidad, en vez de alcanzar la verdadera realización. La fijación pretende simular el retorno al hogar.

Los Nueves sexuales dicen que comen del plato de su pareja sin darse cuenta, pues no reconocen la separación. Nunca he oído que un Nueve sexual abandone una relación.

Después de leer lo anterior, un Nueve sexual me dijo que esto no era cierto. Me dijo que él y su ex esposa eran Nueves y que habían conseguido divorciarse. Me sorprendí y le pregunté cuánto tiempo habían tardado en divorciarse desde que se habían dado cuenta de que todo había acabado.

—Bueno —dijo—, creo que supe que había acabado como seis años antes de que nos separáramos.

—Eso sigue estando muy bien —le dije yo—. ¿Hace cuánto tiempo ocurrió esto?

En su rostro se dibujo una sonrisa mansa y replicó:

—Tres años... Aunque ella aún no se ha ido de casa.

Los Nueves suelen sentirse atraídos por una personalidad fuerte, alguien que tenga opiniones contundentes o que pueda sentir emociones por los dos. Entonces tratan de fundirse en la unidad con esa persona. Un Nueve describió esta situación como «entregarme completamente». Es como si se produjera una fusión: «Yo no sé cuáles son mis necesidades y cuáles son tus necesidades».

Un Nueve frustrado por este tipo de situación dijo:

> *Mi cuerpo empieza a decirme que esto es la gota que colma el vaso. Algo se parte. Pero, antes de eso, se da una acumulación progresiva, y todo contribuye a ello. No demostrar el enfado también. Cuando exploto, soy dramático. Un día salí por la puerta y no volví en varios meses.*

Ejemplos adicionales

Los Nueves pueden ser científicos, presidentes, actores o trabajar en una máquina de una línea de montaje. Son flexibles y capaces de afrontar las exigencias de la situación y sentirse cómodos. El presidente Gerald Ford, que se dio un golpe en la cabeza y tropezó al bajar del Air Force One, es un buen ejemplo del estilo Nueve.

Una película excelente que muestra la fijación del carácter del Nueve es «Bienvenido Mr. Chance», en la que Peter Sellers (un Nueve) representa el personaje de Chauncey Gardner. Aunque no tiene verdaderas opiniones propias y vive aislado emocionalmente de su situación, es capaz de sintonizar con todo el mundo. Se lo considera un sabio y un genio, y acaba aconsejando al presidente mientras habla despreocupadamente de jardinería.

Diane Keaton tiene la fijación Nueve, y hace sus mejores trabajos cuando la dirige Woody Allen, un Seis. Esta es una de las relaciones más fuertes del Eneagrama: el Seis anima y da vida al plácido Nueve, como se ejemplifica en la película «Annie Hall». Su fijación también se muestra maravillosamente en la película «El club de las primeras esposas». Ella es una esposa dulce y amorosa incapaz de enfadarse con su infiel marido. Comparte los estados de ánimo de sus amigas y secunda sus planes, pero tiende a quedarse dormida cuando está fuera del campo energético de ellas. Posee una cualidad rígida que a menudo caracteriza a esta fijación.

Todas las culturas y los países exhiben fijaciones. Austria es un país Nueve. Durante la guerra fría, Austria estaba atrapada entre Oriente y Occidente, entre el socialismo y el capitalismo. Este país presenta una apariencia exterior relajada, muy diferente de otras culturas germánicas. Allí hay más comodidad y facilidad que en la vecina Alemania (una cultura Seis) o en Suiza (Uno). Cuando Hitler invadió Austria, fue recibido por multitudes que lo vitoreaban. Y cuando fue invadida por los aliados, estos también fueron acogidos con vítores. Los austríacos pueden asumir todos los puntos de vista e irse a dormir entre tanto.

Los Nueves aprecian mucho la buena comida y el alcohol, pero pueden ser muy avaros con el dinero. Los austríacos, con una cultura Nueve, tienen una expresión que los describe: «El austríaco puede apretar un chelín hasta grabar en él su huella digital». Cuando les he preguntado por su higiene personal, muchos austríacos me han dicho que consideran que bañarse más de una vez por semana es burgués y excesivo.

Un verano estaba enseñando en un viejo castillo en una zona rural de Austria. La iglesia local domina la pequeña ciudad de Plankenstein, en la que también destaca el castillo. Las campanas de la iglesia sonaban cada quince minutos, con toques distintos para marcar los cuartos, las medias y las horas. Por desgracia, el reloj iba diez minutos retrasado. Como las campanas de la iglesia se oían por todo el castillo, tuvimos que retrasar nuestros relojes para estar a la hora de Plankenstein.

India es otro ejemplo de una cultura Nueve. La manera que tiene India de lidiar con el tiempo, la suciedad y el dinero es famosa en el mundo entero. La burocracia es un fenómeno Nueve, e India la ha elevado hasta convertirla en una forma de arte, con cuatro copias carbón para cada formulario y seis sellos de goma para cada transacción.

En una ocasión, estábamos en la sala de llegadas de una aerolínea en Nueva Delhi a las dos de la madrugada, esperando con varios cientos de personas para pasar la aduana, lo cual no es inusual. Tres de las cuatro cabinas estaban cerradas y el único trabajador se tomaba su tiempo y ponía todo el cuidado en leer cada uno de los sellos de cada página de cada pasaporte que manejaba. Después de una hora la gente empezó a sentirse acalorada, maloliente y cansada. Varios hombres de negocios indios empezaron a gritar, agitando una posible revuelta. En respuesta, se abrieron rápidamente las otras tres cabinas, y el eco de unos sellos estampados rápidamente empezó a extenderse por la sala.

El billete indio de una rupia vale unos tres céntimos. Cuando lo recibes del conductor de un carro de tracción humana, que se lo saca de su camisa sudada, el billete de una rupia es un pedazo de papel sucio y húmedo que ha sido doblado una y otra vez hasta formar un pequeño cuadrado. Por más sucio, mojado o doblado que esté, sigue siendo de curso legal. Sin embargo, si el billete tiene el menor desgarro en una esquina, no lo aceptes. Se considerará sin valor.

India se desplaza en tren. El principal medio de transporte es el ferrocarril; y los trenes, como los autobuses y los aviones, raras veces llegan a tiempo. A menudo un tren puede llegar desde seis y hasta doce horas tarde. ¡En una ocasión vi un tren irse de la estación quince minutos antes de tiempo! Una pena para la gente que llegó allí justo a la hora. Sin embargo, al contar esta historia a un indio me dijo: «¡Probablemente era el tren del día anterior!».

En una ocasión, unos amigos alquilaron un autobús en el norte de India para que los llevara de Bodhgaya a Varanasi. Se suponía que el viaje iba a durar un máximo de cinco horas y que llegarían a Varanasi a las cuatro de la tarde. Pero duró veintinueve horas; llegó hacia la cuatro de la tarde del día siguiente. La gente local no lo consideró inusual; la explicación fue que había mucho tráfico.

Ejemplos de los subtipos

La lista de ejemplos que se presenta para todos los puntos no es necesariamente precisa, puesto que a menudo es imposible saber la fijación de una persona sin tener un contacto directo con ella. No obstante, la lista siguiente evoca el sabor de las distintas fijaciones y subtipos. Mientras lees estos ejemplos, trata de captar la calidad de la energía evocada.

Conservación: apetito

A veces tienen la mandíbula apretada de tanto contener la ira; estos pueden ser los Nueves que tienen la ira más cerca de la superficie.

Woody Harrelson, Julia Child, Robert Morley, Karl Malden, Ed McMahon, Art Carney, Rodney Dangerfield, Walter Matthau, Andy Devine, Rusia.

~

Social: participación

Este es el subtipo de la fijación Nueve más parecido al Tres. La relación, la familia y las redes sociales suelen ser de máxima importancia para él.

Gerald Ford, Dwight Eisenhower, Ronald Reagan, Hubert Humphrey, George Burns, Diane Keaton, Bill Murray, Hugh Downs, Milton Erickson, Joseph Campbell, Gregory Bateson, The Lions Club, India.

Sexual: unión

A menudo son los de ojos más soñadores y los Nueves más suaves.

Morgan Freeman, Forest Whitaker, Ringo Starr, Willie Nelson, Jay Leno, John Candy, Nat King Cole, Dean Martin, Captain Kangaroo, Tommy Smothers, Jerry Garcia, Austria.

~

Punto Ocho: el punto de la ira exteriorizado

Esencia:	*Shakti*/Poder cósmico
Idea sagrada:	Verdad
Camino santo:	Inocencia
Rasgo principal:	Venganza
Pasión:	Lujuria
Idealización:	«Soy competente»
Estilo de discurso:	Criticarte
Trampa:	Justicia
Mecanismo de defensa:	Negación
Evitación:	Debilidad
Dicotomía:	Puritano/hedonista
Subtipos:	Conservación: supervivencia satisfactoria Social: amistad Sexual: posesión/rendición

El Ocho es la versión expandida o exteriorizada del Nueve. Mientras que los Nueves han perdido su posición personal, los Ochos tienen una posición personal con respecto a todo. Los Nueves dirigen la ira hacia dentro; los Ochos la proyectan hacia el mundo. Los Ochos sienten que su ira está justificada. Ellos son los que distribuyen las culpas en el mundo. Todo el mundo culpa a alguien ocasionalmente, pero los Ochos lo hacen de forma compulsiva. Usan su intensa sensación de ser inocentes, de no haber hecho nada malo, para autojustificarse y culpar al mundo.

Los Ochos usan erróneamente la esencia del poder; emplean el poder personal como herramienta para dominar el mundo. Siempre están dispuestos a subir las apuestas, para defender su propia inocencia o para proteger de la injusticia a una persona con menos poder. Cuando su ego usa erróneamente la idea sagrada de la verdad, dice: «No me cuentes tus mentiras. Puedo detectar la falsedad. Lo que me interesa es la verdad». Sin embargo, suelen ser los mayores mentirosos y abusones del Eneagrama. Los Ochos son sus «chicos y chicas malos».

Así lo explicó un hombre:

> *Me gustar discutir y luchar porque, aunque pierda, gano. Crecí en un barrio pacífico y tranquilo donde no había delitos ni violencia, de modo que yo los creé. Era el jefe de la banda. No elegí ese papel. Pero, si alguien va a hacer algo, será un Ocho. Los otros lo seguirán o no, pero el Ocho tiene la energía para ponerlo en marcha.*

Jehová es un Ocho. Cuidó de los suyos y mató a todos los demás. «Acabad con todo lo que tenga vida», es un mandamiento de Jehová a los hebreos en su marcha a través del desierto hacia la tierra prometida que se lee en el Antiguo Testamento. Jehová es un dios vengativo y celoso. El padrino de la mafia, una imitación del jerarca patriarcal Jehová, cuida de su familia extendida y considera a todos los demás como enemigos.

La pasión de la lujuria o la trampa de la justica son lo que mueve al Ocho a salir de la apatía lánguida y de la posición mortecina del Nueve. En la cita siguiente vemos a una Ocho preocupada. Teme que, en el proceso de exponer y trascender la fijación Ocho pueda perder su pasión y adoptar una actitud más blanda:

> *Me gustar estar sola algún tiempo, pero nunca me ha gustado mucho el mundo interior. El mundo de la gente y las cosas tiene mucho más atractivo para mí. Como*

no profundizo mucho, ir hacia dentro se vuelve algo blandengue y aburrido, y entonces surge un pensamiento y eso parece más interesante que ir hacia dentro. Me resulta muy fácil distraerme con las cosas de fuera y no parar de hacer, hacer y hacer.

Me preocupa ser una blandengue. Me preocupa perder el deseo sexual y el disfrute vigoroso. Algunas de las personas que conozco que están interesadas por la libertad parecen demasiado... [Risas], ¡Me entran ganas de darles un meneo! Tengo miedo de perder mi pasión por la vida. Para mí la meditación es como un camino hacia la «facilidad» que deseo. Pero también puede conducirme a aquello que temo, que es perder mi pasión por la vida.

Una cosa interesante con respecto al sistema del Eneagrama es que casi todas las personas consideran que su fijación es una mala noticia, excepto los Ochos. A menudo, después de identificar su fijación, las personas dicen que preferirían ser otra cosa. Los Ochos no.

A los hombres Ocho les suele encantar oír y contar historias sobre sí mismos. Uno de los pasatiempos favoritos de los Ochos es alardear de ser malos, o duros, y de sobrevivir en situaciones asombrosas. Un ejemplo menor de esto es el antiguo presidente Lyndon Johnson, que se quitó la camisa en televisión para mostrar las cicatrices de su operación.

En nuestra sociedad, a las mujeres Ocho les puede resultar duro mostrarse como son, porque no concuerda con la percepción social de cómo debería actuar la mujer. Algunas mujeres Ocho que conozco están tan profundamente socializadas que en la superficie no aparece la fijación Ocho. Pueden parecer suaves, refinadas y socialmente sumisas a quienes no las conocen bien. Sin embargo, en casa abusan verbalmente y suelen ser las jefas.

Debra Winger ha dicho que le encanta trabajar con Jack Nicholson por el vínculo que han creado, ya que se divierten mucho. Aunque no sean socialmente tan refinadas, las actrices Bette Midler, Roseanne y

Mae West son ejemplos de mujeres Ocho que se desarrollaron profesionalmente haciendo uso del disfrute y pasándolo bien.

Una de las maneras de reconocer a un Ocho es por los ojos. Los tienen brillantes y, a veces, presentan una prominencia neandertal encima de ellos. Algunos ejemplos son Lee Marvin, Robert Mitchum, Jack Nicholson y Josef Stalin.

El libro *The Enneagram of Personality*, escrito desde el punto de vista de un jesuita, hace referencia a los animales como representaciones metafóricas de las fijaciones evolucionadas y no evolucionadas. Algunas son relevantes y otras parecen no tener base. Una elección particularmente buena es el animal usado para representar al Ocho no evolucionado: el rinoceronte. El rinoceronte no ve muy bien, ataca cosas que no comprende, tiene la piel muy gruesa y ve el mundo en blanco y negro. Cuando un rinoceronte ve un fuego en el bosque, corre a pisotearlo.

El Ocho tiende a ver las cosas de manera polar. Tiene poca tolerancia por los tonos grises. «Eres mi amigo o mi enemigo», así es como interpreta a los demás.

Los Ochos han desarrollado la capacidad psíquica de detectar la debilidad y tratan de evitarla a toda costa. Como cada Ocho esconde un niño pequeño atemorizado, incompetente y emocionalmente dependiente bajo la falsa apariencia de su armadura, ha aprendido a detectar tu debilidad y a atacarla antes de que tú encuentres la suya.

Un hombre comentó:

> *Cuando tenía cinco años, mi padre dejó de usar el cinturón y empezó a usar el puño. Tuve que mentir para seguir vivo. Me convertí en un mentiroso de primera y todo mejoró. Solía practicar hablando con una voz muy grave para que me vieran como un hombre. Yo acosaba a los demás, los empujaba y los perseguía por la calle. Yo te quitaba la camisa y al día siguiente te compadecía porque un sucio perro te había robado la camisa. Si no hacías lo que yo quería, tendrías motivos para enfadarte.*

Estar fuera de la ley es un tema importante para los Ochos. A menudo representan la postura más antihumanitaria. Los Ochos solo siguen las leyes que creen que son correctas, y las aplican. En su historia personal, a menudo hay algún tipo de actividad fuera de la ley, ocasionalmente son verdaderos delitos. Los internos de las cárceles a menudo son Ochos. Cometer un delito y no ser castigado por él puede ser una de sus fantasías favoritas.

Los Ochos también pueden ser los héroes-guerreros que trabajan para el bien de los demás. Gurdjieff es un buen ejemplo de esto. Dedicó su vida a llevar a la gente a la iluminación. Sin embargo, cuando necesitaba dinero, estaba dispuesto a atrapar pájaros locales, teñirlos de amarillo y venderlos como canarios americanos. En las relaciones personales, el trabajo y los entornos sociales los Ochos tienden a llenar el espacio y a controlar la situación. Son abusones y justifican su ira.

México, Afganistán, Serbia, Marruecos, Israel y Borneo tienen sociedades tribales guerreras y son ejemplos de culturas Ocho.

Pasión: lujuria

El motor de los Ochos se alimenta de lujuria. Se trata de lujuria no solo en el sentido sexual (aunque esta también suele estar presente en grandes dosis), sino de un deseo excesivo de consumir las cosas de la vida. Si se trata de sexo, harán el amor en exceso o estarán deseando el próximo encuentro sexual. Es muy raro que un Ocho, particularmente si es hombre y es un Ocho sexual, se declare monógamo. Hagan lo que hagan los Ochos, lo hacen en exceso. Si el placer del momento es comer, comerán demasiado. Pueden morir de cirrosis, gota, sífilis, presión sanguínea alta o ataque al corazón.

Los Ochos se despiertan del sopor del Nueve mediante la lujuria, de modo que tienden a estar dormidos o, por el contrario, a ir a toda máquina. A los Ochos les cuesta hacer cualquier cosa con moderación.

Lo que sigue es una carta dirigida al columnista de un periódico pidiendo consejo:

Mi marido se jubiló hace cinco años y aún no puedo conseguir que se tranquilice. Cuando vamos en el coche, grita a la persona que tenemos delante de nosotros por no salir con la rapidez suficiente de la señal de stop. En la fila de la caja del supermercado, se queja porque la señora que tenemos delante tiene que extender un cheque. Engulle la comida como si fuera un lobo. Se ha tomado la mitad de su plato antes incluso de que yo tenga tiempo de sentarme. Cuando caminamos juntos, siempre va tres pasos por delante de mí. Dice que yo voy a paso de tortuga.
Ahora él ya no tiene la presión sanguínea alta, más bien la tiene baja, pero la mía esta subiendo.

Sin duda, esta mujer está describiendo a un Ocho. Es la persona que tiene un cartel sobre el escritorio que dice: «Yo no tengo úlcera; yo la provoco», o: «tengo razón incluso cuando estoy equivocado».

Los otros dos puntos de la ira no expresan su estado de ánimo de esta manera. El Nueve cree que no es amoroso sentirse enfadado, así que opta por entrar en la inconsciencia. Los Unos, por otra parte, experimentan su enfado, lo mantienen dentro reprimido y se culpan a sí mismos si las cosas no van bien. Un Ocho «sabe» que la ira es el sentimiento correcto para él, y «sabe» que el error es de alguna otra persona. Pase lo que pase, es capaz de racionalizar o justificar su propio enfado, su propia violencia. De hecho, cuantas más pruebas haya de que está equivocado, más vocifera.

Los Ochos se aproximan a la gente con una actitud de adversario y de oposición. Un amigo mío era un brillante psicoterapeuta de setenta años, dulce y amable, cuando me contó esta historia:

¿Sabes?, creía que yo ya estaba fuera de este tipo de cosas. Pensaba que ya no lo volvería a hacer más. Pero este capullo se metió de repente en mi carril, por delante de mí, obligándome a frenar. Me descubrí a mí mismo saliendo del coche. Fui hasta él, me incliné sobre la ventana de su coche

y lo agarré. Y durante todo ese tiempo, mientras salía del coche y me dirigía hacia él, me decía a mí mismo: «Morty, tú no estás haciendo esto, ¿o sí?».

Morty no era alguien a quien considerarías hostil o violento. Sin embargo, cuando le surgía el impulso, actuaba a partir de él.

La reacción de los Ochos es de represalia: «Si me la juegas, me tomaré la revancha». Si no son capaces de tomarse la revancha inmediatamente, conservarán la hostilidad y el rencor que los llevará a consumarla.

Entorno infantil

Para sobrevivir, los Ochos tuvieron que crearse un caparazón muy duro. Tuvieron que crecer rápido a fin de cuidar de sí mismos. Fueron castigados por cosas que no habían hecho y a menudo se libraron de ser castigados por cosas que sí habían hecho. Esto generó una sensación de que las leyes son arbitrarias. El Ocho piensa: «Yo creo mis propias reglas y las sigo».

Aunque de niños los Ochos quedaron relegados al trasfondo, a menudo fueron torturados física o emocionalmente, o sintieron que lo eran. La mayoría de los hombres Ocho hablan de algún castigo físico durante su infancia. Los que no recibieron golpes o latigazos a menudo describen algún otro tipo de tortura. No siempre es así en el caso de las mujeres, que no siempre identifican la infancia con una etapa de violencia. Sin embargo, más de una mujer Ocho ha hablado de haber sido atacada violentamente y, a veces, de haber sufrido abusos sexuales por parte de su padre o de un hermano mayor, o de haber tenido que defender a su hermano pequeño de un padre borracho y enfurecido.

A una edad temprana, el Ocho se convenció de que el mundo es una selva y de que, para sobrevivir, tienes que «atacar antes de que ellos te ataquen a ti». Los Ochos sienten que han sido víctimas de injusticias, de modo que la justicia se convierte en un tema candente. Ellos culpan al mundo y están muy dispuestos a enmendar la situación.

En este caso, una mujer Ocho habla de haber sido acusada falsamente por su madre:

> *Cuando era pequeña, mi madre y yo vivíamos solas. Teníamos un gato. A mi madre le gustaban los perfumes caros y tenía varios en su tocador. Nuestro gato debió de ir por allí y derramó un perfume. Yo volví a poner todo en su lugar antes de que ella volviera, pero el perfume derramado olía por toda la casa.*
> *En cuanto entró por la puerta, empezó a gritarme por haber usado su perfume. En primer lugar, yo no soportaba el perfume. Y yo no lo había hecho; de modo que le dije:*
> *—Yo no lo he hecho.*
> *Bueno, entonces ¿quién ha sido?*
> *Mientras continuaba con sus quejas, la miré mientras seguía gritando y acusándome.*
> *Espera un minuto —le dije.*
> *Fui hasta allí y aplasté todas las botellas contra la pared. Las rompí todas. Y empecé a machacar las que no había roto.*
> *A continuación, dejé que me pegara. Tenía la sensación de que, si le devolvía los golpes, la mataría, porque era muy pequeña. De modo que pensé: «De acuerdo, voy a asumir la culpa de esto. Pero antes quiero sentir el placer de hacerlo».*

Otro relato describe el momento de la cristalización:

> *Nos trasladamos de Brooklyn a Queens en mi tercer cumpleaños; recuerdo que lo que sigue ocurrió justo antes de que nos trasladáramos.*
> *Entre nuestra casa de apartamentos y los pisos de piedra marrón que estaban a la vuelta de la esquina había un terreno sin construir. Un día fui a aquel descampado y vi*

a los niños de los pisos de piedra marrón golpeando a dos amigos de mi edificio. Recuerdo vívidamente que corrí hasta uno de mis amigos y le grité: «No te preocupes, Mark, ¡voy en tu ayuda!».
Agarré al niño que estaba luchando con Mark y lo empujé con las dos manos. Salió volando hacia atrás y se golpeó la cabeza contra una piedra. En ese momento, el tiempo se detuvo. Hubo un silencio en el aire, como si todo el mundo se hubiera quedado congelado mirando al niño caído. De repente, una mancha roja de sangre empezó a extenderse sobre la roca desde la cabeza del niño, y él soltó un grito. Su gritó rompió el silencio y al instante siguiente todos me perseguían. Salté sobre el triciclo de Mark y salí disparado hacia mi casa, pero no lo hice con la rapidez suficiente. Entré corriendo en el portal de nuestro edificio y llamé frenéticamente al timbre para que mi madre abriera la puerta y me dejara entrar. Estaba temblando de miedo porque el grupo de mis perseguidores había entrado corriendo en el portal justo detrás de mí. Un niño mayor me agarró por la cabeza y, mientras gritaba que le había roto la cabeza a su primo, empezó a intentar romper la mía. Después de lo que pareció una eternidad, mi madre apareció y me dejó entrar. Desde aquel momento fui considerado un niño problemático. Nadie podía controlarme porque yo sabía que no estarían ahí cuando realmente los necesitara.

Idealización: «Soy competente»

Cuando eran muy jóvenes, los Ochos se sintieron abrumados por la vida. A menudo sintieron como si en el momento de la cristalización la vida y la muerte estuvieran en equilibrio. Y, como sobrevivieron a aquella prueba demoledora, creen presuntuosamente que pueden afrontar cualquier cosa. Por lo tanto, consideran que «saben moverse por la calle».

La idealización del Nueve es: «Yo estoy cómodo». Independientemente de lo dura que pueda ser la vida en este momento, el Nueve generalmente dirá: «Sí, me va muy bien aquí. Tengo mi televisión, las facturas pagadas y voy tirando; estoy bien». Su idealización es que se siente cómodo; no tiene problemas serios en la vida.

La idealización del Ocho es: «Soy competente». Puede gestionar las cosas. Un Ocho describió así su experiencia de ser competente:

> *Puedes contar conmigo. Esto es otra cosa que me gusta de mí. Si digo que voy a hacer algo, lo hago, no es palabrería. Decir que «lo voy a hacer» significa que está hecho, y pasa muy poco tiempo entre el momento en el que digo que voy a hacerlo y cuando lo hago realmente. Tengo una autoestima alta porque hago lo que digo que voy a hacer y puedo contar conmigo mismo. Si tengo una lista de cosas por hacer hoy, las hago; eso es todo.*

Esta presunción y la necesidad de estimulación para mantenerse despiertos llevan a los Ochos a vivir al límite. Conducen demasiado rápido y pueden comportarse como maníacos al volante. Un Ocho dijo que él nunca conducía deprisa porque sentía demasiado respeto por su vida y por la seguridad. Sin embargo, añadió que hay ciertas señales de *stop* que ignoraba porque estaban en el lugar equivocado. «No deberían haber puesto esas señales de *stop* allí, sino de manera que se detuvieran los coches que van en la otra dirección. Esto debe haber sido fruto de un acuerdo político».

Un hombre describió cómo conducía su padre.

> *Estábamos acelerando cuando, de repente, invadimos el carril de al lado, obligando a frenar al conductor que circulaba por él. Yo le dije:*
> *—Papá, le has cortado el paso a ese conductor.*
> *Él me fulminó con la mirada y me dijo gruñendo:*
> *—Él tiene frenos, ¿cierto? Que los use.*

El padrino de la mafia desempeña un papel Ocho en la sociedad. Tiene un código moral estricto. Nunca te matará en casa de tu madre. Él protege y cuida a su familia, protege a la comunidad, haciendo de ella un lugar seguro, y cuida a los niños. Si tienes un problema, él te dará dinero. Es su responsabilidad cuidar a la familia, que es vulnerable en un mundo hostil. Lo único que pide a cambio es que le beses el anillo y que sientas respeto por él.

Como la sociedad es el enemigo y tiene ventajas injustas incorporadas en su sistema, las reglas sociales no son aplicables al Ocho.

Estilo de discurso: criticarte

La manera característica de hablar de los Ochos es criticarte. Mientras que el Nueve te cuenta historias interminables, el Ocho te dice: «El problema contigo es que...». Su humor puede ser sádico y provocador. Los Ochos se sienten obligados a decirte lo que tienes y lo que no tienes que hacer. Sienten que es su deber decirte lo que es bueno para ti y también lo que haces mal. Tal vez disfruten denigrándote y haciendo que te sientas incómodo. Cuando entran en una situación nueva, los Ochos la evalúan rápidamente, determinan quién es el líder y lo retan para ocupar su posición.

Los Ochos tienen un sentido de superioridad moral que contrasta con la rectitud moral de los Unos. Cuando el Ocho te critica, lo hace desde una sensación de superioridad y competencia, además de sentir la compulsión física de asumir una posición dominante. Una líder de seminarios comparte cómo experimenta su estilo agresivo, que a menudo los demás se toman de forma personal:

> *Resulta duro trabajar para mí. He tenido secretarias que me han dejado porque entro y les digo: «¿Es esto todo lo que has hecho?». Porque sé que podría hacerlo el doble de bien y el doble de rápido. Ahora, cuando contrato a alguien, le doy permiso para que me señale estas cosas y para que me indique el tono de voz que estoy usando. Puedo decir que con los años estoy mucho menos a la*

defensiva cuando recibo críticas de otros. ¡Y recibo tantas! La gente malinterpreta mi intensidad creyendo que estoy enfadada. Tal como estoy hablando ahora mismo, creen que estoy enfadada. Pero no lo estoy, simplemente soy así de intensa.

Me echaron de un grupo espiritual en el que llevaba trece años porque no les gustaba mi energía. Donde quiera que voy, las personas me dicen que las interrumpo, que el tono de mi voz no es el adecuado. Siempre estoy hiriendo a la gente y nunca tengo la intención de hacerlo. La verdad simplemente sale, y siempre me asombra.

La trampa: justicia

La trampa del Ocho es la *justicia*. Como de niños fueron maltratados, los Ochos se convierten en grandes defensores de los desfavorecidos. Se alzan y luchan contra el sistema en nombre de la justicia. Son capaces de derrocar al gobierno en nombre de esta. Aunque a menudo hacen un buen trabajo por la causa de las personas más vulnerables, la superioridad moral con la que realizan este servicio alimenta la fijación, lo que a menudo los conduce a un sueño aún más profundo.

Una película preciosa de Gerard Depardieu muestra esta trampa con mucha claridad. Él representa al personaje de *Danton,* el Ocho que fue líder de la Revolución francesa. Danton muere en la guillotina por su excesiva confianza en que, como está luchando por la justicia, conserva el control y ningún jurado lo va a condenar.

En este caso la trampa es que los Ochos están dispuestos a dar sus vidas por la justicia. Y, gracias a esta disposición, existe la posibilidad de que su vieja vida se deshaga y descubran una verdad que está más allá de la justicia. Oskar Schindler, un Ocho sexual, es un excelente ejemplo de esto. Era colaborador de los nazis, alcohólico, mujeriego y sacaba provecho de la guerra. Pero arriesgó su vida y perdió su fortuna por salvar a sus trabajadores judíos de los campos de exterminio nazis. Es un maravilloso ejemplo de cómo la motivación de la fijación puede conducir a la trascendencia del ego.

Mecanismo de defensa: la negación

El mecanismo de defensa del Ocho es la *negación*. La negación opera de dos maneras distintas. La primera consiste en negar cualquier culpa y proyectarla en otro. La segunda forma de negación se da cuando un Ocho está sintiendo emociones fuertes y es inconsciente de sus sentimientos. A menudo niegan las emociones porque las consideran un signo de debilidad, vulnerabilidad o culpa.

En los Ochos, la raíz inconsciente de la negación viene de haber sido castigados cuando eran niños, y por eso sienten la necesidad de defenderse contra un mundo hostil. El Ocho es un niño tierno, dulce y aterrorizado que se ha puesto la dura máscara de un guerrero. Alardear de su competencia y negar sus emociones o sus errores son estrategias para lidiar con el terror y con la rabia.

En la relación de pareja, cuando se lo confronta con sus verdaderos sentimientos, el Ocho tiende a negarlos. Aunque la pareja se dé cuenta de su comportamiento hostil y de sus sentimientos de furia, el Ocho asegura que nada está mal y culpa al otro por encontrar fallos.

Evitación: la debilidad

Lo que evita es la *debilidad*. Los Ochos siempre parecen competentes a fin de evitar la debilidad. Y sabes que están trabajando consigo mismos cuando se permiten mostrarse tiernos en situaciones sociales o laborales.

La postura del Ocho es: «Soy competente. No soy débil. Puedo hacerlo». En general, los Ochos solo están dispuestos a ser vulnerables y a rendirse al momento, en lugar de dominar, después de un intenso trabajo sobre sí mismos. La evitación de la debilidad forma parte del mecanismo de defensa de la negación. Esconde las emociones tiernas y vulnerables detrás de la máscara de dureza.

Un Ocho, después de haber trabajado consigo mismo, dijo:

> *La inocencia es algo que nunca había experimentado. Ahora que la he saboreado, es lo único que quiero. Pero la*

gente no me permite ser inocente. Esperan que sea alguna otra cosa. De modo que me he expresado con ira y he descubierto que eso es mucho más aceptable.

Ty Cobb alardeó ante su biógrafo Al Stump de haber matado a un hombre en Detroit en 1912. Tres ladrones armados con un cuchillo lo asaltaron cuando iba a coger un tren para acudir a un partido de béisbol. Él llevaba una pistola con la mira levantada al final del cañón. Cuando la pistola se encasquilló, los asaltantes le dieron una puñalada en la espalda. Él empezó a aporrearlos con los puños con tanta furia que al poco salieron huyendo. Cobb, en lugar de sentirse aliviado, los persiguió y encerró a uno de ellos en un callejón sin salida.

«Usé la mira de la pistola para partirle y descuartizarle la cara durante unos diez minutos, hasta que quedó totalmente desfigurada», dijo Cobb al entrevistador.

Cobb se puso una venda improvisada sobre su propia herida; cogió el tren para asistir al partido y consiguió un doble y un triple. Al acabar le trataron la puñalada de doce centímetros que tenía en la espalda.

La dicotomía: puritano/hedonista

La dicotomía recibe el nombre de *puritano/hedonista* y refleja distintos estilos de expresar el exceso. Como en el caso de todas las demás fijaciones, los dos polos están presentes.

Ante todos los que lo conocen, el Ocho puritano parece estar obsesionado con su trabajo. Trabajar más tiempo y más duro y levantarse antes es un etiqueta de exceso que el Ocho puritano a veces usa para conseguir influencia en las relaciones. Como realiza muchas tareas simultáneamente, siempre está lidiando con las limitaciones de tiempo. Después del trabajo es posible que beba en exceso o que juegue mucho, por lo que parece hedonista a cualquiera que no tenga su misma fijación.

El estilo del Ocho hedonista es alardear. No alardear de lo duro que trabaja, sino de hasta qué hora se quedó anoche y de que la fiesta fue una bomba. Un hombre contó que, mientras él estaba en la cárcel a comienzos de los años sesenta, les pasaron un test para descubrir quiénes eran los modelos favoritos de los internos. El ganador del primer puesto por elección unánime fue Dean Martin, porque siempre tenía una copa en una mano, una mujer hermosa en la otra, mucho dinero y un sofá detrás de él.

Como todas las fijaciones, el Ocho encarna ambos polos de la dicotomía en todo momento, pero presenta al mundo, principalmente, uno de los dos estilos. Cualquiera que sea su estilo, el Ocho lo usa para dominar, evitar la vulnerabilidad emocional y probar que es superior.

Un buen ejemplo de esta polaridad lo encarna un par de paletos, Jerry Lee Lewis y Jimmy Swaggart. Después de crecer juntos y de dar problemas en sus años adolescentes, Jerry Lee Lewis se forjó una carrera de roquero hedonista y pasó tiempo en prisión por casarse con una prima suya menor de edad. Jimmy Swaggart se convirtió en un evangelista puritano que predicaba en televisión con una actitud de superioridad con respecto a los pecadores, hasta que lo detuvieron por recoger prostitutas en su coche.

Subtipos

Conservación: supervivencia satisfactoria

Cuando la pasión de la lujuria está alimentada por el instinto de conservación, se habla de *supervivencia satisfactoria*. Si las necesidades básicas de supervivencia están cubiertas, los Ochos conservación se sienten bien. Pero como ocupan el lugar de los supervivientes puros, les gusta vivir fuera de las convenciones sociales. Les gusta saber que no necesitan a nadie para sobrevivir. La Hermandad Aria, que vive poniendo trampas y cazando en el norte del estado de Idaho, probablemente esté poblada de personas con este perfil.

Un Ocho, que ganaba un buen sueldo como camarero en los sesenta, vivía en una cabaña de cartón que había construido en el jardín de la casa de un amigo. Vivió así durante dos años. Extendió un cable desde la casa para disfrutar de la televisión; tenía calefacción, todas las necesidades básicas cubiertas y lo disfrutaba mucho.

Cuando lo describí en un taller, otro Ocho conservación dijo: «Sabes, yo viví en una cabaña de planchas de madera en el jardín de una casa particular, y solo se nos permitía usar electricidad para afeitarnos». Al contar esta historia, resoplaba de placer y llenó la habitación con su energía, riéndose de sus propios chistes. Dijo que le encantaba vivir así porque estaba venciendo al sistema. Se estaba saliendo con la suya, su situación era divertida y tenía lo suficiente. Otros Ochos que conozco han vivido en casas en árboles, en coches y en garajes. Un Ocho contó que solo le gustaban los grandes Cadillac porque eran muy cómodos y podías dormir en la parte de atrás.

Los Ochos conservación suelen ser más irascibles y quisquillosos, se parecen más a un tejón que los otros Ocho. Como no necesitan a nadie para sobrevivir, ponen menos atención en sus habilidades sociales.

Roseanne Barr es un buen ejemplo de una Ocho conservación hedonista. Lee Marvin, George C. Scott y Broderick Crawford son ejemplos masculinos de Ochos conservación.

Social: amistad

Cuando la lujuria hace uso del instinto social, se la llama *amistad*. La lealtad a los amigos, y a veces a las bandas, se convierte en uno de los grandes temas en la vida. Cuando llegas a la lista de amigos del Ocho social, te quedas allí para toda la vida.

Los Ochos sociales a menudo están dispuestos a resolver las situaciones tensas con sus amigos y no rehúyen la confrontación para aclarar las cosas. Como regla general, los subtipos sociales disfrutan de estar con varios amigos al mismo tiempo. El subtipo sexual raras veces organiza una salida a comer con media docena de amigos. Un Ocho social nos dijo que jugar un partido espontáneo de baloncesto es mejor que el sexo. El Ocho social siente una verdadera lealtad hacia sus amigos, que dura hasta la muerte.

Una joven que conozco dijo que, cuando volvía a su casa de la universidad, siempre visitaba primero a sus amigos, después a su novio y por último a la familia. Cuando rompió con su novio del instituto de secundaria, insistió en que siguiera siendo su mejor amigo. Como Nueve, él no lo entendía, pero consintió. Años después, cuando ella se casó, el antiguo novio del instituto estaba allí, celebrándolo.

El Ocho sexual es diferente. Un padrino de la mafia que sea un Ocho sexual será leal a su gente, pero es posible que no sea amigo de nadie.

Sexual: posesión/rendición

Si bien todos los subtipos sexuales parecen preferir la relación de uno a uno, los Ochos lo llevan hasta el extremo y quieren poseer al ser amado. Y también pueden surgir problemas en torno a ser capaz de rendirse al ser amado. Esto no significa necesariamente que los Ochos exijan la monogamia o que experimenten celos intensos. Un Ocho sexual que conozco se refirió a su relación abierta en estos términos:

> *La razón por la que está bien que mi pareja tenga otros amantes es que me siento tan totalmente vinculado que no representa un peligro que los tenga. Creo que no hay nadie que pueda ocupar mi lugar.*

La *posesión/rendición* tiene que ver con poseer totalmente al ser amado y también con ser capaz de rendirse. El Ocho usa el problema de quién domina la situación para evitar abrirse a los sentimientos tiernos y vulnerables de intimidad y pérdida de control.

Un hombre Ocho sexual explicó lo siguiente respecto a su relación con una mujer Ocho sexual:

> *El asunto de quién estaba por encima estuvo presente a todos los niveles de nuestra relación, desde el dinero hasta el alimento o el sexo. Ella siempre estaba «haciendo» cosas para mí. Me compraba flores. Antes, nadie me había*

cortejado comprándome flores, caramelos o regalos. Tomé consciencia de mis propios patrones y de que la seducción del Ocho sexual tiene que ver con poseer al ser amado. Nunca me había dado cuenta de que dar un regalo es una manera de poseer. Hasta que me ocurrió, nunca había captado el nivel de agresión y control que se manifiesta al cuidar ostensiblemente de alguien. Fue una sorpresa total.

Ejemplos adicionales

Los Ochos no evolucionados representan las posiciones machistas y chovinistas en la sociedad, y buenos ejemplos de ellas son los papeles que suelen desempeñar los actores Lee Marvin, Robert Mitchum, Sean Penn y Al Pacino. Los personajes siempre ocultan una cualidad amenazante bajo su apariencia superficial. Siempre son peligrosos y excesivos.

Robert De Niro, que hace el papel de un campeón de boxeo en la película «Toro Salvaje», es un ejemplo clásico del Ocho enfurecido. En «Vida de este chico», De Niro muestra una versión más compleja de la personalidad Ocho. Al final de la película, el personaje se queda gritando en la calle: «¿Y qué pasa conmigo?». Es el grito clásico del egoísmo, pero expresado por el Ocho como un alarido furioso.

Un Ocho no evolucionado es la personificación de una personalidad antisocial, como la del abusón y el fanático. Archie Bunker es una caricatura de la personalidad Ocho. El *sheriff* Jim Clark, un Ocho, fue famoso por pegar a los manifestantes en las protestas por los derechos civiles de los negros en Selma, Alabama, durante los sesenta. Huey Newton y los Panteras Negras también son Ochos.

Jack Nicholson, un Ocho, representa a Ochos en todas sus películas. Entre sus clásicos se incluyen:

- El diablo, un Ocho sexual, en «Las brujas de Eastwick».
- El líder de camioneros Jimmy Hoffa, un Ocho conservación, en «Un pulso al poder».

- Un general del ejército en «Algunos hombres buenos.
- Un estafador menor, un Ocho social, que trata de vencer al sistema entregando su vida a cambio, en «Alguien voló sobre el nido del cuco».

Un día, mientras iba en su coche, Jack Nicholson se enfadó con la persona que iba delante de él por su manera de conducir. En un acceso de furia, salió del coche con un palo de golf en la mano y empezó a golpear el coche del confiado conductor.

Hay muchos actores que pueden hacer el papel de un Ocho, pero puedes notar la diferencia inmediatamente. Steve McQueen, un Seis, representó a Ochos; Marlon Brando, un Cuatro, generalmente encarnaba a Ochos; Clint Eastwood, un Uno, representó a Ochos en sus primeros papeles. Si examinas la energía que manifiestan estos actores en sus respectivas actuaciones, el contraste con alguien como Jack Nicholson se nota en el acto.

En nuestra sociedad es difícil para las mujeres ser Ochos. El dominio y la ira se consideran papeles masculinos, de modo que, cuando las mujeres manifiestan poder y competencia, muchas veces la sociedad en general las evita. Algunas mujeres Ocho permanecen soterradas y representan papeles superficialmente pasivos y dulces, expresando sus impulsos lujuriosos detrás del escenario, como Leona Helmsley.

Sin embargo, hay y ha habido muchas poderosas mujeres Ocho:

- Madame Blavatsky, la reina de la teosofía que fumaba puros, era un Ocho conservación.
- Gertrude Stein y Mother Jones pueden haber sido Ochos.
- Katherine Hepburn y Debra Winger son Ochos sociales.
- Bernadette Devlin y Bernardine Dohrn son ejemplos de Ochos que se han negado a aceptar los criterios de la sociedad y se han mostrado dispuestas a morir por defender a los más vulnerables.

Conozco a un Ocho que tiene noventa y seis años y dice que es alérgico a las mentiras. «Sí, soy alérgico a las mentiras, pero disfruto diciéndolas de vez en cuando».

Ike Turner, del antiguo dúo Ike and Tina Turner, es un Ocho sexual. En una entrevista dijo que había pegado ocasionalmente a sus mujeres, «¡pero solo cuando se lo merecían!». Dijo al entrevistador: «No lamento nada de lo que he hecho, absolutamente nada, tío, porque ha hecho falta todo eso para hacer de mí lo que soy, y me encanta quien soy a día de hoy... Sí, le pegué [a Tina], pero no más de lo que el tipo medio le pega a su esposa».

Durante la entrevista, Turner acariciaba a su compañera femenina y presumía de sus conquistas sexuales. «Empecé a bailar cuando tenía seis años. Empecé a casarme a los catorce. Me he casado diez veces».

Turner, hijo de un predicador y de una costurera, creció en el estado de Misisipi durante la Depresión, y empezó a trabajar a los seis años. A los ochos vendía chatarra, estafaba y realizaba otros trabajos extraños. Huyó a Memphis fugazmente y recibió una paliza de su madre por hacerlo. Aun así continuó haciendo novillos y yendo a una sala de juegos, donde descubrió la música. Se saltó la ley y abusó de las drogas. Más tarde, cuando tenía mucho dinero, dejaba cuencos de cocaína en sus habitaciones de hotel, para que sus amigos pudieran disfrutarlos.

Jabba el Hutt, un personaje de la serie «La guerra de las galaxias», es otro Ocho. Por más desagradable y excesivo que fuera el personaje, se podía hacer un trato con él. Asimismo, el diablo puede engañarte con todos los medios de que dispone, pero generalmente es fiel a su palabra.

Chögyam Trungpa, un lama tibetano educado en Oxford, dedicó su vida a servir a la humanidad. Sus libros son brillantes en su cristalina luminosidad. El Instituto Naropa que él fundó está en la vanguardia de la creación de una nueva conciencia cultural, lo mismo que su entrenamiento Shambhala. Se sabe que una vez cayó al suelo, borracho en su camino al podio, donde dio un discurso brillante; no hizo nada por ocultar que bebía y que era mujeriego. Murió a los cuarenta y seis años de las complicaciones surgidas por el consumo excesivo de licor.

Fritz Perls, el padre de la terapia Gestalt, se ganó la vida enseñando a expresar la ira. Le encantaba pillar a sus alumnos y clientes en alguna mentira. En una reunión de terapeutas entrenados por Fritz, empezaron a salir a la superficie asuntos reprimidos durante veinte años. Las mujeres sentían que Fritz había abusado sexualmente de ellas y hablaron de su tendencia a abordar a mujeres de todas las edades. Los hombres, por otra parte, expresaron sentimientos de haberse sentido menospreciados y castrados.

A Fritz se lo percibía como el padre genial que tenía un poder absoluto. Aparentemente, nadie tuvo suficiente poder en ninguna situación para desafiarlo. Fritz, y esto es cierto en alguna medida para todos los Ochos, era un maestro para mantener el control y el mando pareciendo competente.

Cuando se estaba muriendo en un hospital de Canadá, sus últimas palabras fueron un intento de mantener el control. Se le dijo que debía quedarse en la cama y que tenía que usar una bacinilla en lugar de ir al baño; Perls se levantó de la cama y de camino al baño, dijo: «Nadie me dice lo que tengo que hacer». Esas fueron sus últimas palabras antes de desplomarse muerto.

Ejemplos por subtipo

Conservación: supervivencia satisfactoria

Estos son los Ochos más ariscos y refunfuñadores. Como no necesitan a nadie más para sobrevivir, no han pulido sus habilidades sociales.

Slobodan Milosevic, Jack Nicholson, Harvey Keitel, Fritz Perls, Roseanne Barr, George C. Scott, Golda Meir, Jimmy Hoffa, Sean Penn, Ethel Merman, Ty Cobb, Broderick Crawford, Quentin Tarantino, Waylon Jennings, Ernest Borgnine, Ann Sothern, Bella Abzug, Telly Savalas, Moms Mabley, Bebe Rebozo, Josef Stalin, madame Blavatsky, Irlanda.

Social: amistad

Estas son las personas que conservan a sus mejores amigos toda la vida, y siempre están en un círculo social cercano.

Hillary Clinton, Bette Midler, Debra Winger, Laura Dern, Judy Davis, Robert De Niro, Leona Helmsley, Lyndon Johnson, Lucille Ball, Hank Williams, Charles Bronson, Robert Duvall, Richard Harris, Lucky Luciano, Katharine Hepburn, Billy Martin, Danny DeVito, Audrey Meadows, Angela Davis, Spiro Agnew, Mother Jones, Marruecos.

Sexual: posesión/rendición

Estos Ochos son los que más confían en sí mismos y en su sexualidad. Sus ojos destilan lujuria.

Al Pacino, Tony Soprano, Saddam Hussein, Susan Sarandon, Liam Neeson, Danny Glover, Laurence Fishburne, Johnny Cash, Samuel L. Jackson, Richard Burton, Oskar Schindler, Idi Amin, Mae West, Frank Sinatra, Jimmy Swaggart, Anne Bancroft, Yul Brynner, Bessie Smith, Huey Newton, Anthony Quinn, Zorba el Griego, Gerard Depardieu, Mike Tyson, Chögyam Trungpa, Da Free John, George Gurdjieff, los maoríes de Nueva Zelanda, Israel.

~

Punto Uno: el punto de la ira interiorizado

Esencia:	Pureza
Idea sagrada:	Perfección
Camino santo:	Serenidad
Rasgo principal:	Resentimiento
Pasión:	Ira
Idealización:	«Soy honrado»
Estilo de discurso:	Predicar
Trampa:	Perfección
Mecanismo de defensa:	Formación reactiva
Evitación:	Ira
Dicotomía:	Rígido/Sensitivo
Subtipos:	Conservación: preocupación Social: inadaptabilidad Sexual: celos

La versión interiorizada del Nueve es el Uno, un punto muy interesante de la ira, puesto que tanto la pasión como la evitación son ira. Este es el único punto del Eneagrama donde la pasión y la evitación coinciden. En cierto sentido, estas personas se mueven por la vida con el freno puesto.

La fijación del Uno se centra en torno a los músculos anales. Las personas con esta fijación pueden ser el arquetipo perfecto de la palabra *tenso*. La retención anal se manifiesta como una necesidad de controlar rígidamente y de tener razón.

Mientras que los Nueves han perdido su posición personal y los Ochos tienen una posición fuerte en todo tipo de cosas, los Unos quieren estar en la posición adecuada y, por tanto, se esfuerzan por hacer lo correcto. Muy a menudo los Unos tienen el ceño fruncido, los labios finos característicos de la ira y la superioridad moral que se exhibe en el cuadro «American Gothic».

Mientras que los Ochos son los chicos y chicas malos, los Unos son los chicos y chicas buenos. Si bien la fijación del Uno es la ira, el Uno raras veces se enfada como el Ocho. Si explota de ira, después lo comenta consigo mismo, juzgando si su acción ha sido apropiada. Este es el hogar del juez. Cada fijación tiene un superego, pero el Uno es el juez que juzga al juez.

El furioso impulso del Uno por conseguir la perfección está alimentado por el miedo a equivocarse. Para tener razón tienes que saber qué es lo correcto en todo momento. No saber es aterrador y, por lo tanto, es algo a evitar por medio de conceptos, creencias, sermones o remedios universales.

Los Unos parecen perfectos en todo lo que hacen. Tengo una amiga con una fijación Uno que vivía en una cabaña rústica en Oregón. Parecía ser la madre y la esposa perfecta. Vivía en una casa sin electricidad ni agua corriente. Ella y su marido cortaban leña para calentarse y no tenían dinero. Pero, cuando visitabas su hogar, todo estaba exactamente en su lugar. Había pan haciéndose en el horno, pequeñas cortinas de vichí en la ventana y flores silvestres dispuestas artísticamente en jarrones coloreados. Todo estaba barrido e inmaculado. Podías comer en el suelo. La apariencia era perfecta.

La personalidad perfeccionista de los Unos se manifiesta en cualquier cosa a la que ellos dan mucho valor, y esto puede variar considerablemente de una persona a otra. Sería tentador asumir que la personalidad perfeccionista se manifiesta en todas las áreas de su vida, pero no suele ser así. En palabras de un Uno: «Mi casa suele estar desordenada, y no soy la persona más organizada. Pero, cuando se trata de hacer algo a lo que doy mucho valor, me esfuerzo al máximo por hacerlo bien».

Otra Uno que mantiene su casa inmaculadamente limpia y en orden informa que, en el trabajo, su oficina está relativamente desordenada. Valora mucho la apariencia de su hogar, pero no la de la oficina, que mantiene suficientemente organizada para poder hacer bien su trabajo.

Al margen de lo buena que sea su apariencia ante el resto de nosotros, los Unos sienten que nunca son lo bastante buenos. Esto se debe a que siempre se están comparando con un ideal elevado. Esforzarse por mejorar es imperativo para el Uno. A continuación, una participante en un taller habla de la necesidad de perfección que sentía mientras estaba creciendo:

> *Tenía que ser perfecta, pero nunca me consideraba así a mí misma. Siempre sentía que no llegaba donde quería. Yo era buena en todo, hiciera lo que hiciera. Era muy buena, pero no lo suficientemente buena. Las cosas no salían como yo quería.*
>
> *Cuando tuve mis propios hijos, ¡tenían que hacer sus tareas bien! De hecho, casi acababa haciéndolas por ellos, porque quería que estuvieran realmente perfectas. Esto fue hasta que sus profesores se dieron cuenta de que eran tan perfectas que no podían ser suyas. Me pidieron que los dejara en paz, que les permitiera aprender de sus errores. Después de eso, me sentí mucho mejor. Noté que me había quitado un peso de encima.*

La ira se manifiesta en primer lugar como una sensación corporal, como un pensamiento corporal. Los Unos se enfadan y después se culpan a sí mismos. No saben expresar la ira adecuadamente. La penitencia de la tradición católica, en la que las personas se castigan a sí mismas por ser malas, es un concepto propio del Uno. Llevar puesto un cilicio también es una acción muy típica de ellos. Para el Uno, estar enfadado no es aceptable porque implica una pérdida de control. En general, la ira no puede expresarse públicamente porque sería de mala educación. Mostrar la ira también implicaría que los Unos son dados a juzgar y, por tanto, no son perfectos. Esto también los enfada. A menos que el Uno encuentre ese raro momento en el que sabe que su ira está plenamente justificada, es probable que se sienta mal por enfadarse, e intentará gestionarlo, controlarlo o reprimirlo.

> *Mi experiencia con la ira es que yo sufro frecuentemente de indigestión. La contengo. Me enfado cuando siento que mis esfuerzos no son apreciados; al ceder y hacer lo que creo que tengo que hacer, pero no deseo hacer, y si percibo que otros no son justos conmigo. En la relación, cuando surge algo que me enfada, puedo sentir la furia del momento, pero me cuesta mucho justificarla, de modo que trato de hablarme a mí mismo para superarla. Generalmente, decido que no voy a hablar de ello con la persona, porque es un problema mío y tengo que lidiar con él.*
> *A continuación, suelo sentir la necesidad de hacer algo físico, mientras me hablo a mí mismo para intentar olvidarme de la ira. En general, lo llevo conmigo durante algún tiempo y después queda algún resquicio que sale en forma de comentarios sarcásticos y críticas. Antes era capaz de estar enfadado largos períodos. Por fortuna, ya no me dura tanto. Estoy descubriendo que puedo elegir hacer espacio para las cosas que antes me enfadaban y, cuando surgen esas cosas, puedo dejarlas ir.*

Para todos los obsesivo-compulsivos los problemas giran en torno al tiempo, a la suciedad y al dinero. El conflicto familiar de la infancia se manifiesta como un problema para el adulto.

La limpieza es un tema muy importante para los Unos. Generalmente, son extremadamente limpios y les gusta fregar en lugar de limitarse a ordenar. En Suiza, una cultura Uno, me di cuenta de que el suelo del aeropuerto de Zúrich estaba más limpio que la cocina de muchos hogares estadounidenses, a menos que se trate, evidentemente, de la cocina de un Uno. Una mujer Uno que es muy particular con respecto a la limpieza de los suelos en su hogar compartió lo siguiente:

> *Para mí, mantener el suelo limpio representa perfectamente la futilidad de mi comportamiento obsesivo. Tengo la imagen de un suelo perfecto y procuro mantenerlo limpio para satisfacer esa imagen. Pero es imposible. Cuando alguien deja huellas de suciedad o caer migajas, que yo veo, es como un asalto al orden de mi mundo. Aunque sea imposible, estoy obsesionada con mantenerlo completamente limpio. En realidad me gusta mucho barrerlo y fregarlo. Me proporciona una sensación de control y de orden, y una gran satisfacción.*
>
> *Parte de la razón por la que siento esta obsesión por el suelo es que, para no enfocarme en ver la suciedad que hay allí, tengo que soltar el control, y si renuncio al control, siento que no puedo pensar y que todo se dirige hacia el caos. Al limpiar, que es como preparar el nido, estoy creando orden, y eso me da una sensación de seguridad. Entonces, siento que las cosas son previsibles y que no habrá sorpresas. Me siento protegida del miedo a lo desconocido.*
>
> *Otra de las razones de esta conducta es que quiero ser una «buena chica» y recibir alabanzas por hacer las cosas bien y mantener el orden. Deseo que mi trabajo sea reconocido y apreciado. Si ensucias mi suelo o tiras migas en él, para mí significa que eres egoísta, perezoso y que no aprecias lo que he hecho.*

Tal como el Ocho es el hogar del culpador, el Uno es el hogar del superego, el juicio internalizado con respecto a nuestra propia imperfección. Si bien todo ego tiene un superego o juez, para el Uno este es particularmente fuerte, como una dosis doble. Una mujer Uno lo explica así:

> *Has de mantenerte muy vigilante para averiguar qué es lo correcto, porque tienes este juez en tu cabeza, que es como un ser superior. Y si no haces lo adecuado, te dice: «Deberías haberlo hecho así». Este juez es muy crítico, de modo que es imprescindible que encuentres la manera correcta de actuar. Tienes que realizar ciertas investigaciones y descubrir, con mucho cuidado, lo que está bien, para que este juez interno no te castigue.*
> *Ese aspecto de mí es como una persona moralmente acertada, o Dios, alguien que va a mantenerme en el camino recto y estrecho. Si miro atrás, cuando yo era adolescente era muy moral. Nunca hacía nada mal. Siempre tenía mucho miedo de obrar indebidamente.*

James Madison nos da la perspectiva de un Uno en los Documentos Federalistas relativos a la Constitución estadounidense:

> *Si los hombres fueran ángeles, no sería necesario ningún gobierno. Al estructurar un gobierno que ha de ser administrado por hombres para gobernar a otros hombres, la gran dificultad reside en esto: en primer lugar, debes hacer que el gobierno gobierne a los gobernados, y, a continuación, que se controle a sí mismo.*

La ira del Uno puede rezumar en sus comentarios sarcásticos y lo vuelve hipercrítico y autocrítico. También produce la conducta pasivo-agresiva. A menudo los Unos tienen una figura delgada, labios finos y el entrecejo fruncido. Los rasgos del rostro Uno suelen ser muy simétricos. Las personas a veces sienten que los Unos las miran por encima del hombro.

George Bernard Shaw tiene la clásica cara de Uno, con los labios muy finos y unos ojos críticos que miran hacia fuera por debajo de las cejas. Fue un gran defensor de los derechos de las mujeres mucho antes de que este movimiento fuera popular. Su obra *Pigmalión*, convertida en la película «Mi bella dama» (*My Fair Lady*), es una comedia en la que describe cómo tomar a una golfilla y hacerla pasar por una señorita de la alta sociedad. Esto representa la visión sarcástica del Uno de la «sociedad educada», y también la dicotomía de ver a las mujeres como putas o como vírgenes. Junto con un verdadero respeto, los hombres Uno a menudo albergan mucha hostilidad contra las mujeres. En esta personalidad Jekyll/Hyde, hay dicotomías a todos los niveles.

En el Uno la libido es fuerte, un jardín secreto de sexualidad que de algún modo está defendido del duro superego. El Uno puede ser salvaje en el dormitorio y detestar las exhibiciones públicas de afecto. La película polaca «Cosecha amarga» retrata a un Uno. El protagonista es un sacerdote que deja los hábitos y se hace granjero en la Segunda Guerra Mundial. El filme gira en torno al hecho de que oculta a una mujer judía en el sótano de su granja durante la ocupación nazi. Lo hace porque es moralmente correcto. Sin embargo, se añade una dimensión sexual. Por una parte, él quiere ser ético, recto y protegerla. Por otra parte, la desea. Una noche se emborracha, baja al sótano, la asalta sexualmente y se olvida de ello por la mañana. (Uno de mis primeros profesores del Eneagrama, Kathleen Spleen, comentó en una ocasión que el superego del Uno es soluble en alcohol).

Al oír esto, una persona dijo que en todas las fotos de su boda, él y su esposa aparecen sentados, mirando solemnemente la cámara. Es raro verlos en una fotografía dándose la mano y mucho menos besándose, pero hicieron el amor en la iglesia antes de la boda.

Los azotes y el sexo fetichista pueden ser maneras de retorcer la sexualidad para la fijación Uno. Los jueces ingleses que se visten como escolares para ser azotados por una dominatriz son un fenómeno de la fijación Uno.

Por otra parte, la sexualidad y la creatividad van de la mano. Cuando los Unos aceptan que está bien sentir y expresar su ira, la creatividad y la sexualidad también salen a la luz. Mientras repriman la ira, pueden tener problemas para expresar la energía sexual y la creatividad. A menudo la enfermedad está relacionada con la ira reprimida, que puede manifestarse como tensión en el tracto intestinal.

Muchos Unos son médicos, dueños de pequeños negocios o profesionales autónomos. La cirugía cerebral, en la que es imprescindible mantener un control férreo, puede ser una profesión Uno. En ocasiones les resulta muy difícil tener un trabajo burocrático, porque tienen sensación de inadaptabilidad, un fuerte código moral y están dispuestos a luchar por lo que creen justo.

En una ocasión conocí a un Uno que trabajaba para la farmacéutica Sandoz en Suiza. Sentía curiosidad por saber cómo se las arreglaba para lidiar con jefes y una burocracia por encima de él. Me dijo que no era problema, porque en Sandoz no hay jefes. Todo el mundo trabaja en equipo en círculos de calidad. Se trata de una estrategia natural para una corporación nacida dentro de una cultura Uno, como Suiza.

Los Unos suelen exhibir una musculatura muy tensa. Una mujer casada con un Uno dijo que su marido había tardado dos años en hacer la postura de yoga del medio loto, a pesar de que trabajaba en ello cada día. La cuestión aquí no es únicamente la tensión, sino también que le dedicaba tiempo cada día.

Los cantones suizos, con su respeto al pequeño granjero y su democracia de los ciudadanos, son ejemplos de una cultura Uno. En todas estas culturas el exterior es limpio, pulcro y algo mojigato. También hay barrios ocultos de luces rojas y un respeto idealizado por el librepensamiento.

Ámsterdam, una cultura Uno social, tolera la marihuana y tiene un estilo de vida contracultural. Esto no se debe a que la población local apoye el uso de drogas, puesto que de hecho no es así, sino a que valora el pensamiento libre y el derecho de la persona a vivir como quiera.

Estados Unidos era un país Uno cuando se fundó. Los puritanos eran ejemplos del estilo Uno, como también lo son los amish. La ética puritana del trabajo y el calvinismo son posiciones Uno.

Los Unos pueden ser predicadores sermoneadores, como Billy Graham y Jerry Falwell, o reformadores sociales, como Mahatma Gandhi, Martin Luther King y Ralph Nader. El Uno es el lugar del pensamiento utópico.

Los Unos son pensadores libres; no se dejan llevar por la opinión pública, y siempre tienen una fantasía utópica en algún lugar en el fondo de su mente. Esto es una expresión del idealismo del Siete, que es el punto central en torno al cual gira el Uno. (El movimiento de los puntos se comenta en un capítulo posterior). La creencia general es que, si todos nos eleváramos tirando de los cordones de nuestros propios zapatos, a todos nos iría bien. Mary Baker Eddy, la fundadora de la Ciencia Cristiana, con su creencia en el poder curativo de la mente, es un clásico ejemplo de Uno.

Pasión/evitación: ira

El Uno es la más dicotómica y la más polarizada de todas las fijaciones. Tanto la pasión como la evitación son la *ira*; tanto la trampa como la idea sagrada son la *perfección*.

Los Unos tienen una visión idealizada de cómo las cosas serían perfectas. Notan la imperfección y se resienten. Este resentimiento puede expresarse como humor sarcástico. Los Unos siempre están un poco enfadados. Su enfado se refleja en su tendencia a ser hipercríticos y, a menudo, se manifiesta como tensión muscular. Los Unos son los más críticos de sí mismos. Este puede ser el punto más autocastigador del Eneagrama. Mientras que el Nueve siente ira y entra en la inconsciencia, y el Ocho siente ira y la expresa en forma de furia, el Uno siente ira e intenta evitarla. Debido a esta dualidad, el superego procesa la ira en función de si el Uno decide que enfadarse es correcto o no. El superego es el juez. Decide si la ira y todas las demás conductas, pensamientos y sentimientos son adecuados o no.

Cuando la ira surge en el cuerpo, si el superego decide que no es adecuado enfadarse en ese momento, en lugar de expresarla, el Uno se aferra a ella y se muestra resentido. La ira rezuma cuando el Uno nota la imperfección y se muestra sarcástico.

Entorno infantil

Los Unos suelen contar que, de niños, a menudo eran castigados de forma consistente y apropiada. Se los castigaba por las cosas malas que hacían y se los premiaba por las buenas. Creen que, si haces lo correcto, serás premiado, y si haces algo malo, recibirás tu castigo.

Los Unos contienen corporalmente su ira en el ano. De niños perdieron la batalla de aprender a pedir para ir al baño. Muy a menudo, la ira inconsciente y no expresada causada por este entrenamiento está en la base de los problemas con el control que tiene esta fijación.

En el trabajo terapéutico con los Unos, he descubierto que siempre hay tensión en la musculatura que rodea al ano. Este es el lugar donde primero aparece la tensión en el cuerpo, que también puede manifestarse en la mandíbula apretada, como en el caso de Clint Eastwood, y en una tensión muscular general.

Un Uno sexual habló así de su infancia y de la cristalización de su fijación:

> *Cuando tenía unos tres años, estaba en el estanque situado cerca de nuestra casa. Allí había mucha vida y eso me fascinaba. Me sentaba a observarla durante horas. Un día vi dos ranas copulando. Me sentí muy excitado y entré corriendo a contárselo a mi madre. Ella estaba jugando a las cartas con sus amigas cuando entré y dije: «Mamá, ¡acabo de ver a una rana con doble espalda!». Todas se rieron de mí. Me sentí terriblemente avergonzado y corrí a mi habitación. Decidí que no volvería a ponerme a mí mismo en una situación potencialmente humillante.*

Una mujer Uno contó:

> *Cuando era una niña pequeña y acababa de dejar los pañales, mis hermanas mayores estaban jugando conmigo. Jugábamos en la cama y ellas me pusieron pañales. Después me los quitaron y me dijeron que orinara. En aquel momento, mi padre entró de repente en la habitación. Me acuerdo de estar de pie en la cama, desnuda, gritando: «Yo no lo hice, yo no lo hice».*

Ahora se dedica a promover campañas para defender la moral y las buenas costumbres.

Idealización: «Yo soy recto»

La idealización del Uno es «yo soy recto». Existe una visión idealizada de la perfección, que se manifiesta en la interiorización de un estricto código moral.

El periodo histórico Uno por excelencia fue la Inglaterra victoriana, cuando se usaban faldas para vestir las patas de los sofás y las sillas. También fue la época en que se escribió la mejor pornografía en lengua inglesa. Los Unos suelen ser los censores que están todo el día viendo pornografía para dirimir qué es adecuado para el público en general.

Milton Erickson, el famoso psiquiatra hipnotizador, consideraba que el pelo de sus clientes era un reflejo de su imagen sexual. Erickson creía que peinarse y separarse el cabello era un símbolo de la consideración de sus pacientes hacia sus propios genitales. Los Unos casi siempre tienen el cabello ordenado, y a menudo lo llevan cortado en forma de casco. Da la sensación de que podrían viajar en un coche descubierto sin despeinarse en absoluto. La antigua primera ministra inglesa Margaret Thatcher, el príncipe Carlos de Inglaterra y Dianne Feinstein son buenos ejemplos de esto. Lucen cortes de pelo que parecen que se fueran a romper si ellos se cayeran al suelo.

Estilo de discurso: predicar

Su estilo de discurso es predicar. Puede tomar la forma de un discurso emitido desde un púlpito o de una exposición sobre cómo podrías ser una pareja o un niño más perfecto. El sermón suele estar impregnado de superioridad moral y el tono puede ser condescendiente.

La trampa: perfección

La necesidad de perfección del Uno se manifiesta como un deseo de domesticar su naturaleza salvaje. Como estilo, los Unos tienden a pensar que una granja bien atendida es más hermosa que una arboleda. Suelen vivir en casas con jardines casi militarmente ordenados. Nunca hay vegetación crecida; todo está convenientemente recortado y, quizá dispuesto en formas geométricas.

Como trampa, la perfección es el argumento para intentar controlar el mundo. Es el deseo de domesticar la naturaleza para hacerla perfecta. Los Unos a menudo describen que entran en una habitación y notan inmediatamente lo que está mal. Una persona indicó que un enchufe eléctrico de la sala donde nos encontrábamos estaba ligeramente ladeado. También notó algunas arrugas en las cortinas. Conozco a un médico Uno de Nueva York que tiene mucho éxito en su profesión leyendo imágenes de rayos X en busca de sutiles imperfecciones que le permitan realizar diagnósticos precisos.

La trampa de necesitar ser perfecto enfada al Uno. Después de juzgarse imperfecto, proyecta ese sentimiento en el mundo y se enfada con las imperfecciones de este. Es el lugar de la etiqueta, de conocer las normas sociales y de comportarse decorosamente.

A continuación, un Uno cuenta una historia que describe muy bien la trampa de la perfección. La atención puede quedarse fijada en lo que está mal, pasando por alto la experiencia de la verdadera perfección del momento:

> *Un Día de Acción de Gracias, recibimos a un montón de gente en casa. Yo le había pedido a cada uno que trajera un plato determinado. A una amiga, le encargué que trajera un plato de verduras concreto, no recuerdo cuál, pero ella se presentó con coles de Bruselas, de entre todas las posibilidades. Recuerdo que la saludé en la puerta, ella me entregó las coles de Bruselas y yo me quedé anonadada. Pensé: «Esto no es lo que le pedí que trajera. ¿Cómo ha podido hacer esto? Aquí a nadie le gustan las coles de Bruselas».*

No se lo dije, pero mi atención se fijó en lo que estaba mal. Para mí, el ambiente cambió, porque mi atención se fijó en lo que me disgustaba, aunque todo lo demás fuera maravilloso. Allí estaban todas aquellas personas adorables, pero mi atención se dirigía a aquella cosa minúscula. Y las coles de Bruselas estaban deliciosas. ¡Me encantaron!

Si se considera que tanto la trampa como la idea sagrada son la perfección, el Uno tiene la posibilidad de darse cuenta de que la aparición de las cosas tal como son es la perfección, independientemente de sus ideas preconcebidas sobre el aspecto que esta debe asumir o la sensación que debe transmitir. La rendición a esta comprensión disuelve la rigidez de la fijación del Uno y es el camino hacia la serenidad y el amor, más allá de todas las ideas.

Mecanismo de defensa: formación reactiva

Para el Nueve, el mecanismo de defensa es narcotizarse, y con este fin puede recurrir a la conversación, a las drogas, los alimentos, las ideas, etc. Para el Uno, la clave es la *formación reactiva,* que significa que cuando surge un impulso del inconsciente, es cambiado antes de llegar a la conciencia.

Mi profesor del Eneagrama, Jerry Perkins, usa el ejemplo de un niño pequeño al que el sacerdote pilla masturbándose. El clérigo le dice: «Cuando tengas ganas de hacerlo, reza». Pronto, el niño deja de sentir ganas de masturbarse, y solo tiene ganas de rezar. Cuando surge el impulso de ello, es cambiado y emerge en su conciencia como oración.

Otro ejemplo de formación reactiva puede ocurrir cuando el Uno tiene un enorme exceso de trabajo. En lugar de sentir la necesidad de descansar y tomarse unas vacaciones, los Unos experimentan un impulso a trabajar todavía más. Además del exceso de trabajo, a estas personas les gusta planear sus vidas y programarlo todo.

Un Uno me dijo: «Las vacaciones son un gran esfuerzo para mí. Me refiero a que me resulta muy difícil estar sin hacer nada. No me gusta». Generalmente, los Unos no están «sin hacer nada». Toman lecciones de buceo o se levantan a las seis de la mañana para jugar al tenis. Si van a una pequeña isla, tienen que verlo todo en dos días. Una persona Uno se quejaba porque su marido la había llevado de vacaciones a Tailandia, durante seis semanas que pasaron tumbados en la playa. «Fue terrible», dijo ella.

Una de las principales características del Uno es que detesta perder el tiempo. Que está asociado obsesivamente con asuntos de autoridad y control. Durante un programa de radio, Martha Stewart contó que las vacaciones eran experiencias de aprendizaje para sus hijos. Detalló las actividades y todo el programa diario para no desperdiciar ni un momento.

La dicotomía: rígido/sensible

La dicotomía del Uno recibe el nombre de *rígido/sensible.* Como en el caso de todas las fijaciones, están presentes los dos polos de esta dualidad. Esta dicotomía es una versión de la que vive el Ocho entre puritano y hedonista.

Se refleja en el carácter del Uno a través de su «posición» en el mundo. Algunos Unos parecen ser más suaves y emocionalmente sensibles. Otros tienen una actitud más disciplinada y militarista, tanto postural como emocionalmente. Al Gore es un Uno rígido, mientras que Emma Thompson se sitúa en el lado sensible de la dicotomía.

Subtipos

Como el Uno y el Ocho son versiones del Nueve, los subtipos muestran las similitudes y las diferencias.

- El Nueve conservación es apetito, o no tener nunca suficiente.
- El Ocho conservación es supervivencia satisfactoria.
- El Uno conservación es preocupación por el futuro.

Se trata de variaciones sobre el mismo tema: la actitud hacia la supervivencia en el mundo.

Conservación: preocupación

Para el Uno conservación, la *preocupación* es ira proyectada hacia el futuro. Esta preocupación es profiláctica, puesto que el Uno conservación parece creer que, si piensa en todo lo que podría ir mal y se preocupa por ello, podrá hacer planes para prevenir catástrofes.

Se trata de una variante del pensamiento mágico que veremos luego en el punto Siete. En el Siete, este consiste en pensar de forma positiva, como: «Si tenemos pensamientos suficientemente buenos, podremos volar». En el Uno, el pensamiento mágico es negativo: «Si me preocupo de todas las posibles consecuencias negativas, podré remediarlas antes de que ocurran».

Una mujer Uno conservación explicó que una vidente le había dicho que viviría hasta los noventa años. Esto la puso furiosa, porque, de repente, tenía que pensar en su futuro de una manera completamente nueva. «¿Cómo voy a cuidar de mí misma a los noventa años?». Empezó a preocuparse y entonces cambió todo su plan de vida. Cambió de profesión y también sus planes de ahorro. La última vez que la vi ya había realizado todos los cambios, pero seguía preocupándose profilácticamente por el futuro.

Un conocido muy cercano, un Uno conservación, era un médico de éxito de unos cuarenta y cinco años que vivía en la zona de la bahía de San Francisco. Tenía una hija de cinco años y estaba preocupado por su futuro. Para asegurar el de su hija, se trasladó al Sur. En Tennessee podía ganar más dinero y gastar menos, aunque eso supusiera renunciar a sus clases de pintura, la afición creativa que más le gustaba. Tenía un plan a diez años vista. Después de diez o quince años, habría ganado suficiente dinero para volver a San Francisco, donde realmente quería vivir.

Social: inadaptabilidad

El Uno social recibe el nombre de *inadaptabilidad*. Aquí se incluyen los reformadores sociales inconformistas, como Martin Luther King, Mahatma Gandhi, y Ralph Nader.

Estas personas están dispuestas a tomar posición en función de su código moral. El Uno social también es el lugar de los que se niegan a adaptarse al código social o burocrático. Son las personas que están dispuestas a llevar su código ético a las barricadas. El doctor Kevorkian es un buen ejemplo. Como practicaba la eutanasia sin que la justicia lo acusara de ello, no disponía de una plataforma desde la cual cuestionar la ley. Debido a ello, televisó un evento, poniendo la prueba de sus actividades a la vista del público, y después se defendió, asegurándose una condena judicial. De esta manera, ahora puede luchar por la justicia no simplemente con su práctica, sino cambiando la sociedad. En su certeza de que su acción es moralmente correcta, los Unos sociales pueden tomar posición e iniciar una cruzada para defenderla.

En un retiro, un Uno social habló de su deseo de desafiar a sus padres y de dejar la universidad, debido a que había tomado la decisión de alcanzar la paz que está más allá de la fijación:

> *Cuando tomo una postura, me resulta muy difícil echarme atrás. Aunque todo el mundo vaya en sentido contrario, ¡yo mantengo mi posición! Me resulta difícil cambiar una vez que me decido por algo. Tanto si mi familia me apoya como si no, voy a encontrar la paz que estoy buscando.*

Sexual: celos

Cuando la ira se filtra al terreno sexual, se manifiesta en forma de celos. El Uno siente celos cuando sospecha que alguien puede violar la «perfecta unión» con su pareja.

En la relación sexual, el Uno sexual vive una sensación de perfección y también de celos. Puedes estar en una fiesta hablando con un

Uno sexual muy inteligente, una persona brillante y evolucionada. De repente nota algo intuitivamente, se da la vuelta y ve que su esposa está hablando con alguien en el otro extremo de la sala. Percibes una respuesta automática en su expresión y en su tono de voz. La sonrisa se vuelve un poco más tensa y forzada y el tono de la voz sube un poco. Los celos y la preocupación de que alguien pueda violar su unión suelen ser una respuesta automática en el Uno sexual.

Patrick Bergin representa el papel de un Uno sexual en la película «Durmiendo con su enemigo», en la que Julia Roberts hace de su mujer. Bergin lleva a su nueva esposa a su casa, impecablemente organizada, y la trata como a una princesa. Ella pronto descubre que los celos de su marido la mantienen cautiva en su propio hogar. Cuando intenta tener algún tipo de actividad fuera de casa, él la amenaza con ira y violencia. Se da cuenta, demasiado tarde, de que se ha casado con un hombre dispuesto a llegar a cualquier extremo para salvaguardar su fantasía de una esposa perfecta en una casa perfecta. Ella sale a navegar en medio de una gran tormenta, simula un accidente y se hace pasar por muerta. Escapa, cambia de nombre y se traslada a otra parte del país. Durante algún tiempo Patrick Bergin cree que está muerta. Pero después, como un maestro detective, capta algunos detalles mínimos que lo llevan a descubrir que ha huido. Obsesionado por recuperarla, le sigue la pista.

Otros ejemplos

Los padres fundadores de Estados Unidos son buenos ejemplos de la fijación Uno. Transmiten una sensación de pureza y rectitud moral, así como de libertad de religión y pensamiento. Puedes pensar y puedes creer lo que quieras; pero hay una manera adecuada de comportarse.

Jerry Perkins, que es responsable de formular muchas de las comprensiones sobre los comportamientos de las distintas fijaciones que salen en este libro, estudió con Ida Rolf, que desarrolló el *Rolfing* desde el punto de vista del perfeccionista.

Esto es lo que nos cuenta:

> *Ella podía ver a alguien caminando por la calle y decirte qué músculo estaba tenso y dónde estaba enganchada la persona. Siempre veía las cosas desde este punto de vista. No miraba tanto el potencial de las situaciones para estar bien, sino qué iba mal.*
>
> *Nunca le oí decir a ninguno de sus alumnos que lo estaba haciendo bien. En la formación con ella, nos hacía ponernos en fila en ropa interior, con la mejor pelvis en un extremo de la fila y la peor en el otro extremo. Entonces, miraba la línea y decía: «Tú allí, vete dos más atrás».*

Jerry nunca la oyó decir: «Sí, buen trabajo». La impulsaba su perfeccionismo.

Los Unos a menudo tienen problemas de tensión muscular, dolores de cabeza, problemas ortopédicos, articulares y artritis.

John Lennon tenía el entrecejo fruncido, el aspecto preocupado y los labios finos del Uno. En su música había mucho proselitismo y predicación. También estaba muy comprometido con la defensa de los derechos de las mujeres. En la última parte de su vida, predicó que era un hombre hogareño. El evento antiguerra en el que fue televisado en la cama junto con Yoko Ono es la clásica declaración de un Uno.

Hugh Hefner es otro Uno. Toda la filosofía *playboy* y la imagen aerografiada de la mujer «perfecta» reflejan una perspectiva muy Uno. Tal vez todos tengamos la imagen de Hugh Hefner con su pipa, en pijama, arrastrando los pies y con un peinado perfecto. Las compañeras de juegos son chicas idealizadas, pulcras, que se limpian con esmero.

En la década de los sesenta, cuando Estados Unidos salía de los mortecinos años cincuenta, la revista *Playboy* estuvo en la vanguardia del inconformismo social y asumió una postura moral fuerte a favor de las libertades de prensa, religión y pensamiento. Hefner predicó la filosofía *playboy* y participó en movimientos sociales. Era un hombre de negocios del Medio Oeste de labios finos, entrecejo arrugado, mirada de preocupación y mucha tensión en la mandíbula.

Clint Eastwood, otro Uno, generalmente desempeñaba papeles Ocho en sus primeras películas. Sin embargo, sus personajes nunca representaban la furia, sino más bien la superioridad moral. Tal vez su mejor papel fue el de «Sin perdón», que también dirigió. Representa a un Uno pistolero reformado por su esposa fallecida. Predica a los niños y trabaja duro criando cerdos. Movido por el deseo de dar a sus hijos una vida mejor, y como le van a pagar por matar a un hombre que mutila a las mujeres, vuelve a ceñirse las pistolas. Pero ya no tiene arrestos para volver a matar, hasta que asesinan a su amigo y él se emborracha. La borrachera desata su furia asesina. Es una película maravillosa con un giro inesperado: el *sheriff* es un Ocho, el forajido es un Uno y el título es perfecto. Otra película dirigida por Eastwood fue «Medianoche en el jardín del bien y del mal». ¿Hasta dónde puede llegar alguien en su «unismo»?

El ayatolá Jomeini gobernó Irán desde una posición moral puritana y fundamentalista. Era la personificación del predicador de la pradera o del baptista fanático.

El inconformismo del príncipe Carlos de Inglaterra se evidencia cuando apoya la acupuntura, la medicina alternativa y la arquitectura tradicional inglesa. Es una persona preocupada, sólida y moral, con un peinado que no cambia nunca y una vida sexual secreta.

Ed Koch, el antiguo alcalde de Nueva York, es otro buen ejemplo. Le encantaba mofarse de la gente que lo votaba. Era un inconformista agresivo. Él era su propio jefe. En un discurso en Nuevo Hampshire (un estado que se enorgullece de no tener impuestos sobre las ventas), pidió una subida de impuestos. Koch se rio y añadió: «¿Qué os parece que pida una subida de impuestos aquí, donde no aceptáis ningún impuesto en absoluto?». Repitió esta frase tres veces, provocando a la multitud.

El Uno es el lugar del sarcasmo y del humor mordiente. Bob Dole es otro político que no se corta un pelo. Cuando perdió la carrera hacia la presidencia, se hizo famoso por anunciar erecciones con Viagra.

Robespierre también era un Uno. En la película «Danton» se muestra el conflicto entre Robespierre y Danton, un Ocho. Se puede ver que la rectitud moral de Robespierre conduce al reino del Terror.

Ejemplos por subtipo

Conservación: preocupación

Ida Rolf, Ed Koch, Maggie Smith, Clint Eastwood, Gary Cooper, Lou Gehrig, Mary Baker Eddy, Ciencia Cristiana, calvinismo, Suiza.

Social: inadaptabilidad

Martin Luther King, Malcom X, Nelson Mandela, León Tólstoi, Mahatma Gandhi, Buckminster Fuller, Margaret Thatcher, el doctor Kevorkian, Robespierre, Aleksandr Solzhenitsyn, Ralph Nader, George Bernard Shaw, el ayatolá Jomeini, Martin Luther King, los cuáqueros, los amish, los Países Bajos.

Sexual: celos

John Lennon, el príncipe Carlos, Martha Stewart, Al Gore, Abraham Lincoln, Emma Thompson, Aretha Franklin, Dianne Feinstein, Jean-Luc Picard, Walt Whitman, los clubes nudistas naturistas, Suecia.

~

Histéricos: los puntos imagen

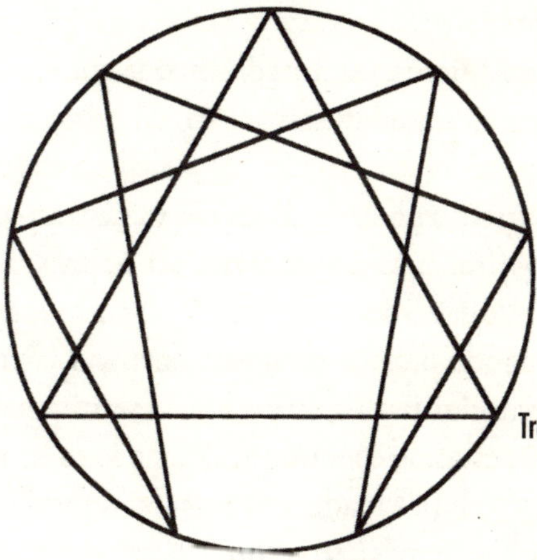

Oh, alma mía, pon tu corazón del revés,
y sé absorbida en el Amado.

KABIR

En los histéricos, la fijación está cristalizada en el cuerpo emocional. Esto equivale a velar el amor buscándolo fuera. Estas son las personas cuyas fijaciones dependen de la emoción. La palabra *histeria* deriva del nombre griego para el útero. Este síndrome, en el que las emociones están desequilibradas, ha sido proyectado como una condición femenina. Si bien en la cultura occidental los puntos Dos y Cuatro se perciben como estilos femeninos, también hay, por supuesto, ejemplos masculinos de todas las fijaciones. El problema central para las personas de este grupo es la necesidad de amor y aprobación, junto con la percepción de no poder ser amados tal como son. Para los histéricos, el chiste cósmico reside en ver que el amor inmortal queda velado por la necesidad de amor del ego.

A veces se los llama el grupo «relacional», pues su estilo consiste en ir hacia las personas. Los temas centrales giran en torno a la relación y a la pregunta: «¿Con quién estoy?».

Las distintas estrategias desarrolladas por los histéricos se centran en encontrar maneras de ser amados:

- Los Treses quieren ser amados por lo que producen.
- Los Doses demandan amor por ser serviciales y buenos cuidadores.
- Los Cuatros anhelan el amor y sienten que deberían ser amados por formar la élite y por ser únicos.

También llamados puntos imagen, estas son las personas que han vendido su ser esencial para adaptarse a una imagen que la sociedad parece requerir de ellas. A menudo son las personas más hermosas del Eneagrama, pues se han creado a sí mismas siguiendo la imagen que se les enseñó que los demás amarían.

Punto Tres:
el punto central de la imagen

Esencia:	Amor
Idea sagrada:	Compasión
Camino sagrado:	Veracidad
Rasgo principal:	Eficiencia
Pasión:	Falsedad
Idealización:	«Tengo éxito»
Manera de hablar:	Propaganda
Trampa:	Eficiencia
Mecanismo de defensa:	Identificación
Evitación:	Fracaso
Dicotomía:	Excesivamente activo/fantasía
Subtipos:	Conservación: seguridad Social: prestigio Sexual: masculino/femenino

El Tres es el punto central de la imagen, la quintaesencia del histérico. Son las personas que perdieron el contacto con su yo esencial al ser seducidas por las imágenes del mundo. Tal como parece que hay una ausencia de ira en el punto central de la ira, en el histérico arquetípico la histeria parece ausente.

Los Treses consiguen su autoestima siendo productivos. Usan las emociones y la energía vital para impregnar de líbido lo que producen. Estas personas se muestran competentes y muy eficientes a la hora de completar su trabajo.

Desde muy pequeños, los Treses empezaron a creer que no podían ser amados por sí mismos, sino solo por lo que producían. Los niños prodigio, los líderes de la clase, los primeros en todo y las directoras de las animadoras de los equipos deportivos a menudo presentan esta fijación.

Un Tres describe esta motivación de producir para ser más digno de amor:

> *Todo lo hago en un intento de averiguar si soy digno de amor, porque siempre tengo esa duda. Siento una necesidad, es como si necesitara amor. Mi primera lección fue: «No eres digno de amor simplemente por lo que eres. Tienes que hacer cosas, saber cosas y tener cosas para poder ser digno de amor». Me siento como un perro: «No conseguirás comida a menos que hagas algo».*
> *Resulta difícil disfrutar de las cosas, porque siempre tengo la sensación de deber hacer algo, tener algo, saber algo para poder ser aceptado y amado. Si no tengo esto, no sé aquello o no hago lo otro, nadie me amará.*

Estados Unidos es una cultura Tres: la imagen, la producción y el éxito son los valores clave que motivan a la sociedad. Se evita el contacto con las emociones profundas, puesto que el cuerpo emocional se dedica a la producción.

Una Tres habló de su experiencia como animadora y reina del baile. Después de ganar una competición en la que había puesto una enorme cantidad de energía, cuando sonreía y saludaba con la mano como una reina mientras daba la vuelta al estadio, alguien le preguntó: «¿Qué sensación te produce haber ganado?». Ella dijo que la sensación era maravillosa. Pero, en realidad, como reveló años después, dentro de sí solo sentía un vacío mortecino. No le quedaban sentimientos, porque los había invertido todos en producir a la «reina del baile».

Otra mujer dijo:

Me propuse acumular la mayor cantidad de distinciones posible bajo mi nombre en el anuario del instituto, de modo que participé en todo tipo de actividades. Fui reina del baile de bienvenida y presidenta de mi curso. Solía llevar dos bocadillos al instituto, porque me quedaba allí a comer y a cenar. En la universidad hacía lo mismo. Fui presidenta de mi curso. No me gustaban las reuniones del consejo de gobierno y no me interesaba el trabajo, solo el título. Recuerdo que, después de ganar, caminé hasta el teléfono para llamar a casa y pensé: «Quizá ahora papá me quiera».

Los Treses, como los Unos, a menudo tienen una cualidad de continuidad y suavidad, sin aristas muy marcadas. Sin embargo, a diferencia de los Unos, todo está en la superficie. Es poco probable que, a medida que vayas conociendo a un Tres, puedas sumergirte en las profundidades y encontrar más riqueza. Todo lo que hay está ya a la vista.

Hace algunos años estaba a punto de dar un seminario en el Instituto Esalen. Al empezar a descargar mi equipaje, un caballero me ofreció su ayuda. Mientras me ayudaba a vaciar el coche, mediante preguntas sutiles descubrió que me gusta el arte asiático. Entonces me informó que era el mayor coleccionista de arte jaina del mundo; su tío había donado el ala de arte asiático del Museo Metropolitano de Nueva York. Estaba pujando contra tal y tal en una importante subasta en Christie's… Todo esto en los primeros cinco minutos de introducción.

Posteriormente, en el grupo, hablando de sus negocios, dijo que trabajaba todo el tiempo, sin parar, durante años seguidos, sin descanso. Dijo: «Fui a mi empresa y me extrañó que no hubiera nadie. ¡Tuve que consultar mi agenda para darme cuenta de que era domingo!».

Otro Tres, Joe Montana, era defensa del equipo de fútbol americano de San Francisco, un héroe mítico que nunca será olvidado en los círculos deportivos de su ciudad. Llevó al equipo a tres finales. Era guapo, tenía una esposa perfecta (que también era una Tres) y niños perfectos. Sus compañeros de equipo decían que tenía un aura mágica que impregnaba su trabajo en el campo de fútbol.

Al comienzo de la temporada de 1986, sufrió una grave lesión en la espalda. Se sometió a una operación importante, y el equipo declaró oficialmente que no volvería a jugar esa temporada, y que quizá no lo hiciera nunca más. El médico que lo operó dijo que no debía volver a jugar al fútbol.

En menos de nueve semanas, y arriesgándose a sufrir una parálisis permanente, volvió a hacerlo. Cuando le preguntaron por qué —Joe Montana era un millonario que tenía la vida resuelta—, dijo que le preocupaba perder su trabajo. Años más tarde, tras múltiples operaciones en el brazo, y a una edad en la que se podía retirar grácilmente después de una carrera larga y llena de éxitos, pidió que lo cedieran a otro equipo donde podría seguir jugando algunos años más.

Para un Tres, la vida es como una carrera apresurada en busca de productividad. Sin embargo, si miras por debajo del exterior hiperactivo, a menudo hay agotamiento debido al exceso de trabajo. Los Treses, si es que llegan a venir a terapia —generalmente están demasiado ocupados y tienen demasiado éxito—, a menudo se colapsan de cansancio. Un Tres dijo en una ocasión: «Es como ser un coche con el depósito de gasolina lleno y sin aceite».

Lo que los Treses sienten como una carrera por la productividad en realidad es un intento de alejarse de los sentimientos. Los Treses no creen en la posibilidad de ser amados. Y están dispuestos a conformarse con menos. En lugar de «ámame por quien soy», los Treses dicen: «Ámame por lo que he hecho».

Michael Jordan, uno de los mejores jugadores de baloncesto de la historia, estaba en el momento álgido de su carrera cuando murió su padre. Profundamente afectado, abandonó el baloncesto y probó el béisbol, en el que prácticamente no tenía ninguna experiencia y en un momento en que ya se lo consideraba demasiado mayor. Cuando le preguntaron por qué lo hacía, explicó que su padre siempre había dicho que su hijo podía ser un gran jugador de béisbol, y que si realmente lo intentaba, podía dedicarse a lo que él quisiera.

El estado interno de los Treses es comparable al del hámster que da vueltas en la rueda. Sienten que tienen que mantener el mundo en marcha. Y temen que, si paran por un momento, el mundo empezará a venirse abajo.

Un Tres con mucho éxito en los negocios describe así su estado de hiperactividad:

> *A veces iba a mi oficina (solía tener tres o cuatro secretarias) y, en cuanto me relajaba un poco, volvía a erguirme y pensaba: «¿Qué estoy haciendo descansando? Esto no está bien». Siempre estaba haciendo algo. Algunas mañanas llegaba a mi oficina y pedía al personal que me informara: «¿Hay algún problema? ¿No hay problemas? ¿Todo está bien?». En cuanto salían de mi oficina, empezaba a crear problemas, a inventármelos. Entonces volvía a llamar a mis subordinados para pedirles información. Me resultaba imposible descansar. Nunca hice vacaciones. Pasé doce años sin cogerlas. Las vacaciones eran para personas tontas o perezosas. Si alguien me decía: «¿No crees que estás trabajando demasiado?». Yo pensaba: «¿Qué quiere decir eso? ¿Sobrecarga? Esa palabra no encaja en mi vocabulario».*

Si vas a una fiesta y te encuentras con alguien que lleva puesto un estetoscopio u otro símbolo claro de su ocupación, probablemente estás hablando con un Tres. Los Treses te contarán lo que «hacen» después de pocos minutos de entablar una conversación. Siempre se dedican a conseguir resultados en un sentido u otro. El médico que lleva el estetoscopio en una fiesta quiere que toda su vida refleje cierta imagen, y es probable que pertenezca al club de campo «adecuado», conduzca el Mercedes «adecuado» y tenga 2.3 niños.

La organización EST era típicamente Tres. Werner Erhard, que era un Tres, un día tuvo una intuición espiritual cuando iba a trabajar. Algunas personas tienen intuiciones espirituales y se retiran a meditar o se van a India a encontrar un gurú; pero Werner tuvo la suya y produjo una corporación valorada en muchos millones de dólares.

El lema de EST era: «Un mundo que funcione para todos». Werner repetía una y otra vez: «No me importa lo que estés sintiendo; acaba el trabajo». La organización EST era genial para los Treses porque podían alcanzar la iluminación en dos fines de semana y no perder ni una jornada de trabajo. Por supuesto, para «probar su iluminación», se sentían presionados a vender el programa al resto del mundo, trabajando en una «sala de calderas» llena de teléfonos y de voluntarios con muchas horas de trabajo a sus espaldas.

Pasión: falsedad

La pasión que dirige la fijación del Tres se denomina *falsedad*. Esto no significa necesariamente que los Treses sean mentirosos, aunque pueden mentir muy bien. Más bien, su falsedad consiste en representar un papel para el público. A nivel profundo, el Tres sabe que su papel no es real, pero se lo cree igualmente. El autoengaño del Tres consiste en identificarse con el papel como «si fuera mi verdadero yo». En un momento de rara introspección, podría añadir: «Ya sé, por supuesto, que el papel no es quien verdaderamente soy, pero...».

Los Treses tienen la capacidad psíquica de saber cómo están llegando al público. Si notan que no están cayendo bien, pueden cambiar lo que están diciendo, a media frase. En una ocasión, estaba pasando un rato con un Tres que conozco. Aunque había asistido a un internado muy exclusivo, a una de las mejores universidades, y era anglosajón, blanco y protestante, al poco tiempo de estar juntos empezó a contarme chistes judíos y a repetir frases en yidis. Al rato empecé a preguntarme si él no sería más judío que yo.

Los Treses son maestros de transformarse a sí mismos a fin de dar la imagen que la sociedad o un público particular valoran. Uno de mis alumnos que enseña el Eneagrama contó el ejemplo siguiente de un hombre al que le pidieron que se sentara en un panel de representantes del punto Tres:

> *Era un hombre de negocios con mucho éxito y muy bien considerado en su comunidad. A partir de los comentarios, percibió que un Tres que está a punto de romper su fijación empieza a relajarse y deja de «hacer» tantas cosas. Seguidamente, explicó al público que había dejado todos sus negocios y ahora se quedaba en casa para practicar una de sus aficiones favoritas. Continuó explicando qué difícil era aquello, pero que estaba teniendo éxito. Al día siguiente apareció en la primera página de la sección de negocios del periódico local, donde describía el nuevo negocio que estaba poniendo en marcha. Había conseguido identificarse con lo que el público del Eneagrama valoraba. No solo había engañado al público, sino, por desgracia, también a sí mismo.*

En un retiro, una Tres, sentada en un cojín frente a los demás asistentes, estaba siendo «honesta» con nosotros. Nos dijo que durante la última media hora, mientras hablaba con nosotros, había estado pensando en sus calcetines. Dijo que nunca se habría puesto aquellos calcetines, pero que tenía que llevar botas para cruzar el campus universitario y llegar a su habitación, y ahora se las había quitado. También nos dijo que, en realidad esta cuestión no significaba nada, ella era más inteligente que eso, y que simplemente nos estaba contando de manera divertida cómo surge la fijación. Unos pocos minutos después, cuando la atención de los presentes estaba en otra cosa, se quitó los calcetines.

Entorno infantil

Los Treses empiezan a producir a una edad muy temprana. Suelen contar que empezaron a trabajar a los cinco años y nunca lo han dejado. Aprenden pronto a satisfacer los sueños y las expectativas de la familia (a menudo del padre).

Los Treses suelen ser niños precoces que tienen aspecto de adultos y actúan como adultos en miniatura: a menudo se comportan como seres maduros a los siete años de edad. Muchos de ellos pierden el contacto con sus sentimientos profundos cuando cumplen los cuatro o cinco años. En una etapa posterior de la vida, cuando liberan sus emociones por medio del alcohol, las drogas o el sexo, suelen tener una cualidad infantil.

De niños, a los Treses se los premia por producir, y siempre se esfuerzan por conseguir aquello que la familia desea. Una Tres dijo que cuando era niña no había reglas. Mientras crecía, nunca tuvo que llegar a casa a una hora fija ni se le impuso ningún límite. Esto se debía a que ella sabía instintivamente cuáles eran las normas y las seguía sin necesidad de instrucción.

Una madre habló de su hija:

> *Era perfecta incluso en el útero. Su nacimiento fue así, sin esfuerzo. Hasta tenía el aspecto de un bebé perfecto. La mayoría de ellos tienen arrugas o son peludos. La gente la miraba y decía que era un bebé perfecto. Nunca lloraba. ¡A los seis meses de edad ya podía repetir su nombre! Ni siquiera tenía que ponerle pañales por la noche, porque nunca mojaba la cama.*

Otro Tres contó que siempre sacaba la máxima nota en todo. Como su padre le preguntaba dónde estaban sus tareas para casa —las hacía en el colegio—, empezó a llevarlas a casa para que su padre las viera. Un día estaba haciendo los ejercicios de matemáticas como siempre los había hecho, calculando las respuestas mentalmente y anotándolas después. Su padre quiso saber dónde estaba el trabajo, de modo que a partir de entonces empezó a escribirlo todo.

Frecuentemente, cuando trabajo con Treses en terapia, no les resulta fácil recordar escenas de su infancia. A menudo necesitan más tiempo que los demás para recordar los traumas de su pasado. Suelen decir que siempre están creciendo y evolucionando, de modo que lo que ocurrió o cómo eran ayer es irrelevante. Su interés no está en el pasado, sino en sus éxitos presentes y futuros.

Los Treses adultos a menudo tienen un aspecto joven para su edad. Con frecuencia, y especialmente en el subtipo sexual, tienen la nariz chata y la cara sin arrugas. Pareciera que nadie ha vivido en aquel rostro. Howdy Doody tiene la típica cara del Tres, y también la tuvieron John Kennedy, Shirley MacLaine, Jimmy Carter, Dick Clark, Debbie Reynolds, Doris Day y Shirley Temple. Todos ellos tienen (o tenían) rostros que casi parecen máscaras.

Los Treses se venden a las imágenes del mundo. Producen lo que este espera de ellos. La imagen que presentan depende de la clase social y de las circunstancias de la familia.

Los Treses suelen contar que asumieron una postura rebelde en algún momento de su infancia o adolescencia, como salir en pandilla con individuos peligrosos o ponerse chaquetas de motorista. Esta fase no suele durar mucho. Cuando miran hacia atrás, los Treses admiten que incluso durante su fase rebelde simplemente estaban representando un papel para ser aceptados por sus compañeros.

Es interesante que la mayoría de los Treses dicen que nunca desgastan la ropa. Su deseo de pulcritud, de tener una buena imagen y de ser buenos se manifiesta subconscientemente en el deseo de tener unos zapatos que siempre parezcan nuevos.

Idealización: «Tengo éxito»

Un Tres al que su esposa echó de casa se dirigió inmediatamente a su jefe y le dijo: «Necesito más dinero porque ahora tengo que mantener dos casas». Usar la ruptura de su matrimonio para ganar más es una conducta típica del Tres. Lo convierten todo en un éxito. Cuando un Tres comenta una mala decisión en el mundo de los negocios, te informa en la primera frase que desde el principio él pensaba que aquello no era una buena idea. Pasaron por alto su criterio, y ahora él tendrá que salvar a la compañía.

Los Treses siempre ven el vaso medio lleno. Convierten cada circunstancia en una «ganancia». Dicen que siempre ven la oportunidad y que se benefician de cada experiencia. Por lo tanto, cada una de ellas es un éxito.

Un Tres estaba hablando de su éxito en los negocios. Cuando le preguntaron hasta dónde llegaba este, dijo que tenía suficiente dinero para hacer lo que quisiera el resto de su vida. Después habló de un padre distante al que, mientras estuvo vivo, nunca se lo podía localizar, porque tenía un helicóptero y dos limusinas. Cuando le preguntamos si competía por tener más éxito que su padre, dijo: «No, en absoluto. En realidad solo empecé a tener éxito cuando él murió». Entonces inquirimos si había conseguido tener más éxito que su padre: «Sí, mucho más». (Tenía poco más de veinte años cuando murió su padre).

Antes de aprender este sistema, un Tres se presentó a sí mismo en un taller diciendo: «Tengo mucha suerte y planeo seguir así».

Estilo de discurso: propaganda

Su estilo de discurso recibe el nombre de *propaganda*. Los Treses siempre están contándote lo bien que les va o tratando de venderte alguna cosa. En un taller, en la primera frase introductoria, un Tres Nueva Era consiguió informar a todo el mundo que era un editor de éxito. Mencionó los títulos de todas las revistas que publicaba y dijo que su propósito para el taller era llegar a ser más eficiente en su trabajo. Se lo oyó repetir su letanía de los títulos de las revistas en la fila del comedor unas horas después.

Otro Tres comentó que de joven, cuando se sentía infeliz, se escondía y desconectaba leyendo libros. Y, a propósito: «Doné mis treinta mil libros a la Universidad de Columbia. Y, sí, los había leído todos».

En una ocasión, un Tres llegó tarde a uno de mis cursos. Ninguno de los presentes lo conocíamos de antes. Al entrar por la puerta, tuvo que atravesar un círculo de unas cuarenta personas sentadas en el suelo. Mientras cruzaba rápidamente hacia su sitio, nos dijo que era médico y que acaba de llegar de una importante convención en St. Louis, donde había dado una conferencia. A menudo su manera de hablar puede parecer prepotente e impaciente. Los Treses están ansiosos por llegar «al fondo de las cosas». («El fondo de las cosas» es un concepto Tres). Da la sensación de que todo lo que dice es propaganda y de que hay un vacío en su vida emocional.

La trampa: eficiencia

La trampa de la *eficiencia* crea una conducta polifásica. Los Treses suelen hacer varias tareas simultáneamente. Mientras conducen, dictan una carta por teléfono se van afeitando con una maquinilla enchufada al encendedor del coche, escuchan cedés de alemán, todo al mismo tiempo. Cuando hablas por teléfono con un Tres, puedes estar seguro de que está haciendo alguna otra cosa. Suelen usar auriculares para poder fregar o calcular sus impuestos mientras hablan contigo.

Una Tres nos dijo que se llevaba la libreta a la bañera. Cuando se dio cuenta de que se mojaba, la cambió por una grabadora activada por voz. Otra dijo que desayunaba en el baño mientras se afeitaba las piernas, y que, cuando sonaba el teléfono, se le caía la comida.

En una ocasión le mencioné a un Tres que la agenda debía ser un invento Tres y que los Treses saben mucho de hacer listas y establecer prioridades. Me dijo: «Todo esto se hace internamente, de forma instintiva. En realidad, no hay necesidad de escribirlo todo». Otro Tres dijo que después de intentar ralentizarse conscientemente y hacer menos cosas, encontró algún espacio vacío en su agenda y tuvo un leve ataque de ansiedad.

La eficiencia también genera la posibilidad de un «ascenso despiadado hasta la cumbre». Los Treses pueden adelantar a los demás cruelmente y pasarles por encima en nombre de la eficiencia. Un hombre Tres que vive en México lo describe así:

> *Hago cualquier cosa para conseguir lo que deseo. Por ejemplo, soy ingeniero de minas y un día decidí que tenía que llegar a ser alguien en mi profesión. Para ello necesitaba conseguir un máster y un doctorado, pero eso no fue ningún problema. Lo hice todo y empecé a ascender. Llegué hasta la vicepresidencia de una gran compañía, Standard Oil de México. Seguí ascendiendo. Luego me dije: «Bueno, hay un tipo aquí que tiene un avión privado. ¿Qué tengo que hacer para conseguir un avión privado?».*

Entonces hice un plan. Aunque tuviera que trabajar veinticuatro horas al día, trescientos sesenta y cinco días al año, conseguiría mi objetivo. Y si alguien se interpone cuando estoy tratando de alcanzar mis metas, si tengo que matarlo, lo mato. [Risas]. Nunca he matado a nadie. Nadie se ha interpuesto. Pero es una posibilidad.

Al hombre que contó esta historia le preguntaron si había conseguido el avión privado o no, respondió despreocupadamente que le había llevado un año. El Tres también puede encontrarse en la situación opuesta a la del que trepa despiadadamente: si la nave se hunde, la manera eficiente de comportarse es irse el primero.

La verdadera trampa de la eficiencia es que, cuando las cosas parecen ir bien, el Tres tiene miedo de hacer olas. Hacerlo puede significar entrar en emociones profundas. Después de hacer algún trabajo emocional, un Tres dijo: «¿Por qué revolverse en el estiércol de esa sopa emocional de allí abajo? Si quieres lágrimas, puedo producir lágrimas». A los Treses les resulta mucho más fácil captar cuál es la respuesta emocional apropiada en el entorno que entrar en ellas y expresar algo auténtico. La necesidad de eficiencia hace que el descubrimiento de los sentimientos reales apenas merezca la pena.

Mecanismo de defensa: identificación

Aunque el Tres puede conseguir el hogar o la familia aparentemente perfectos, a menudo tiene dificultades para mostrarse profundamente tierno y vulnerable. Como su defensa es la *identificación*, el Tres actúa como si él fuera su profesión, ya sea médico o estrella del fútbol. Hace propaganda de lo que hace y de lo bien que lo hace, como si eso definiera quién es.

Este es el lugar del adicto al trabajo. Los Treses se identifican con ello. Construyen sus vidas comportándose como si ellos fueran el papel que representan. A veces reescriben sus historias para que encajen con lo que están haciendo en ese momento.

De repente, un día, el Tres viene a casa de su trabajo perfecto, para reunirse con su familia perfecta, y su esposa y sus hijos han desaparecido, y no sabe por qué. «Todo parecía ir tan bien», cuenta a sus amigos. No tiene la sensación de que nada esté mal porque no está en contacto con sus emociones profundas. Las ha consumido todas durante el proceso de producción.

Evitación: fracaso

Lo que el Tres evita es el *fracaso.* Cuando Jimmy Carter (un Tres) describió un choque de helicópteros en el desierto iraní, durante un intento fallido de rescatar a los rehenes retenidos en la embajada de Estados Unidos, lo llamó un «éxito limitado». La palabra *fracaso* no entra en el vocabulario del Tres. Si algo empieza a fallar, se deshace de ello y sigue adelante.

En un taller, un Tres dijo que de niño competía con sus amigos y los miembros de su familia para ver si podía ser el mejor hijo, el mejor estudiante, el mejor en el deporte o en cualquier ámbito de la vida. Quería ganar en todo lo que hacía y, si no tenía posibilidades, no participaba. Así describió este impulso de ganar en todo:

> *Si empezaba a correr, no lo hacía únicamente por diversión. Medía lo que tardaba y al día siguiente tenía que hacerlo en medio minuto menos. Seguía haciendo esto hasta que ganaba la carrera, y si cabía la posibilidad de no ganar, de fracasar, abandonaba. Me decía a mí mismo: «Sé que si lo hago ganaré, pero en realidad no tengo ganas de hacerlo». Es como si la palabra fracaso no formara parte de mi vocabulario. Es inaceptable. Puedo definir algo como una experiencia de aprendizaje, pero nunca como fracaso.*

Los Treses suelen mantener abiertas todas sus opciones. Tienden a establecer tratos tentativos. Pueden tener en marcha veinticinco tratos provisionales al mismo tiempo, de modo que, si uno fracasa, dirigen la energía hacia otro rápidamente. Estas personas se mueven con gran velocidad. El fondo de la cuestión es conseguir resultados.

Un Tres habló de su primer trabajo, que consistía en vender sus apuntes de clase a otros alumnos. Conseguía que sus amigos tomaran notas, después las mecanografiaba y las fotocopiaba. Pronto se dio cuenta de que sus camaradas no eran los más listos, de modo que cambió de amigos. Trabó amistad con los alumnos más aventajados y abandonó a sus antiguos compañeros para conseguir éxito en su negocio.

La dicotomía: exceso de actividad/fantasía

Los Treses que no producen en exceso *fantasean* con hacerlo. Esto significa que, cuando no están activamente involucrados en la vida, fantasean con su movimiento siguiente. Si puedes conseguir que un Tres deje de trabajar, en cuanto se detiene empieza a visualizar cómo podría hacerlo mejor.

Los Treses raras veces vienen a terapia porque las cosas siempre les van bien. Pero, cuando vienen, pronto son pacientes exitosos, aunque a nivel superficial. Solo les interesa una terapia a corto plazo que produzca resultados rápidos. Debido a su capacidad para fantasear con nuevas posibilidades y a su deseo de eficiencia, pronto se ponen de pie y empiezan a moverse para no quedarse atascados en el pozo profundo de las emociones.

El individuo que fantasea sin parar está perfectamente retratado en una película que versiona la brillante obra de teatro «La muerte de un viajante». Dustin Hoffman hace el papel de Willy Loman, un Tres apaleado que muere fantaseando con su éxito inminente.

Subtipos

Conservación: seguridad

El subtipo conservación del Tres recibe el nombre de *seguridad*. Esto significa que se siente seguro de su supervivencia poseyendo objetos. Los objetos mismos —siempre de marca reconocida— asumen un poder que está más allá de su función.

El que tuvo la idea de poner la marca en el exterior de las prendas de ropa sin duda era un Tres, además de un genio del *marketing*. Los bolsos de Louis Vuitton representan la clase y el estatus del Tres. El estilo de los Treses conservación es el consumo llamativo. Experimentan una profunda seguridad al saber que tienen lo mejor.

Una Tres conservación me estaba enseñando su casa, llena de objetos preciosos. Había una cualidad que me dejaba sin aire, casi sexual, en su manera de llevarme de habitación en habitación admirándolo todo. Cuando tomó mi mano, la suya estaba sudando de excitación, y estaba claro que no se debía a mi presencia, sino a nuestra mirada compartida sobre sus cosas. Cuando me fui, me dio una piedrecita brillante en señal de afecto. Su esposo Nueve estaba bebiendo cerveza en el sofá, ajeno a todo.

Social: prestigio

El subtipo social del Tres recibe el nombre de *prestigio*. Siguiendo el estilo Tres, el nombre lo dice todo. Estas personas pertenecen al club adecuado. No solo se escribe sobre ellas en las columnas de sociedad, sino que son ellas las que las escriben.

En los círculos Nueva Era son los constructores de redes de contactos y las personas que dan cursos sobre cómo se construyen las redes. En los círculos más tradicionales, muchos políticos son Treses sociales.

Un Tres social que conozco parece conocer a todo el mundo. En una ocasión vio a mi esposa con una bolsa de una *boutique* de moda. Él es soltero y no le interesan en absoluto la ropa o la moda femenina, solo le gustó salir con las «modelos de Eileen Ford» en sus años jóvenes (como señala enseguida). No obstante, en cuanto vio la bolsa de mi mujer, nos dijo que conocía al nuevo dueño de esa tienda y que quizá nos podría ayudar a conseguir un buen descuento.

La publicidad y los medios de comunicación son especialidades del Tres social. Conozco una de ellas que trabaja en el departamento de publicidad de un canal de televisión. En una ocasión la invitaron a comer con algunos famosos que estaban de visita. Aunque acababa de hacerlo, aceptó encantada. Me dijo que no había oído ni una palabra de lo que se había hablado durante la comida, porque estaba ocupada haciendo listas mentales de toda la gente a la que llamaría en cuanto acabara. La idea de contar a sus amigas con quién había estado resultaba mucho más interesante que la compañía en sí.

Un Tres social dijo que era director de una gran organización de caridad. Se sentía muy orgulloso al saber que, mientras estábamos allí sentados, la gente que estaba a sus órdenes ayudaba a miles de personas.

Sexual: masculino/femenino

Cuando la falsedad se filtra al campo sexual, recibe el nombre de *masculino/femenino*. Esto significa incorporar el aspecto externo y la manera de actuar que deberían tener el hombre y la mujer perfectos.

A menudo tienen el aspecto artificial del *playboy* perfecto, aunque pueden parecer áridos y sin mucha frescura. A veces poseen una cualidad dura y quebradiza. La agente de la propiedad inmobiliaria de un barrio elitista, con el pelo rubio perfecto, pendientes y gargantilla de oro, hablando por teléfono en su Mercedes perfecto, es un típico ejemplo de este fenómeno.

El Tres sexual también produce una sensación de androginia; parece como si solo estuviera representando el papel. Su hogar natural es Hollywood. La producción glamurosa de imágenes perfectas de hombres y mujeres notables ha hecho millonarios a muchos Treses sexuales.

La fijación del Tres sexual se manifiesta en el contexto de la clase social y las expectativas del entorno. Una Tres sexual que había crecido en un barrio de clase trabajadora de Pittsburgh contó que había empezado a coser cuando tenía seis años. Además de coser y cuidar de sus hermanos pequeños, a los diez años empezó a cuidar de otros niños en su tiempo libre.

La máquina de coser se convirtió en el símbolo de su productividad. Desde la adolescencia hasta que se casó, cosió su propia ropa y la de su familia. Después de contraer nupcias, hacía toda la ropa de su marido. Se convirtió en una esposa modélica y perfecta, dentro de los parámetros de consorte ejemplar para una mujer de clase trabajadora de Pittsburgh. Acumulaba cupones, compraba con cuidado y ahorraba.

Después se trasladó a California y se casó con otro hombre que tenía distintas expectativas: esperaba de ella que fuera una profesional, porque suponía que las mujeres tenían que ser independientes. Y también debía gustarle ir de *camping*. Ella hizo ambas cosas: se convirtió en una profesional y se aficionó a ir de *camping*. Primero se hizo culturista y después formadora de culturistas. Fue la primera persona de su familia en tener su propia tarjeta comercial. Adoptó la imagen que su nuevo marido quería de ella.

Mick Jagger es un Tres sexual que encaja perfectamente en la subcultura de los años sesenta marcada por «el sexo, las drogas y el *rock and roll*». Actualmente se lo considera una leyenda del *rock*. Con más de sesenta años, continúa proyectando la imagen correcta para una estrella del rock: hedonismo sexi e inconformismo. La mayoría de las estrellas musicales de los sesenta y setenta han salido de su expresión roquera adolescente para hacerse un poco más melosas con la edad, y han dejado que su expresión musical madure con su público. Pero Mick no. Aún es capaz de mantener un ritmo y una imagen que resultan atractivos a las nuevas generaciones de fans. Este es el engaño del Tres en el campo sexual. Con un cuerpo de sesenta años, Jagger canta y baila como un adolescente. ¡Ha escrito, producido y cantado un álbum de éxito casi cada año durante las últimas tres décadas! Su secreto es tomar el *blues* y hacerlo convencional.

Este no el lugar del gran arte o de las grandes innovaciones que buscan un estilo nuevo y peligroso. Los Treses sexuales son más *pop*. Su producto a menudo es un poco insustancial, a veces sin alma, pero generalmente está bien hecho.

Considera el éxito continuado de la producción musical de Mick Jagger en medio de su vida de sexo y drogas. Este estilo de vida habría matado a la mayoría de nosotros, y mató a algunos miembros de su banda. Sin embargo, incluso después de treinta años, aún sigue produciendo canciones con los Rolling Stones y haciendo giras por todo el mundo para promocionarlas.

Otros ejemplos

Edmund G. Love escribió el libro *The Subways Are for Sleeping*; se trata de un Tres que decidió dejarlo todo y ser un mendigo vagabundo antes de que la abundancia de personas «sin techo» hiciera esta opción menos deseable. Naturalmente, era muy bueno en lo suyo: tenía calculadas todas las posibilidades. Una de las cosas que aprendió es que podía dormir durante cuatro horas si se montaba en el metro e iba hasta un final de línea y volvía.

Un día estaba sentado en un banco, viendo salir gente de un enorme edificio de oficinas para tomar café. De repente lo impactó una idea: «Si les llevaras el café…». Tres meses después, tenía un negocio de reparto de café y bollos por los edificios de oficinas que valía un millón de dólares. Luego escribió otro libro sobre su experiencia que tuvo mucho éxito.

Shirley MacLaine, que también es una Tres, ha tenido éxito en su carrera de estrella cinematográfica. Un día, durante una sesión de acupuntura, tuvo una experiencia de salida del cuerpo y escribió un libro sobre ello que fue un gran éxito de ventas. Más tarde tuvo comprensiones espirituales y emprendió una búsqueda similar, en muchos aspectos a la de toda una generación que ha tenido comprensiones parecidas. Ahora bien, ella tomó sus compresiones espirituales y su viaje a Perú —que muchos buscadores *hippies* habían hecho una década antes— y los convirtió en otro libro superventas y en un programa de televisión. Seguidamente organizó talleres a los que asistieron multitudes en todo el país.

Paul Newman fue una de las grandes estrellas de cine de su generación. El hombre era guapo y supo conservar su buena apariencia hasta los setenta; tenía una salud excelente, una esposa maravillosa y muy buenas críticas como actor. También creó una línea de salsa para espaguetis y aderezos para ensaladas con las que consiguió un gran éxito. El Tres convierte en oro todo lo que toca.

Bill Gates y Microsoft representan el estilo Tres en la década de los noventa. La fortuna de Microsoft no se construyó sobre una innovación asombrosa, sino copiando el éxito del interfaz de Apple y haciéndolo convencional y aceptable para la cultura corporativa.

Ejemplos por subtipo

Conservación: seguridad

Bill Gates, Donald Trump, Michael Jordan, Giorgio Armani, Arnold Palmer, Terry Cole-Whittaker, Casa Gucci, Coco Chanel, Microsoft, Mónaco, Hong Kong.

Social: prestigio

Johnny Carson, Dan Quayle, Pete Wilson, EST, Elizabeth Clare Prophet, Arsenio Hall, Bob Hope, Dick Clark, «los debutantes», *la Junior League, las tarjetas de negocios, Washington D.C.*

Sexual: masculino/femenino

Colin Powell, Paul Newman, John F. Kennedy, Tiger Woods, Debbie Reynolds, Mickey Mantle, Eddie Murphy, Mary Tyler Moore, Doris Day, Julie Andrews, Diana Ross, Deepak Chopra, Werner Erhard, Shirley MacLaine, Miss America, Will Smith, Muhammad Ali, Ken y Barbie.

Punto Dos: el punto de la imagen exteriorizado

Esencia:	Bondad
Idea sagrada:	Libertad
Camino santo:	Humildad
Rasgo principal:	Adulación
Pasión:	Orgullo
Idealización:	«Soy servicial»
Estilo de discurso:	Dar consejo
Trampa:	Voluntad
Mecanismo de defensa:	Represión
Evitación:	Necesidades
Dicotomía:	Militante/Libertino
Subtipos:	Conservación: yo primero Social: ambición Sexual: agresión/seducción

El punto Dos es la versión exteriorizada del punto Tres. Todos los puntos de la imagen sufren de una falta de autoestima procedente de la creencia de que no pueden ser amados por lo que son. Los Treses desarrollan la estrategia de intentar ser amados por lo que producen. Los Doses, por otra parte, quieren ser amados por la ayuda que prestan. Ellos son los ayudantes, los codependientes, las madres que trabajan en exceso y las esposas sacrificadas.

En general, en lugar de trabajar en el entorno para satisfacer sus necesidades de supervivencia, los Doses están al servicio de otra persona que, a su vez trabaja en el entorno. Los Doses suelen ser los más dependientes de todos los tipos de personalidad.

Cuando se visten, las Doses pueden parecen niñas pequeñas con la ropa de mamá. Lucen largas pestañas, grandes moños, mangas amplias, sandalias con tacones de aguja y brillantes, o, como la doncella de la película «La jaula de las locas», un pequeño delantal sin nada debajo. Dolly Parton y Tammy Faye Bakker son ejemplos de Doses.

Desde fuera, esta estrategia parece tener bastante éxito. La Dos es la mujer idealizada en la sociedad occidental, la supermamá perfecta, esposa, secretaria y amiga que siempre está dispuesta a negar sus propias necesidades para cuidar de otro.

Los Doses parecen ser queridos y admirados, y conseguir todo el amor que necesitan a cambio de su servicio desinteresado. Y esta es la cuestión. El servicio nunca es realmente desinteresado. Surge de un profundo sentimiento de odio hacia uno mismo. El Dos trata desesperadamente de conseguir amor y autoestima cuidando de otro. Raras veces tiene energía para cuidar de sí mismo. Puede preparar una cena deliciosa bajo la luz de las velas para su novio, o una comida familiar con doce platos. Pero, cuando está solo y no tiene a nadie que cuidar, es posible que coma directamente de la lata, e incluso que se olvide de comer.

Para el Dos, ofrecer ayuda es un proceso de extracción. Es un intento de ordeñar estima del mundo a cambio de servicios ofrecidos de manera gratuita (supuestamente). Tal vez esta sea la forma de prostitución más encubierta del Eneagrama. También es la que más se pasa por alto, porque a muchos nos gusta que los Doses nos cuiden.

Uno de los rasgos más notorios de la personalidad Dos es la adulación. En una ocasión le expliqué esto a una Dos. Ella comentó: «Pero siempre es importante hacer que el chico se sienta mejor». Esta es la esencia de la fijación del Dos. Consigue su autoestima haciendo que te sientas mejor.

Por debajo de la bondad, de la dulzura y de la luz hay un interior de acero inoxidable. En realidad, nunca puedes devolver a los Doses todo lo que han hecho por ti. Nadie puede cuidar de los Doses tan bien como ellos cuidan de los demás. Y, justo debajo de la superficie, son dolorosamente conscientes de esto.

Los Doses son la fijación de la personalidad más dependiente. Incluso en el subtipo social, en el que se manifiesta la «estrella», está presente la sensación de que su representante es un ingrediente clave del espectáculo. El mundo conoce al representante de Elvis Presley, el coronel Tom Parker. Los representantes tienen el poder de ser un fundamento estable desde el que los actores se mueven. La tragedia de estrellas como Elizabeth Taylor es la falta de este «papá» estable. Este no suele ser el caso de las estrellas Tres, que son muy capaces de cuidar de sí mismas.

Un hombre Dos lo describió así:

> *Es como si viviera bajo el agua en un mar de emociones. Floto en medio de él, observo a través de mis gafas y te veo flotando allí fuera. Entonces hago todo lo que puedo para atraerte, para que me veas y me aprecies.*

Pasión: orgullo

La pasión que dirige al Dos es el *orgullo*. La mayoría de los demás puntos del Eneagrama, cuando reconocen su fijación, entienden inmediatamente la pasión que los impulsa. Esta nunca ha sido mi experiencia con los Doses, que a menudo están más en contacto con su ira y su resentimiento. Se sienten utilizados o creen que no reciben amor. También son conscientes de que les gusta ser de ayuda. Sin embargo, cuando se menciona el orgullo, suelen sentirse confusos y dejan la mirada en blanco. «Pero me gusta cuidar de la gente», contestará el Dos. Casi nunca hay una conciencia profunda del orgullo que mueve la máquina.

Esta líder de talleres dio un claro ejemplo del orgullo que subyace en la conducta del Dos:

> *Cada mañana de mi formación, que dura un mes, dirijo una meditación sentada. Siempre llego a la sala de meditación al menos quince minutos antes, para asegurarme de que todo está en orden, y ya estoy meditando cuando*

llega el grupo. Lo hago así porque me parece que es mi responsabilidad hacia el grupo y porque me siento bien. Una mañana, mi reloj se paró y llegué una hora tarde. Abrí la puerta, pensando que llegaba pronto, y la sala ya estaba llena de gente meditando. El primer sentimiento que surgió en mí y me abrumó fue la vergüenza. Al examinarla, me di cuenta de que no me molestaba haber perdido mi propia meditación, que me encanta y necesito. Más bien, me sentía humillada. Me di cuenta de que el orgullo había estado dirigiendo mis pasos en todo momento.

Jerry Perkins viene de un entorno rural de Oklahoma y describe vívidamente los encuentros sociales que se celebran en la iglesia. Las familias ponen sus camionetas en círculo. Seguidamente, los hombres abren las puertas de estas y las mujeres empiezan con su espectáculo de cuántos pasteles han preparado. Es un concurso para ver lo bien que cuidan ellas de sus familias. Se sienten orgullosas de la gran cantidad de comida que producen y de lo bien preparada que está.

Jerry recuerda a su tía, una mujer de cuarenta y cinco kilos, con un bebé en la cadera, frente a una cocina de leña, en su cabaña, preparando el desayuno mientras cuidaba del bebé. Otro hijo, un muchacho enorme de dos metros de altura, entró y le dijo: «Mamá, ¿podrías plancharme una camisa?». «Claro, hijo, en un minuto», dijo ella.

Cosía toda la ropa de la familia y sus trajes de Semana Santa cada año. Hay orgullo en dar, en ser la esposa y la madre perfecta.

Como dijo una mujer: «Sé que puedo hacer cosas por ti antes incluso de que sepas que las necesitas. Lavar, planchar, cocinar… No hay problema. Pero espero que me digas que soy la mejor: la mejor madre, la mejor amante, la mejor esposa».

Un hombre Dos dijo: «Cuando eres el jefe y eres el mejor, y todo el mundo está siempre doblegándose ante ti, empiezas a sentir que tienen razón. No te tomas el tiempo de ver lo que está pasando por debajo».

El otro lado del orgullo es el resentimiento. Hay un chiste sobre una madre que le compra a su hijo dos corbatas por Navidad. La siguiente vez que lo ve, él lleva puesta una de las corbatas y ella le dice: «¿Qué pasa? No te gusta la otra».

Entorno infantil

Tradicionalmente, las Doses son las niñitas de papá. Son esas niñitas con rizos, tan bonitas y divertidas que se sientan en su regazo con una sonrisa coqueta. También conozco a muchos hombres Dos que aprendieron muy pronto a ser dulces y a tener a mamá en la palma de su mano. Para los Doses *gay*, la cuestión es ser el niñito de papá.

Un hombre Dos contó que con cinco años ya cuidaba de sus hermanos pequeños. Se sentaba, mecía la cuna y los mantenía callados. Le ponía los pañales a su hermana y cocinaba para toda la familia a la edad de siete años. Ahora es panadero de profesión y dice: «¡Me encanta! Me encanta cuidar de la gente».

Otra Dos dijo que tenía un recuerdo muy claro de estar tumbada en su cuna y necesitar atención. Pero nunca lloraba, porque su madre ya estaba muy ocupada con los otros cinco niños; no quería ser una carga. Esta misma Dos dijo que había empezado a bailar a los cuatro años y había ganado su primera medalla a los cinco. Continuó bailando y ganando premios hasta los once años. Estaba dispuesta a hacer cualquier cosa para que los focos siguieran sobre ella. Empezó a cocinar a los tres años, y tiene cicatrices en la mano de un accidente que le ocurrió a los cinco, mientras preparaba mostaza para la familia. Comenzó a lavar platos en cuanto pudo mantenerse de pie, subiéndose a una silla para llegar al fregadero. Cuando le pregunté a qué edad había aprendido a coser, me dijo que no había empezado a usar la máquina hasta los cinco años. Antes de eso solo cosía a mano.

Otra mujer Dos recordó:

> *Aprendí a ser divertida y mona para conseguir la atención [de papá] y para que se divirtiera conmigo. Era lo único que realmente funcionaba. Estoy segura de que mi actitud causó dificultades, porque mi madre estaba muy ausente, vacía y callada; debía sentirse celosa.*

Esta observación es profunda para un Dos. Se ganó el afecto de papá en competición con su madre. Y la madre, incapaz de expresar su pérdida abiertamente, y tal vez sin ser consciente, estaba resentida con su hija.

Las Doses suelen venir a terapia con un sentimiento de profunda conexión con sus padres y una relación infeliz con sus madres. Si se les pregunta, en realidad no saben cuál es la raíz del conflicto con sus madres. Cuando exploran, a menudo descubren que el tema inconsciente era conseguir el amor de papá.

Otra mujer Dos dijo:

> *Era muy consciente de que mi padre estaba enamorado de mí, seguro. También estaba muy enamorado de mi madre. Ella era una persona completa. Yo era totalmente inocente e inconsciente de cualquier tipo de asunto sexual hasta que alguien me introdujo en el sexo. Hasta los dieciocho o diecinueve años no tuve el primer pensamiento consciente de algún tipo de atracción sexual entre mi padre y yo. Después, hasta los veinte, no tuve consciecia de ningún conflicto en nuestra familia. Siempre sentí que había tenido una infancia idílica. La nuestra era la familia ideal. Los resentimientos, los celos y la competencia eran muy sutiles en nuestra unidad familiar, porque todo era muy «bueno». Éramos muy animosos, felices y afectuosos. Las cosas estaban muy soterradas. La tristeza y el resentimiento de mi madre estaban envueltos en dulzura.*

Describirse como inocente con respecto a la sexualidad es adecuado; en este caso, se trata de una fijación pregenital. No es una atracción sexual hacia papá en absoluto. En realidad, el sexo no es el problema. Para los Doses, ser abrazados y mimados es más importante que el sexo; el sexo suele ser una manera de conservar la pareja, o de darle lo que desea.

Una Dos sexual compartió un contraejemplo de lo anterior. Sus padres la hacían bailar y entretener a los marineros cuando solo tenía cuatro o cinco años de edad. En ese momento sintió su sexualidad y le encantó. Desde entonces ha desarrollado con una enorme variedad de acompañantes su actividad sexual.

Idealización: «Soy servicial»

La idealización del Dos es «soy servicial», y lo son. A diferencia de los Ochos, que te dirán lo que haces mal («¡Tienes un aspecto ridículo con esa ropa!»), o de los Unos, que tienden a predicar («¿Sabes?, las mujeres respetables de tu edad no deberían salir por ahí con ese aspecto»), los Doses te dirán: «Hoy tienes un aspecto muy saludable. Y, a propósito, conozco una tienda de ropa donde te hacen el cincuenta por ciento de descuento. Tienen unos vestidos preciosos, y sé que te sentarían genial. Sin duda, resaltarían tu belleza».

En una ocasión, una Dos se quedó a cuidar la casa de una pareja que se fue a viajar por Europa durante tres meses. Como tenían una oficina en casa, y la persona que supuestamente era responsable de dirigirla se había ido, la Dos «echó una mano». A los pocos días de irse la pareja, la Dos aprendió a manejar el ordenador, a recibir pedidos por teléfono, a enviar productos y a pagar las facturas.

Como el libro que vendían se agotó mientras la pareja estaba en Europa, la Dos asumió la tarea de contactar con el editor y acordar una reimpresión. Todo esto sin ninguna experiencia anterior, formación ni paga. Solo estaba siendo servicial.

Una mujer dijo: «Lo hacía todo. Estuvimos casados ocho años y yo lo hacía todo. Llevaba los libros, me ocupaba de la publicidad, dirigía el negocio y las tareas de casa. Me levantaba cada mañana a las 5.30 para prepararle el desayuno. No le gustaba tomar cereales para desayunar».

Estilo de discurso: dar consejo

El estilo de discurso que encaja limpiamente con esta idealización es *dar consejo*. Los Doses suelen encontrarse en la posición del columnista del periódico al que la gente escribe contándole sus problemas personales.

La gente siempre cuenta sus problemas a los Doses, y los Doses ofrecen su ayuda. Son maestros a la hora de conectar con los demás y de entrar en la realidad del otro. Una vez conectados, el Dos dirige hábilmente ofreciendo su consejo.

No obstante, esto puede tener consecuencias desastrosas, puesto que el Dos puede conectar con todo el mundo. Los miembros de una pareja con problemas de relación compartían una amiga Dos. Estaban separados temporalmente; vivían en distintos estados y ambos mantenían contacto con la amiga Dos. Ella los aconsejaba y era la mejor amiga de ambos. Cuando ellos se juntaron y compartieron información, se quedaron anonadados: «¡Ella te dijo eso! Pero a mí me dijo lo contrario».

El clásico ejemplo del Dos que aconseja es Dolly Parton en la película «Directamente... Shirlee», donde encarna a una mujer que se gana la vida siendo dulce y servicial, y dando buenos consejos.

La trampa: el libre albedrío

La trampa del Dos es el *libre albedrío*. Esta se alimenta de la ceguera del Dos con respecto al orgullo que, realmente, dirige la máquina. Como reprimen sus propias necesidades, los Doses tienen la ilusión de que deciden libremente cuando hacen algo por ti. La trampa del libre albedrío es que crea la ilusión de que el Dos tiene elección.

Para usarlo en cualquier situación, uno debe poder escoger. Como la autoestima y el amor están en juego cuando el Dos se muestra servicial, el libre albedrío no puede actuar. La ilusión de ello se convierte en la trampa de reprimir la propia necesidad para cuidar de otro.

Esta trampa queda en evidencia cuando el Dos no puede controlar su furia. Vocifera y despotrica diciéndote todo lo que ha hecho por ti. Dice que se siente usado y expone una lista de agravios que pueden ser muy antiguos. Esto revela la falsedad de que fuera servicial por libre elección.

Mecanismo de defensa: represión

El mecanismo de defensa recibe el nombre de *represión*. Los Doses han reprimido sus propias necesidades hasta tal punto que ya no son conscientes de ellas. Solo lo son del deseo de cuidar de otros.

En una ocasión, caminaba cuesta arriba con una Dos a paso bastante rápido. Estábamos en perfecta sincronía mientras subiámos, paso a paso. Transcurridos unos quince minutos, de repente me di cuenta de que tenia mucho mejor forma que ella y le pregunté: «¿Vamos demasiado rápido para ti?». Su respuesta inmediata y sin aliento fue: «¿Para ti está bien?».

Una Dos se quejaba de que lo hacía todo, de que dirigía el negocio y la casa, y dijo que tenía miedo de volver a entablar otra relación así. Pero al final añadió: «Me encanta cuidar de la gente, en serio. Es lo que más me gusta».

Evitación: necesidades

La evitación recibe el nombre de *necesidades*: los Doses eluden las suyas propias. Su evitación, la trampa del libre albedrío y el mecanismo de defensa —represión— actúan conjuntamente como un unidad sintética para exprimir al Dos en la maquinaria del cuidado de los demás. Es como si alguien hubiera programado conscientemente al esclavo perfecto, que evita sus propias necesidades, reprime sus deseos y cree que cuidar del amo es una elección libre.

Desde fuera, el Dos no parece un esclavo en absoluto. De hecho, otras personas (en particular las mujeres) a menudo se sienten celosas por no tener esta fijación. Sienten pelusa de que, por más que lo intentan, no pueden ser cuidadoras tan desinteresadas ni personas tan perfectas, bondadosas y amorosas. Lo cierto es que los Doses evitan sus propias necesidades para servir. Y, debido a ello, pueden sentir verdadera empatía por otros. Pueden reproducir el estado emocional de la persona con la que están hablando.

La dicotomía: militante/libertino

La dicotomía del Dos recibe el nombre de *militante/libertino*. Según el lado de esta dicotomía que manifieste el Dos, produce estilos de relación con el mundo muy distintos. Nancy Reagan era una Dos militante que parecía dirigir una nave hermética. Muy diferente es el caso de Dolly Parton o Elizabeth Taylor, que son ejemplos de Doses libertinas. La diferencia entre los cuerpos de Nancy Reagan y Dolly Parton parece válida para esta dicotomía en general. Las Doses militantes suelen ser enjutas, delgadas y con una aparente tendencia hacia la fijación del Uno. Las libertinas, por su parte, suelen tener cuerpos y estilos voluptuosos.

Mientras que la Dos militante suele ser la secretaria ejecutiva eficiente, la Dos libertina puede ser prostituta o la chica de un motero. La Dos militante acostumbra a ser el verdadero poder que se halla detrás de una relación, mientras que la de la Dos libertina puede estar sometida a una abusiva.

Subtipos

Conservación: yo primero

El subtipo conservación del Dos recibe el nombre de «yo primero». A primera vista, este puede parecer un nombre extraño para un grupo de personas que siempre encarnan el poder detrás del trono (como la secretaria ejecutiva o la esposa del jefe). Los Doses conservación nunca quieren ser identificados como jefes. Se sienten mucho más cómodos como sus consejeros. Dirigen el espectáculo detrás del escenario.

Estas personas pueden ser muy laboriosas y trabajar obsesivamente siete días a la semana, doce horas al día, como ayudantes leales. Una Dos conservación se jactaba de que, en una ocasión, su jefe firmó un cheque de la empresa y el banco lo devolvió porque solo reconocían la versión de su firma que hacía ella.

Como dan tanto de sí mismas, estas personas creen que les corresponden los mejores lugares. Se sienten justificadas para saltarse la cola en el cine o en el bufé. Si no hay suficiente comida para todos, los

Doses conservación consiguen la suya. ¡Y no trates de comer de su plato!: muchos Doses conservación podrían cortarte el dedo. Después de haber dado tanto, se sienten con derecho a mostrarse egoístas. Como a Jerry Perkins le gusta decir de sus múltiples relaciones con los Doses: «Les encanta dar. Pero, cuando quieren algo, ¡más te vale que esa tarjeta de crédito eche humo!».

Social: ambición

Si el Dos conservación encarna el poder detrás del trono, el Dos ambición se sienta en él. Este es el lugar de la estrella.

No lo son necesariamente en el sentido de Hollywood (aunque muchas de ellas lo son, como Elizabeth Taylor y Dolly Parton). Conozco una Dos fisioterapeuta. Su momento favorito es cuando la directora de la clínica está fuera de la oficina y ella puede brillar. Estuve allí después de una operación de rodilla. Ella dirigió al equipo de ayudantes para que me masajearan, pusieran hielo en mi rodilla y se aseguraran de que tuviera abundantes toallas y me sintiera cómodo. Es una estrella a la hora de cuidar de sus pacientes.

En una ocasión volé en la cabina superior de un Jumbo 747. El azafato era un Dos social. Tenía dieciséis personas de las que cuidar en un vuelo de San Francisco a Japón. Disponía de una pequeña zona elevada desde la que podía vernos a todos. Después de la primera ronda sabía lo que cada uno quería beber y se aseguró de que nuestros vasos estuvieran siempre llenos. Al poco tiempo, mi compañero y yo ya no queríamos más agua Perrier, pero nos sentimos obligados a beberla para no herir sus sentimientos.

Otra Dos social era modelo de artistas. Le encantaba posar desnuda y después mirar los cuadros. Le gustaba ver las pruebas de la atención que le habían prestado.

Valentino Liberace, el pianista que viste trajes de lentejuelas, es el clásico Dos social, y también Little Richard y John Travolta.

Sexual: agresión/seducción

Si el Dos conservación es el poder detrás del trono, y el Dos social está en el trono, el Dos sexual seduce al trono. La agresión/seducción es el acto de seducir al poder. Para los Doses sexuales el amor consiste en fundir las resistencias. Una vez que esto ha ocurrido, la relación se vuelve aburrida rápidamente.

Conozco una Dos sexual que ha tenido cuatro maridos, e hijos de cinco padres diferentes. El número de amantes es incontable.

Estas son las personas más seductoras del Eneagrama. Las Doses —las sexuales en particular— suelen ser acusadas de ser provocadoras y de dirigir a los hombres. Pero esta acusación siempre las sorprende. A menudo no son conscientes del efecto que producen. Cuando te la encuentras por primera vez, y a menudo también después, la Dos sexual te toca. Es posible que solo sea un ligero roce en el brazo, pero sin duda establecerá contacto físico.

Las Doses sexuales entran en una habitación y sienten inmediatamente dónde está el poder. Seguidamente se dirigen hacia él y lo seducen. Muchas fans de los grupos musicales son Doses sexuales. Una Dos sexual que conozco va contando los gurús que ha conocido.

«Leaving Las Vegas» es la historia de una Dos sexual, papel que representa Elisabeth Shue que tiene esta misma fijación. Ella es una prostituta, abandonada por su chulo, que encuentra rápidamente a otro hombre, un alcohólico. En la mejor escena de la película, él vierte *whisky* sobre sus pechos desnudos y hunde la cabeza en ellos. Sabemos que esta es la fantasía del hombre, no la suya, pero ella está dispuesta a degradarse para agradarle.

Dirigía un taller de Eneagrama en mi casa hace algunos años. Durante un descanso, una mujer joven y muy hermosa, con un top ceñido, me arrinconó en una esquina, puso su mano en mi pecho, me miró a los ojos como si quisiera fundirlos y me preguntó: «¿Podrías ayudarme a descubrir cuál es mi fijación?». Mi esposa vino y se la dijo.

Otros ejemplos

Nancy Reagan es un buen ejemplo del Dos conservación. Varios testimonios de ayudantes cercanos de la Casa Blanca han confirmado lo que ya sabíamos: ella dirigía el espectáculo. Fue Nancy la que despidió al primer consejero de la seguridad nacional. Y su insistencia hizo que renunciara el jefe de personal de la Casa Blanca.

Muchos presidentes estadounidenses han sido ayudados y guiados hacia el poder por sus esposas Doses. Rosalyn Carter añadió profundidad a la presidencia de Jimmy Carter con su deseo de cuidar de la humanidad, tal como Lady Bird había apoyado a Lyndon Baines Johnson. Es una actitud muy distinta de la de Hillary Clinton, probablemente una Ocho puritana y una líder de grupo reconocida.

Carol Channing, la estrella de «Hello Dolly», apareció recientemente en una revista mostrando sus piernas. Con más de setenta años, sigue haciendo el mismo número simplón y sigue teniendo unas piernas estupendas.

Elvis Presley, un hombre Dos, hizo de su madre un ídolo; su primera prioridad siempre era cuidar de ella. Regalaba Cadillacs a sus amigos y, para cuidar de su esposa adolescente, se abstuvo del sexo al comienzo de la relación.

Ejemplos por subtipo

Conservación: yo primero

*Nancy Reagan, Lady Bird Johnson, Rosanna Arquette, Rosemary Woods, Rosalyn Carter, Rosa Parks, Mister Rogers, la serie de televisión «*Our Gal Friday*», Zasu Pitts, Bali.*

Social: ambición

Dolly Parton, Elizabeth Taylor, Little Richard, Magic Johnson, George Stephanopoulos, Tammy Faye Bakker, Mia Farrow, Liberace, John Travolta, Bert Parks, Betty Boop, Carol Channing.

Sexual: agresión/seducción

Geena Davis, Elisabeth Shue, Smokey Robinson, Fawn Hall, Elvis Presley, Liv Ullman, Sam Cooke, Jessica Rabbit, Tailandia.

Punto Cuatro: el punto de la imagen interiorizada

Esencia:	Alegría
Idea sagrada:	Origen
Camino santo:	Ecuanimidad
Rasgo principal:	Melancolía
Pasión:	Envidia
Idealización:	«Soy de la élite»
Estilo de discurso:	Lamento
Trampa:	Autenticidad
Mecanismo de defensa:	Introyección
Evitación:	Sentirse perdido
Dicotomía:	Analítico/Desorientado
Subtipos:	Conservación: intrépido Social: vergüenza Sexual: competición

La versión interiorizada del punto Tres es el punto Cuatro. Es el modo implosionado de la personalidad histérica. Mientras que un Dos siente orgullo de ocupar su posición, el Cuatro se avergüenza de estar fuera de lugar. El Cuatro nunca se siente realmente en casa, en armonía relajada con el entorno. Los Doses tienen el orgullo de su estatus, mientras que los Cuatros sienten que han implosionado. A menudo parecen estar esperando que comience la vida.

Los Cuatros, como los Cincos, están en un punto situado en la base del Eneagrama, en el que son conscientes del agujero negro que tienen dentro. Experimentan este agujero como una herida y una pérdida, como si les faltara algo. Este agujero negro es la prueba de que están trágicamente marcados y de que son especiales. Los Cuatros a menudo alejan a la persona a la que aman antes de que se acerque demasiado y descubra la tragedia de esta oscura herida. Un buen ejemplo de este comportamiento es «La mujer del teniente francés», que pasa años sola en los acantilados, anhelando a su amante, y huye cuando este se acerca. En «Lo que el viento se llevó», Scarlett O'Hara es otro ejemplo de mujer que ama más al hombre cuanto más lejos está.

Por naturaleza, los Cuatros son bailarines, artistas y adictos a los talleres. A menudo son personas que trabajan continuamente para mejorarse a sí mismas. La fijación del Cuatro es el hogar de la cirugía estética y de la permanente. A los Cuatros les encanta vestir con un estilo único. Pueden dedicar horas a lograr que el maquillaje tenga un aspecto natural y alabarán un atuendo caro, con fibras naturales. Los Cuatros pueden vestirse con ropa de segunda mano, pero lo que llevan puesto siempre será una declaración de su estilo. O pueden comprar en las mejores tiendas del mundo y dedicar horas a intentar aparentar que se visten combinando prendas sin pensar.

Mientras que el Dos se ganó el amor de papá, el Cuatro siente la pérdida del padre. Los Cuatros masculinos y femeninos experimentan la pérdida de papá, o la pérdida de un progenitor fuerte, e interiorizan esta experiencia como indicativa de que algo está mal en ellos. Seguidamente, se construyen como las personas a la que papá amaría. El sentimiento de pérdida y la defensa de la introyección crean a las «reinas del drama».

Puesto que se sienten «marcados» por la pérdida y por tanto, únicos, los Cuatros pueden desarrollar una sensación de elitismo y la actitud de que las reglas normales no les son aplicables. Se recrean en su melancolía. Kathleen Speeth describía esto como «una flor exquisita en un hermoso jarrón de cristal, preciosa, pero que ya está muriendo, separada de su raíz».

Los Cuatros son adictos al amor. Tienen la sensación de que nunca pueden llenarse. Debes probarles que los amas cada día, varias veces al día. Y debes probarlo de distintas maneras; siempre se te debe ocurrir algo nuevo. Te pondrán constantemente a prueba preguntándote:

«¿Qué has hecho por mí últimamente?». Tienen la sensación de haber sufrido tanto que ya nadie puede compensarlos y consolarlos. Un Cuatro dijo: «No es que no lo estés haciendo bien, es que mi estado no es reversible, porque nunca he superado el abandono original».

Es posible que se lamenten sin motivo y griten: «¡En realidad nunca me has querido!», y ya ha empezado otra ronda de la montaña rusa emocional. Los Cuatros tienen la sensación de vivir emotivamente, con intensidad. Tienden a sentirse atraídos por los Ochos porque ambos tienen una magnitud emocional explosiva.

El Japón tradicional es una cultura Cuatro. En el corazón de la cultura nipona, impera una profunda sensación de haber sufrido un corte de su raíz en la China continental. Este sentimiento de profunda inferioridad con respecto a los chinos impregna la estética japonesa. Los nipones tomaron lo mejor de la cultura china y lo superaron. El kimono, la ceremonia del té, el zen, el teatro noh, la acupuntura, la arquitectura y la jardinería tienen sus raíces en China, pero los japoneses los perfeccionaron.

La estación favorita en Japón es el otoño: la muerte exquisita que el Cuatro atesora. La emoción favorita de la cultura nipona es el amor no correspondido. Incluso la canción nacional a la flor de cerezo es un lamento y un canto a esta preciosa flor cuando cae y muere. El mito nacional japonés es el del Ocho samurái, la *geisha* Cuatro y la tragedia del amor no correspondido.

El jardín japonés es un intento de tomar la naturaleza y hacerla «más natural». El mejor de ellos tiene un aspecto totalmente natural, como si el ser humano nunca hubiera estado allí. La manipulación cuidadosa y la ubicación consciente de cada roca, así como el cuidado diario de cada hoja, consiguen este efecto. Asimismo, los Cuatros crean trabajosamente cada pliegue de su vestido y de su personalidad para producir una sensación de naturalidad.

Pasión: envidia

Impulsados por la pasión de la envidia, los Cuatros sienten una profunda falta de autoestima y la necesidad de compararse constantemente con los demás. Hay una sensación de que «lo mío no es tan bueno». Se sienten tan dañados que, para ellos, la hierba siempre es más verde al otro lado de la valla. Siempre existe alguien que tiene algo mejor, es más feliz o parece tener la relación perfecta. Tal como la psicología freudiana puede considerarse como un hombre Seis trabajando con mujeres histéricas, el concepto de la envidia del pene debe haber sido descubierto por un Cuatro. Una mujer Cuatro compartió lo siguiente en un taller:

> *Siento envidia de mi hermana. Ella tiene mucho éxito. Lo hace todo perfecto, y yo siempre me esfuerzo por ser tan buena como ella, por ganar tanto como ella, por ser exitosa y tener la profesión ideal.*
> *Cuando veo otras parejas, parecen quererse más, aparenta que les va mejor que a mí y a mi compañero. Es como si siempre quisiera algo que no está a mi alcance.*

Y otra Cuatro:

> *Para mí la envidia consiste en que la otra gente tiene cosas que yo no tengo: piernas más delgadas, mayor altura, labios más llenos, el pelo mejor que el mío, y así indefinidamente. Yo miro a las demás y me digo: «Vaya, ojalá tuviera unas caderas así».*

También tienen la sensación de que no hay suficiente. A un Cuatro le puede encantar curiosear en casa de otra persona y compararla con la suya. A veces sienten la compulsión de consumir demasiado, de acumular más y más posesiones materiales, particularmente ropa. Este es el hogar del comprador, y a menudo también del ladrón que hace pequeños hurtos, como robar maquillaje. *Madame Bovary* es uno de los mejores ejemplos de esta fijación, pues compró hasta arruinar a su esposo.

Cuanto más lejos está algo, mejor aspecto tiene y a medida que algo se acerca, empeora. La vida de los Cuatros suele estar marcada por una serie de enamoramientos de personas o de cosas que desean poseer. Sin embargo, una vez que poseen algo, se convierte en cenizas en sus manos. Como dijo Groucho Marx: «Nunca pertenecería a un club que me aceptara como miembro».

Cuando se los pilla en reposo, los Cuatros a menudo parecen tener una profunda tristeza en sus ojos, como «La mujer del teniente francés», que estaba sola en los acantilados, anhelando y esperando. La vida fue mejor en el pasado, o será mejor en el futuro. Añoran las cosas tal como eran antes, o anhelan al caballero de brillante armadura que nunca llegó. Pero cuanto más se acerca el caballero, más visibles son para el Cuatro sus verrugas e imperfecciones.

Los Cuatros experimentan un profundo anhelo. Creen que tienen sentimientos más profundos que el resto de nosotros. Es cierto que, probablemente, dispongan del rango más amplio de emociones sentidas. Tienen sentimientos profundos, pero también tienden a exagerar. Este es el lugar de los melodramáticos y de los histriónicos: «Nadie sufre tanto como yo».

Si vas de compras con una Cuatro y te compras un jersey, ella sentirá inmediatamente la necesidad de comprarse uno. Si estás en una relación con un Cuatro y tienes un amante, sin duda el Cuatro necesitará tener dos. Un Cuatro describió esta actitud como «no tener nunca suficiente y siempre necesitar más. Para mí, los celos son un sentimiento que me impulsa a tomármelo todo personalmente. Todas las cosas tiene que ver conmigo».

Entorno infantil

La infancia del Cuatro es la historia del jardín perdido. Los Cuatros conservación a menudo sienten la pérdida de conexión y empiezan a sufrir en el útero, pero la mayoría de los Cuatros hablan de un periodo de dicha en su infancia. De niños se bañaban en el jardín del amor, se sentían amados y cuidados. Veían a papá como el sol que brillaba y los alimentaba. Pero en algún momento fueron expulsados del jardín del edén.

La típica historia es la de la niña que está loca por su papá, y él está loco por ella. Juegan, se abrazan y se muestran muy afectuosos. Entonces, en algún momento, el padre toma conciencia de sus sentimientos sexuales hacia su hija y siente miedo. Un día ella salta a su regazo y él le dice: «No, baja». Para la niña hay algo que está mal, y es culpa suya haber sido expulsada del paraíso.

El Cuatro siente que esta separación, esta pérdida del amor, le produce una cicatriz fatal. Significa: «Hay algo que está mal en mí». Tanto para los hombres como para las mujeres Cuatro, la fijación parece girar en torno a la pérdida del amor del padre. Algunos Cuatros conservación aseguran haber experimentado en el útero la sensación de no ser deseados por ninguno de sus padres. No se sintieron queridos y se lo tomaron como algo personal. Una mujer Cuatro describe su experiencia de sentir esta pérdida del amor de su padre y cómo se lo tomó como algo personal durante toda su vida:

> *Desde que puedo recordar, siempre he sentido que había algo mal en mí. Hasta los cuatro o los cinco años sentí que era la niñita de papá. Pero, en esa época, él empezó a beber. Desde entonces he sentido una sensación de abandono emocional a lo largo mi vida.*
> *Esto se manifiesta en mis relaciones con los hombres. Cuando vivo sola me siento más fuerte, más centrada, más de una pieza. Pero, en cuanto comienzo una relación, de repente me siento sin valor, indigna de amor y necesitada.*

Si bien, frecuentemente, también han sufrido falta de cuidados maternos, los Cuatros se fijan más en la pérdida del padre. La excepción surge cuando se percibe a la madre como la persona dominante. Para volver al jardín, los Cuatros tienen que ser tan especiales que las reglas no les sean aplicables. Cuando llegan al final de la pubertad, generalmente tienen el peor comportamiento y las peores amistades que sus padres puedan imaginar. A menudo empiezan a tener relaciones sexuales muy pronto, y saldrán con personas de otra raza si esa es la fobia familiar.

Si el padre del Cuatro hace cruzada contra las drogas, es bastante probable que el Cuatro experimente con ellas y alardee de hacerlo. Sin embargo, no se trata de una rebelión. Este punto nunca cruza al lado inconformista del Eneagrama, aunque inicialmente los Cuatros pueden parecer las personas más rebeldes. Se visten escandalosamente, hacen y dicen cosas extravagantes, pero siempre en el contexto de ser parte de la familia. En realidad, son adictos a sus padres, y durante mucho tiempo tratan de probar: «Soy tan especial que merezco ser readmitido en el jardín».

La sensación de haber perdido el jardín genera un anhelo. La pérdida se recrea una y otra vez cuando los Cuatros se enamoran, tienen estallidos emocionales y se van. Entonces anhelan la siguiente relación o lamentan haber arruinado la última. En cualquier caso, las ansían y destruyen interminablemente. Los Cuatros a menudo sienten que tienen que hacer estallar la relación antes de que se haga demasiado profunda y el amante descubra la cicatriz, el fallo trágico, y se vaya. Durante la infancia temen el abandono y este problema persiste a lo largo de sus vidas.

Idealización: «Yo soy de la élite»

La presunción de los Cuatros es que no solo son únicos —lo cual es cierto para todos—, sino también especiales. La idealización es: «Yo soy de la élite. Después de hacerme, rompieron el molde». Hay elitismo y separación. Pero, al mismo tiempo, también tienen la sensación de «no ser tan buenos como...», lo que alimenta la envidia.

Los Cuatros suelen ser artistas y viajan en círculos elitistas de intelectuales, bohemios u otros grupos marginales de gente especial. Una mujer dijo que se había trasladado a Greenwich Village para llevar jerséis de cuello alto negros, fumar y leer a Beaudelaire en los cafés.

Estilo de discurso: lamento

El estilo de discurso del Cuatro es el lamento. A veces pido a la gente que cierre los ojos, ignore las palabras y solo escuche el tono emocional que la persona transmite. La tristeza llorosa del Cuatro se revela en cuanto baja la guardia.

Este es el lugar del chismorreo y del relato de historias trágicas. Los Cuatros pueden pasar horas en el teléfono, con sus amigos, quejándose de sus relaciones y de cómo los trata la vida.

Como este es un punto de la imagen, al Cuatro también le es posible responder rápidamente al estado de ánimo de la persona con la que está. Puede ser divertido, brillante y a veces inconscientemente ingenioso, sobre todo cuando habla de algo que no es la tragedia de su propia vida.

Judy Garland era una Cuatro cuyo lamento saturaba todas sus actuaciones públicas. Billie Holliday es otro ejemplo de una Cuatro: su música refleja la triste tragedia de su vida. *Madame Bovary* es uno de los mejores ejemplos de esta fijación, tanto en el libro como en la película.

La trampa: autenticidad

La trampa es la *autenticidad.* El punto de vista del Cuatro es que el estilo lo es todo. Un Cuatro nunca hará nada para traicionar el estado de ánimo que se haya creado, las buenas maneras o el estilo. He oído historias de Cuatros que se quedaban sentados durante horas, aunque tenían muchas ganas de orinar, porque no querían interrumpir un diálogo. Una Cuatro nunca usa el retrete del apartamento de su amante, porque la sola idea es demasiado molesta. He visto a Cuatros inventarse detalles y sucesos en las historias que cuentan, porque encajan con su estado de ánimo, aunque no con los hechos.

Las Cuatros pasan horas maquillándose para que parezca que no llevan nada de maquillaje. En Esalen muchas mujeres no lo llevan, pero las Cuatros lo utilizan casi siempre, aunque tan bien puesto que sus rostros parecen naturales. Pasan mucho tiempo prestando atención a los menores detalles para conseguir este logro artístico subvalorado. Es un intento de ser una niña/mujer auténtica y natural. Su estilo es muy diferente al de las mujeres con tacones altos y maquillaje evidente.

Las Cuatros se consideran únicas, originales y naturales. No quieren que sepas que se han retocado el ojo, o que llevan maquillaje, o que se han hecho la permanente: «Simplemente es la expresión natural de quien soy». Los Cuatros detestan a los falsos; lo peor que pueden decirte es que eres falso.

Una de las señas de identidad de los Cuatros es su estilo de vestir único, evidente a menudo en los zapatos. Las mujeres Cuatro suelen llevar botas altas. Los hombres Cuatro también acostumbran a expresar su singularidad en el calzado. Conozco a un hombre Cuatro que dirige talleres de crecimiento personal. Tuve la primera pista de cuál era su fijación al ver sus sandalias, las más especiales que he visto nunca. No llevaba nada chillón, brillante ni que llamara la atención; más bien destacaba por su estilo único y su serena atención al detalle. Sus camisetas también eran distintas de las de todos los demás, con mangas de un corte especial. Más adelante dijo que nunca era lo suficientemente bueno para papá. Había sido atleta, incluso capitán del equipo de fútbol, pero nunca captó la atención de su padre. Sentía que nunca era bastante bueno.

En uno de mis talleres, otro Cuatro sexual era la persona mejor ataviada cada día, con diferencia. No vestía de una manera que llamara la atención, aunque tenía su propio cojín de meditación de color azul cielo. Los dibujos de sus calcetines eran únicos y transmitían una sensación de estilo y color. Incluso cuando llevaba calcetines desemparejados (con un estilo despreocupado y casual), cada uno de ellos era único y combinaba perfectamente con su compañero desigual.

Mecanismo de defensa: introyección

El mecanismo de defensa del Cuatro es la *introyección*, la tendencia a tomar como propias las emociones de los demás. Al sentirse indignos de amor, heridos y sin valor absorben todas las emociones negativas del entorno y se las tragan enteras. Mientras que los Ochos lo niegan todo y los Seises lo proyectan en el entorno, los Cuatros toman la negatividad como si fuera propia. Esto puede producir desórdenes psicosomáticos, así como traumas emocionales y depresión. Se trata de un mecanismo de defensa bastante paradójico: en lugar de protegerse de la negatividad del mundo, los Cuatros creen que todo es culpa suya. Esta es una historia compartida por un Cuatro:

> *Sé que me trago muchos sentimientos de otros. No me di cuenta de esto hasta una época avanzada de mi vida. A los veintiún años me extirparon la vesícula biliar. Después averigüé que las enfermedades de este organo suele afectar a quienes se tragan sus sentimientos. Yo era el típico ejemplo del niño que carga con todos los de la familia. Crecí en un hogar muy intenso. Al cumplir los veintiún años, tenía una enfermedad que suele afectar a personas de sesenta o setenta. Fue muy extremo.*

Como viven en su cuerpo emocional, los Cuatros son muy sensibles al entorno emocional que los rodea. Un Cuatro camina hasta un grupo de gente e inmediatamente toma conciencia de la atmósfera emocional. Esta introyección de las emociones negativas puede producir problemas de salud y desequilibrios.

Evitación: sentirse perdido

La evitación del Cuatro recibe el nombre de *sentirse perdido*. Los Cuatros tienen dos factores en su constitución que tienden a alimentar esta evitación. En primer lugar, se sienten desarraigados y, por lo tanto básicamente desorientados. En segundo lugar y más importante, tienen la intensa sensación de tener un profundo agujero negro. El Cuatro es el lugar de los desórdenes alimenticios; las bulímicas suelen decir que usan la comida para intentar llenar ese agujero negro.

Los Cuatros suelen estar pseudoorientados en el espacio y en el tiempo; su orientación casi siempre guarda relación con alguna otra persona. Tener pareja es una estrategia para evitar sentirse perdidos. Tratan de llenar el agujero negro con relaciones amorosas.

La dicotomía: analítico/desorientado

La dicotomía del Cuatro recibe el nombre de *analítico/desorientado*. Como en el caso de todas las fijaciones, ambos polos de la dicotomía siempre están presentes, pero uno de ellos es la máscara que el ego presenta ante el mundo.

El Cuatro desorientado está representado por el clásico estereotipo de la «mujer mareada». Tanto si se trata de desorientación física y por tanto de un verdadero problema para seguir direcciones o leer mapas, o de una incapacidad de seguir un flujo de conversación, la desorientación parece tener dos raíces. La primera radica en su sentimiento de estar separado y desarraigado. La segunda es que suele estar tan involucrado en su propio drama emocional que no le queda mucha atención para el resto del mundo.

A diferencia del Cuatro desorientado, en ocasiones el Cuatro analítico parece demasiado mental. En un intento de evitar esta sensación de estar perdido, trata de quedarse en el ámbito del pensamiento. A veces los hombres Cuatro, como desean evitar los sentimientos profundos que no se consideran «masculinos», parecen analíticos. Sin embargo, bajo la superficie corre todo el torrente de su mar emocional. A menudo, surge en los momentos más inapropiados, produciendo olas en su «fría postura analítica». Esto contó un hombre Cuatro:

> *Tengo esta sensación de que no encajo. Es un sentimiento de estar fuera de lugar, de que me falta algo. Parece trágico. De niño, el sentimiento estaba presente en todo momento, independientemente de lo que estuviera haciendo. No importaba si yo era popular o impopular, callado o extrovertido, siempre tenía la sensación de estar en el planeta equivocado, en el lugar inapropiado, en la*

película inadecuada, con el libro equivocado. Como si este no fuera mi lugar.

Subtipos

Conservación: intrepidez

El Cuatro intrépido está decidido a triunfar a pesar de su trágico defecto. Se trata de personas que intentan fogosa y furiosamente abrirse un camino al éxito. Bette Davis, Orson Welles y Peter Lorre son Cuatros intrépidos, con los ojos saltones y una sensación de estar presionados. Aunque no todos los Cuatros intrépidos tienen este aspecto, representa muy bien su estilo. La intrepidez significa: «Yo prevaleceré».

También pueden vivir peligrosamente, al límite. Los Cuatros, como los Ochos, sienten que las normas sociales no les son aplicables. La energía vivifica a los Cuatros cuando están al límite y afrontan un problema de supervivencia. A menudo son personas con mucha energía y muy creativas.

Sin embargo, los Cuatros pueden tener la cualidad de un borracho caminando por la cuerda floja. Francis Ford Coppola es un ejemplo de ello. Aunque tuvo un gran éxito económico con las películas de «El Padrino», y millones de dólares en el banco, estaba dispuesto a arriesgarlo todo en la siguiente entrega.

A primera vista, los Cuatros intrépidos pueden confundirse con Treses. Puede parecer que tienen un impulso determinado, aunque ligeramente quebradizo, de conseguir el éxito. Pero el estímulo no surge de la sensación de eficiencia del Tres; viene de la de tener un fallo o defecto. Si profundizas un poco, generalmente surge la tristeza. Tienen la sensación de no ser lo bastante buenos, de tener un defecto horrible.

Steve Martin, que bailaba y contaba chistes abriéndose camino hasta tu corazón, es un buen ejemplo de un Cuatro conservación que casi tiene el aspecto de un Tres. En su primera gran comedia, hizo el papel de un «tipo solitario». Y en su primera película, «Un loco anda suelto», representa a un niño blanco que crece en el seno de una familia pobre del Sur sin ser consciente de que es adoptado, pero sabiendo que de algún modo es «diferente». Otro de sus papeles es el de Cyrano de Bergerac. Sus mejores personajes son payasos amables de ojos tristes.

Social: vergüenza

El Cuatro social a menudo está desorientado en el mundo. Parece moverse por la vida en medio de miasmas de confusión. Este es el punto de máxima implosión del Eneagrama, debido a una profunda sensación de que no encuentra su lugar. La vergüenza que siente el Cuatro social impregna todas las áreas de su vida.

El movimiento gay de los ochenta en San Francisco tenía el estilo del Cuatro social. Tal vez esto explique por qué Judy Garland es uno de los iconos de la comunidad gay. Es una cultura de comida de calidad, ropa de mucho estilo y un romanticismo trágico.

Es raro dar con un Cuatro social que llegue a ser un personaje público; Judy Garland fue un raro ejemplo. Kate Wolf es otro; cantaba canciones tristes y murió trágicamente a edad temprana. Johnny Deep también tiene esta fijación. En una de sus primeras películas, «¿A Quién ama Gilbert Grape?», hace una notable parodia de Buster Keaton, otro Cuatro social.

Tuve un paciente que era un Cuatro social. Quería ser cantante de ópera. Cuando lo conocí tenía unos cuarenta años; el lifting de su cara empezaba a desaparecer y estaba a punto de aparentar demasiado viejo para cambiar de profesión. Cuando debía asistir a una audición, cogía un resfriado o le dolían las cuerdas vocales. Se ganaba la vida dando lecciones de voz, pero siempre estaba preparándose para su triunfo profesional.

Una Cuatro social que conozco se gana bien la vida como psicoterapeuta. Sin embargo, hay algo que chirría, porque lleva ropa vieja, come frugalmente y guarda todos sus ahorros para cuando «comience» su vida.

Sexual: competición

Los Cuatros *competición* o sexuales pueden tener sus raíces en la envidia del pene. Tienen una sensación de competir en todas sus relaciones, pero en particular con su pareja. Los Cuatros sexuales siempre están evaluando cómo va su competición y tratando de adquirir ventaja sobre su pareja. Si esta se compra algo, los Cuatros sexuales sienten una ardiente necesidad de salir corriendo a adquirir alguna cosa.

Son los que mejor se visten del Eneagrama. Dedican una enorme cantidad de tiempo a su acicalamiento personal y a las compras para crearse un aspecto suelto y natural. Mientras que los Cuatros sociales pueden vivir con ropa de segunda mano esperando que comience su vida, los Cuatros sexuales son los mayores compradores del Eneagrama, a menudo con grandes armarios roperos y nada que ponerse. Si su pareja sale a comprar ropa, pueden sentir pánico de que no haya bastante dinero, y entonces necesitan comprarse algo de inmediato antes de que este se acabe.

Cuando el Cuatro sexual está en una relación abierta, generalmente necesita tener más amantes que su pareja y con más frecuencia. A nivel más profundo, esta competición está dirigida hacia sus rivales: los miembros de su propio sexo, a los que, si pudiera, haría desaparecer.

En el lado analítico de la dicotomía, los Cuatros sexuales se presentan como personas inteligentes y con opinión. Jimi Hendrix y Marlon Brando son ejemplos del estilo único del Cuatro sexual.

Otros ejemplos

Se hizo una película excelente sobre la vida del novelista japonés Yukio Mishima, un Cuatro conservación que vivía su vida como si se tratara de una obra de teatro. Criado por mujeres y anhelando al padre que nunca tuvo, Mishima perseveró. Novelista y aventurero político, creó su propio ejército privado en Japón, que llevaba unos uniformes exquisitos. Mishima usó la sociedad nipona como un escenario gigantesco para representar el melodrama de su vida. Escenificó una toma del Parlamento por parte de su ejército para dar publicidad a sus ideas románticas y pedir el retorno a la cultura sagrada de los samuráis. Añoraba los días de los caballeros guerreros como una manera de acceder a la pureza del espíritu japonés. Su sexualidad pervertida detrás del escenario y su automutilación reflejan la manifestación de la oscura cicatriz oculta del Cuatro. Acabó con su vida escenificando su propio suicidio en público ante los medios.

«La vida del muchacho» es una excelente película sobre la relación entre un adolescente Cuatro, su padre adoptivo Ocho y su madre Dos.

Charlie Chaplin es un ejemplo de Cuatro sexual. Aunque representaba a un humilde y amable vagabundo, Chaplin arruinó su vida real persiguiendo a mujeres jóvenes. La película «Chaplin» es un retrato precioso hecho por un actor que tiene su misma fijación, Robert Downey Jr.

El siguiente poema de R. D. Laing ilustra perfectamente el anhelo del Cuatro de ser amado y su ciclo interminable de búsqueda fuera de sí mismo para confirmar su valía.

¿Me amas?

Ella: ¿Me amas?
Él: Sí, te amo.
Ella: ¿A la que más?
Él: Sí, a la que más.
Ella: ¿Más que al mundo entero?
Él: Sí, más que al mundo entero.
Ella: ¿Te gusto?
Él: Sí, me gustas.
Ella: ¿Te gusta estar cerca de mí?
Él: Sí, me gusta estar cerca de ti.
Ella: ¿Te gusta mirarme?
Él: Sí, me gusta mirarte.
Ella: ¿Piensas que soy estúpida?
Él: No, no pienso que seas estúpida.

Ella: ¿Piensas que soy atractiva?
Él: Sí, pienso que eres atractiva.
Ella: ¿Te aburro?
Él: No, no me aburres.
Ella: ¿Te gustan mis cejas?
Él: Sí, me gustan tus cejas.
Ella: ¿Mucho?
Él: Mucho.
Ella: ¿Cuál te gusta más?
Él: Si digo una, la otra se pondrá celosa.
Ella: Tienes que decirlo.
Él: Ambas son exquisitas.
Ella: ¿Honestamente?
Él: Honestamente.
Ella: ¿Tengo unas pestañas bonitas?
Él: Sí, tienes pestañas bonitas.
Ella: ¿Te gusta olerme?
Él: Sí, me gusta olerte.
Ella: ¿Te gusta mi perfume?
Él: Sí, me gusta tu perfume.
Ella: ¿Crees que tengo buen gusto?
Él: Sí, tienes buen gusto.
Ella: ¿Crees que tengo talento?
Él: Sí, tienes talento.
Ella: ¿Crees que soy perezosa?
Él: No, no creo que seas perezosa.
Ella: ¿Te gusta tocarme?
Él: Sí, me gusta tocarte.
Ella: ¿Crees que soy divertida?
Él: Solo en el mejor sentido.
Ella: ¿Te estás riendo de mí?
Él: No, no me estoy riendo de ti.
Ella: ¿Me amas de veras?
Él: Sí, te amo de veras.

Ella: Di: «Te amo».
Él: Te amo.
Ella: ¿Quieres abrazarme?
Él: Sí, quiero abrazarte, y acariciarte.
Ella: ¿Está eso bien?
Él: Sí, eso está bien.
Ella: ¿Juras que nunca me dejarás?
Él: Juro que nunca te dejaré, cierro mi corazón y espero morir si digo mentira.
(Pausa)
Ella: ¿Me amas realmente?

R. D. Laing

Ejemplos por subtipo

Conservación: intrépidos

Bette Davis, Steve Martin, Teri Garr, Paul Simon, Roberta Flack, Peter Lorre, Edith Piaf, Scarlett O'Hara, Sammy Davis Jr., Jack Lemmon, Japón.

Social: vergüenza

Judy Garland, Buster Keaton, Kate Wolf, Neil Young, Leonard Cohen, Marisa Tomei, Jonnhy Depp, Jackie Gleason, Cathy (dibujos animados), cultura gay de San Francisco.

Sexual: competición

Marlon Brando, Ingrid Bergman, Charlie Chaplin, Michelle Pfeiffer, Val Kilmer, Willem Dafoe, Robert Downey Jr., Billie Holiday, Jimi Hendrix, Van Morrison, Simone de Beauvoir, Madame Butterfly, Yukio Mishima, Italia.

Esquizofrénicos paranoides: los puntos del miedo

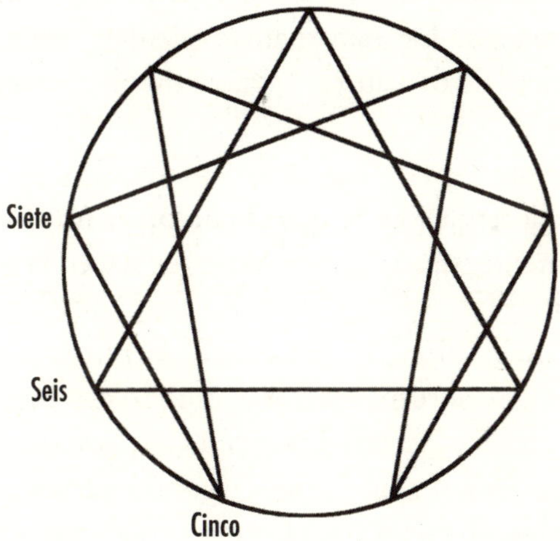

Cuando experimentas tu propio miedo, te vuelves intrépido.
Todos los demás miedos se funden con ese miedo.
Si tienes miedo de ese miedo, entonces serás temeroso.
Sé intrépido, y todos tus miedos huirán.

KABIR

En los puntos del miedo, la fijación está cristalizada en el cuerpo mental. La inteligencia vacía está velada por la mente parlante que se llama a sí misma inteligente. Estas son aquellas personas que temen el miedo. Vivir en la mente es una manera de evitar la emoción del miedo. Por tanto, estos puntos usan su mente para protegerse de lo que perciben como un mundo amenazante. Como estilo, los puntos del miedo se alejan de la gente.

A estas personas a veces se las llama el grupo de los «hacedores», y siempre están afrontando una intensa polaridad entre hacer e intentar decidir qué hacer. Este también es el hogar del diálogo interno. Todas las fijaciones tienen diálogo interno, pero los puntos del miedo —y en particular los Seises— son especialmente adictos. Están poderosamente absorbidos por ideas u objetos internos, lo que tiende a impedirles actuar de manera clara y decidida.

Los Seises se esconden detrás de sistemas de creencias para evitar los instintos primarios. De esta manera pierden conexión con sus instintos profundos. Esto, a su vez, genera dudas y comportamiento indeciso.

Los Seises siempre están buscando un modelo de la conducta correcta. Tienen la sensación de que el cuerpo es un instrumento de la mente, y si la mente supiera lo que tiene que hacer, la acción podría fluir sin esfuerzo.

Los Cincos reúnen información y conocimiento para protegerse de la amenaza de sentirse abrumados por el mundo externo, o de caer en el agujero negro interno. Como se sienten coaccionados por las relaciones externas, se retiran a un mundo mental interno.

Los Sietes establecen conexiones laterales entre temas no relacionados a fin de crear una despampanante exhibición de virtuosismo. De esta manera distraen tanto a quien los escucha como a sí mismos, del contacto emocional profundo, y así evitan el dolor. Para compensar su terror ante la posibilidad de estar presentes en el momento, los Sietes elaboran interminables planes y opciones que pueden percibir como «mantenerse abiertos a la voluntad de Dios».

~

Punto Seis: el punto central del miedo

Esencia:	Vacío, Pura inteligencia
Idea sagrada:	Confianza
Camino santo:	Coraje
Rasgo principal:	Paranoia
Pasión:	Duda
Idealización:	«Soy leal»
Estilo de discurso:	Establecer límites
Trampa:	Seguridad
Mecanismo de defensa:	Proyección
Evitación:	Perversión
Dicotomía:	Dominación/Rendición
Subtipos:	Conservación: calidez Social: deber Sexual: fuerza/belleza

El Seis es el punto esencial del miedo. Tal como encontramos una aparente ausencia de ira en el punto esencial de la ira y una aparente falta de histeria en el punto esencial de la histeria, también hay una aparente ausencia de miedo en el punto esencial del miedo. Los Seises son el punto del Eneagrama más disociado de la emoción del miedo. El miedo congelado y no experimentado obliga al Seis a adoptar estrategias que producen una percepción de seguridad.

Los Seises viven en el cuerpo mental para evitar el miedo. Este es el hogar de la psicología y de la fría lógica. Este es el lugar de los jugadores de ajedrez, de los filósofos y del diálogo interno. El famoso dicho de Descartes: «Pienso, luego existo» resume la fijación del Seis.

Los Seises siempre están tratando de entender el mundo en su cabeza, mantienen continuas conversaciones consigo mismos y comentan incesantemente lo que están experimentando.

Como vive en la mente, el Seis pierde contacto con las emociones y con el cuerpo, lo que le produce incertidumbre y duda. El problema para el Seis es entrar en acción; generalmente realiza miles de viajes mentales entre la idea y su plasmación.

Para apreciar el estado en el que viven los Seises, imagina que estás durmiendo en una casa de campo una noche de tormenta. Estás en el piso de arriba, en la habitación, completamente solo. De repente, despiertas porque crees haber oído un ruido, aunque no estás seguro. Te quedas tumbado en la cama, conteniendo la respiración, escuchando, alerta a cualquier sonido. Mientras intentas escuchar, una voz en tu cabeza grita: «¿Lo he oído o ha sido mi imaginación? Cállate, que no puedo oír. ¿Qué ha sido eso? ¿Es solo mi mente? ¿Hay realmente alguien ahí fuera? ¡Oh, cállate y déjame pensar!».

Esto se aproxima al estado del Seis. Siempre vigilante ante el peligro que se avecina, esperando la siguiente señal de amenaza, el Seis tiene dificultades para entrar en acción y se siente agotado. Cuando llega esa segunda señal, cuando se confirma el sonido en la planta baja de la casa, puede hacerlo. Cuando el peligro es real y está definido, el Seis se convierte en el héroe. Por eso suele haber Seises entre los conductores de ambulancia, los trabajadores de urgencias de los hospitales, los policías y los atletas profesionales.

Ante la ausencia de un peligro real o de una estructura organizacional a la que tenga que ser leal, su pauta vital de comportamiento suele estar marcada por la indecisión. Los falsos comienzos y las paradas no deseadas pueden ser como una plaga en la vida del Seis. Tuve un paciente Seis que estudió tres programas de doctorado, pero nunca escribió la tesis para ninguno de ellos. Los Seises a menudo detienen su carrera a medio camino y deciden probar alguna otra cosa.

Usan la lealtad a una organización para evitar los comienzos falsos y los parones repentinos. El ejército, la policía y los equipos deportivos son hábitats naturales para el Seis. La lealtad y el compromiso con la organización los mantiene en funcionamiento. Un Seis que tenía un pequeño negocio fue a trabajar seis días a la semana durante treinta años impulsado por su sentido del deber hacia su familia y la lealtad hacia su empresa. Un factor que ayudaba era que su padre, un Ocho, era su socio comercial.

Si bien las organizaciones y la estructura pueden mantenerlo en funcionamiento, en general el Seis considera que los que están al mando son incompetentes. A pesar de este punto de vista, tiene miedo de hacer frente a la autoridad. Teme que, si presiona demasiado la estructura, esta se venga abajo y sobrevenga el caos. Es el miedo de Freud hacia el *id*, la bestia simbólica de las profundidades, peluda, polimorfa y perversa, que el ego debe mantener encerrada. Así, los Seises critican constantemente la autoridad. Chismorrean y hablan a sus espaldas, pero raras veces se involucran en un enfrentamiento directo a menos que se sientan seguros. Les gusta mantener un orden jerárquico claro, lo que a su vez refleja el orden interno necesario para controlar los temidos impulsos primarios.

Como consideran que el cuerpo es un instrumento de la mente, muchos Seises se convierten en atletas profesionales. A menudo la descarga física del deporte drena parte de su energía paranoica. Pueden ser adictos a correr o cinturones negros de karate. En las artes marciales y otros deportes profesionales, el área de combate está claramente delineada, lo que les permite concentrarse y conseguir buenos resultados.

Freud era un Seis, y se puede decir que la psicología freudiana es la estructura creada por un hombre Seis para analizar mujeres histéricas. A los Seises les encanta entender, y están especialmente interesados en la mente y su funcionamiento. También pueden sentirse atraídos o fascinados por la locura y lo que está más allá de la mente. Los Seises a menudo visitan los departamentos de psiquiatría o se hacen psiquiatras, para contemplar cómo la locura y el caos pueden actuar más allá de los límites lógicos de una mente ordenada.

Como siempre están alertas ante la amenaza, los Seises pueden ser excelentes observadores. Y tienden a mirar más allá de la escena concreta para captar el verdadero significado. No ignoran ni pasan por alto la información que tienen delante; más bien buscan el significado detrás de la apariencia. El constante estado de alerta ante el peligro también ha desarrollado sus capacidades psíquicas. Todos los psíquicos profesionales que he conocido eran Seises.

La gran tragedia de la fijación Seis es el terror profundo a estar solos, que queda encubierto por la idea fuertemente defendida de una falsa independencia y la determinación de hacerlo todo por sí mismo. Esto enmascara su profundo terror a ser incompetente, a no saber qué hacer y, por tanto a ser abandonado. Muchos Seises hablan del miedo a caer en un agujero negro y deambular en el espacio sin saber qué hacer, sin contactos y sintiéndose completamente olvidados por Dios. La mente Seis usa este miedo primario para identificarse con la fijación Cuatro. La diferencia es que el problema del Seis no es el abandono, sino más bien el *miedo* a ser abandonado.

He visto a muchos Seises que, en la creencia de que deben hacerlo todo por sí mismos, dan la espalda a la auténtica ayuda que les llega. A menudo se reúnen en talleres y diversas comunidades espirituales. Pero he visto muchos Seises que, después de sentarse a los pies de un maestro y de que su mente se detuviera gracias a la transmisión de gracia del gurú, se levantan y se van para no volver nunca, porque «tienen que hacerlo por sí mismos».

Pasión: duda

La pasión que dirige la máquina del Seis es la *duda*. Duda de todo. Esta se manifiesta en primer lugar en el diálogo interno, al dudar de sí mismo y del mundo. Después de aprender algo sobre el Eneagrama, la mayoría de los Seises dudan de serlo. En primer lugar, los llena de incertidumbre el hecho de que se los clasifique siguiendo un sistema y se los confine en una casilla. Explican que no les gusta ser clasificados. Cuando deciden dar al sistema una oportunidad de probar su eficacia, suelen descartar ser Seises muy rápidamente. Esto ocurre porque son mucho más conscientes de su ira o de su tristeza que de su miedo.

El Seis conservación puede ser mucho más consciente de su deseo de ayudar a los demás que de su miedo. Así, muchos Seises conservación se clasifican a sí mismos como Doses. Otros creen ser Cuatros,

Cincos, Sietes u Ochos. Cuando se les pregunta por una emoción profunda, a menudo dicen: «Creo que estoy sintiendo...» o «Me siento confuso». Por supuesto, la confusión es un estado mental, no un estado emocional. Esta distinción suele ser terreno virgen para la mente que duda.

La pasión de la duda se manifiesta en la creencia del Seis de que hay un significado escondido detrás de la apariencia. Al buscar constantemente lo oculto, duda de lo obvio. Puede parecer que el Seis está de acuerdo contigo, aunque secretamente dude de tus motivos.

La duda también se manifiesta en su incapacidad de ponerse en marcha. En el Seis, dejar las cosas para mañana escenifica el dilema de Hamlet: «Ser o no ser». Los Seises dudan de sus habilidades y de que sus elecciones sean las correctas. Después dudan de sus dudas.

Como viven en el ámbito mental, donde todo es posible, les falta la base para hacer comprobaciones en la realidad. En lugar de sentir «sensaciones viscerales» y actuar a partir de ellas, los Seises las evitan para soslayar el miedo y la posible perversión de los impulsos primarios.

Entorno infantil

Los Seises a menudo tuvieron un progenitor incompetente, generalmente el padre. Es posible que su padre fuera alcohólico, o que fracasara en los negocios, o simplemente que estuviera ausente de la familia. No obstante, a nadie externo a la unidad familiar se le permitía conocer este secreto.

Los Seises suelen contar que a los cinco o seis años ya tenían que cuidar de mamá. Suelen sentir que tuvieron que asumir un papel de adultos antes de estar preparados. Su sentimiento de incompetencia se convierte en la raíz de sus dudas. El hecho de haber tenido un padre incompetente se manifiesta posteriormente como desconfianza hacia la competencia de la autoridad. Todo esto lleva a los Seises a dudar de sí mismos y del mundo, y a creer que las cosas no son lo que parecen. También los conduce a buscar continuamente héroes, para bajarlos enseguida del pedestal. Al sentirse traicionados por sus padres, los Seises se hacen adictos a la autotraición, proyectada continuamente como una traición externa. Que a su vez, se convierte en la justificación para traicionar en secreto en nombre de la verdad y de la decencia.

Los Seises suelen decir que en su infancia hubo algún secreto familiar. Podría ser que mamá fuera alcohólica, o que uno de los niños fuera adoptado. La familia de un Seis cuyo padre cayó en la bancarrota se trasladó a otra ciudad. Dijeron a todo el mundo que habían vendido el negocio para trasladarse allí. El secreto familiar crea una mentalidad de estar en zona de guerra. Existe un estrecho vínculo de lealtad a la familia y una alerta constante para asegurarse de que nadie externo se entere. Esto cristaliza en la idealización de la lealtad. En nombre de ella, se produce a menudo una autotraición, proyectada externamente como una traición del padre.

En la infancia, el Seis conservación muchas veces sintió que su supervivencia peligraba. Un Seis conservación dijo que era asmático y que de niño había estado a punto de morir. Otro casi se había estrangulado en la cuna. Al revivir la sensación, le parecía que allí no había nadie competente a quien pedir ayuda, había tenido que gritar para garantizarse la supervivencia.

Otro Seis conservación describe la sensación de peligro que sentía cada vez que su padre Ocho alcohólico estaba de mal humor:

> *Recuerdo que era castigado casi al azar. Los castigos dependían más del estado de ánimo de mi padre que de mis actos. Cuando él se enfadaba, yo me sentía aterrorizado, y nunca sabía qué tenía que decir para «ahorrarme problemas». Tuve que aprender a sensibilizarme a sus estados de ánimo. Sabía cuándo era el momento adecuado para pedirle algo y cuándo tenía que hacerme invisible. Él pasaba casi todo el tiempo trabajando o en los bares. Cuando estaba en casa, a veces se mostraba cálido, amoroso y era divertido estar con él. En otras ocasiones, era como una bomba de relojería dispuesta a explotar sobre cualquiera de nosotros. Si estaba de mal humor, todos teníamos que guardar silencio y apartarnos de su*

> *camino. Si me oía jugar, pelearme o reír podía enfadarse. Recuerdo que temía que me matara si lo hacía enojar. Posteriormente, mi madre estuvo de acuerdo en que cabía esa posibilidad.*

En el Seis sexual a veces encontramos profundos traumas natales. Los Seises sexuales a menudo hablan de nacimientos sangrientos o peligrosos, en los que la sangre, el sexo, el nacimiento y la muerte se combinan en un nudo terrorífico. Por ello, puede haber un miedo profundo en torno a cualquiera de estos temas.

En la infancia de la mayoría de los Seises, el hombre del saco espera dentro del armario. Se asustan a sí mismos con sus pensamientos y pesadillas. Estos niños tienden a juzgarse a sí mismos y creen en su capacidad de dañar a otros con sus pensamientos. Este proceso mantiene los malos pensamientos fuera de la conciencia, aunque produce un asedio del inconsciente que inhibe todavía más su capacidad de actuar.

Idealización: «Yo soy leal»

La idealización del Seis es «yo soy leal». Comienza a una edad muy temprana en el seno de la familia. Y el Seis a menudo conserva esta lealtad familiar toda su vida. Esta también se transfiere al grupo o a la organización. Los Seises son jugadores de equipo. La sensación es: «Si todos hacemos nuestro trabajo conjuntamente, podemos salir de esto con vida». En el Seis, el sentimiento de estar compartiendo trinchera en una zona en guerra genera un profundo vínculo de lealtad.

El coronel marine Oliver North era un Seis leal al servicio del presidente Reagan. North fue el héroe que recibió alegremente la metralla en su pecho por proteger a su comandante en jefe. Así, North protegió las actividades ilegales del presidente, asumiendo toda la responsabilidad de la venta de armas a Irán y de abastecer a los terroristas nicaragüenses.

El otro lado de la lealtad es el sentimiento de traición. Los Seises son leales mientras perciben la lealtad de su grupo. Cuando creen que han sido traicionados, pueden sentirse justificados para traicionar.

Estilo de discurso: establecer límites

El estilo de discurso del Seis es *establecer límites.* Esto significa mantener las cosas en un nivel manejable. El pensamiento grandioso del Ocho, por ejemplo, se verá compensado por el deseo del Seis de mantener las cosas en unas proporciones manejables.

Woody Allen habla de crear proyectos de bajo coste. Le encanta limitar el escenario de sus películas a un único apartamento. Siente que, al realizar un proyecto pequeño, aunque no consiga ganar dinero, el estudio le permitirá emprender el siguiente.

La estrategia de establecer límites puede manifestarse en la manera de hablar del Seis cuando busca actuar correctamente para no cometer errores, con el objetivo de evitar críticas o ataques. En la cita siguiente, un Seis, ilustra que establecer límites puede ser una forma de averiguar las reglas del juego para evitar el peligro de ir más allá de lo que los demás esperan de uno:

> *En mis relaciones con la gente, siento la necesidad de ser «claro» en todas mis comunicaciones. Ser claro significa que yo entiendo lo que quieres o esperas de mí, y que he dado a conocer mis sentimientos e intenciones. Tengo la sensación de tener que comunicar a todos lo que necesito para cubrirme las espaldas. Quiero asegurarme de no ser la diana de la ira, la crítica o la decepción ajenas. Tengo la sensación de ignorar cuál es el comportamiento adecuado, y deseo saber cuáles son las reglas, los parámetros, los límites dentro de los cuales estoy seguro. Por ello siento la necesidad de comunicarme con claridad, para averiguar cómo debo ser y lo que debo hacer o dejar de hacer para no meterme en problemas.*

La desconfianza hacia la autoridad —que generalmente surge de los sentimientos infantiles de que sus padres no eran competentes para cuidar de él— puede expresarse en la manera de hablar del Seis como un cuestionamiento de la persona que ocupa el lugar de poder. La pegatina: «Cuestiona la autoridad», es un eslogan Seis.

Un Seis dijo:

> *Me veo a mí mismo como alguien exigente con la autoridad, pero no lo llevo hasta el extremo, porque entonces empezaría a dudar de los demás extremistas con los que estoy. Si ellos son leales y yo puedo tener establecidos unos límites, entonces puedo ir a por ello. Pero no quiero estar sujeto a esta locura. Necesito saber adónde voy.*

Otra Seis dijo que no cuestionaba la autoridad directamente, pero atacaba al poder compartiendo sus críticas con personas de mentalidad afín. Cuestionar la autoridad entre bambalinas le daba la sensación de ser ella la que realmente tenía el poder. Añadió que confrontar la autoridad de forma directa le resultaría terrorífico. Algunos Seises están más dispuestos a confrontarse que otros, pero todos quieren permanecer dentro de unos límites que consideran seguros.

La trampa: seguridad

La trampa del Seis es la *seguridad*. Los Seises prefieren renunciar a aventuras relacionadas con lo desconocido con el fin de mantenerse seguros dentro de la actual estructura. Cuando surge la idea de riesgo, la seguridad se convierte en una prueba para determinar si deben emprender alguna acción. Esto, a su vez, les produce duda y vacilación.

Para el Seis, la seguridad consiste en saber que el riesgo está limitado, o que se van a seguir ciertos parámetros en la acción que se está considerando. Conocer con anterioridad las opciones y las posibles consecuencias también genera una sensación de seguridad. No obstante, esto exige prever el futuro, lo que produce dudas. Un Seis dijo: «Debo sentirme seguro antes de empezar a moverme». Como la seguridad depende de una proyección mental hacia el futuro, proyectan, examinan, dudan y repiensan todas las situaciones posibles. Esto paraliza cualquier acción.

Como la inseguridad da lugar al miedo, y el miedo puede ser evitado por medio del pensamiento, cuando surgen asuntos relacionados con la seguridad (y esto puede suceder continuamente), la mente empieza a acelerarse. Esta es una estrategia para evitar el miedo a lo desconocido.

Una Seis dijo haber entendido que todas las decisiones que había tomado en su vida habían estado basadas en el miedo.

Una palabra que surge mucho en el vocabulario del Seis es «interesante». Con este comentario libre de compromiso y mentalmente disociado, el Seis oculta su verdadera opinión y se mantiene seguro y conectado.

Mecanismo de defensa: proyección

El mecanismo de defensa del Seis es la proyección. La película «El tesoro de Sierra Madre» da un excelente ejemplo de esto. Bogart hace el papel de un mendigo que, tras descubrir oro en la Sierra Madre mexicana, se vuelve paranoico y proyecta su avaricia en otros. Después traiciona a sus camaradas, y se siente justificado porque ha proyectado la traición en ellos. La escena en la que baja de la montaña hablándose a sí mismo es el clásico retrato del Seis que está perdiendo el juicio.

Para compensar los sentimientos de miedo y desconfianza, los Seises pueden proyectar motivos hostiles en quienes los rodean. Como siempre están dudando y buscando el significado oculto, tienden a proyectar motivos encubiertos en la conducta de los demás. Un Seis enamorado de la secretaria del jefe podría musitar: «¿Por qué me dio ese aumento de sueldo? Es posible que se haya enamorado de su secretaria y quiera quitarme de en medio».

A menudo el padre se proyecta en las figuras de autoridad. Los Seises pueden rebelarse subconscientemente contra su padre traicionando a su jefe.

Evitación: perversión

Los Seises evitan la perversión. Hay un profundo miedo al *id* perverso polimorfo. Se cree que la energía primaria de la sexualidad es una fuerza salvaje e imprevisible que, si se le permitiera manifestarse libremente, podría volverse perversa. Este miedo, y el movimiento resultante hacia la mente, está descrito con claridad en un sueño que un Seis compartió:

> *Llegué a una casa muy grande. Era muy amplia y moderna por dentro. En la vivienda me encontré con personas conocidas y desconocidas. Yo estaba dormido en una habitación lateral que era más vieja. Había una escalera que bajaba al sótano. Sentí miedo al pasar junto a ella. Miedo de algo que estaba allí abajo. Creí que era algo oscuro y malsano. Entonces me dormí en esa habitación lateral. Pronto me desperté aterrorizado, sintiéndome poseído por lo que había en la bodega. Había entrado en mi cuerpo. Me sentí congelado de terror e incapaz de moverme o gritar. Algo alienígena e insalubre parecía estar controlando mi cuerpo.*
>
> *Dije «NO» con fuerza, muchas veces, a lo que estaba poseyendo mi cuerpo. Pensé que era algo de fuera, negativo y malvado, y que no debía permitirle tomar posesión de mí. Era extraño. Durante unos momentos, mientras decía «NO», mi cuerpo se quedó congelado y mi rostro, contraído como el de un monstruo.*
>
> *Después me fui de esa parte antigua de la casa en busca de un espacio donde pasar la noche, o de alguien que me ayudara a entender eso de lo que tenía tanto miedo. Quería volver allí con ellos y ver qué era. Tenía demasiado miedo para estar solo.*
>
> *Al entrar en aquella casa grande, la habitación de estilo abierto era enorme, como un granero. En la pared había cientos de interruptores de luz. No sabía cuál pulsar. Intenté con varios hasta que hubo algo de luz en la habitación. Después subí las escaleras. Una puerta acolchada conducía al cuarto de música. Era como un*

> *cuartel general. Allí encontré a un amigo entre todo tipo de equipos musicales, ordenadores, etc. Pensé que aquella estancia era segura. Tenía vistas a la gran sala de la casa parecida a un granero y una ventana por la que se podía mirar. De repente, ESO agarró mi cuerpo y empezó a arrastrarme hacia la ventana con la intención de empujarme a través de ella.*

Como contraposición al miedo, a veces los Seises hacen una exhibición de valentía forzada y machismo. Un ejemplo son los anuncios de *Miller time,* en los que los hombres están en el bar contando chistes verdes, aplastando latas de cerveza con las manos y escupiendo en el suelo. Los Seises necesitan probar su masculinidad, a veces desempeñando el papel de policías motorizados o sargentos de instrucción.

La cultura española, con sus corridas de toros y el flamenco, los tacones altos y las navajas, tiene el sabor del machismo del Seis sexual, teñido de sexualidad peligrosa.

Una mujer Seis, profesora de arte, me dijo que sentía que, si alguna vez se soltaba y expresaba realmente su sexualidad, se haría prostituta. Por eso solo tenía aventuras con hombres casados, con los que se sentía segura.

Como se niegan a sentir las profundas emociones primarias para evitar el miedo y la perversión, a veces los Seises tienen problemas con las erecciones erráticas o con el orgasmo. Estas afecciones también están relacionadas con los efectos disociadores del diálogo interno. Consideran que el sexo es una actuación en la que la mente es el observador y el comentarista. Esto queda potenciado en el Seis sexual, para el que el sexo es una actuación y una traición. La pornografía de escolar católica de Madonna es un buen ejemplo de esto llevado al extremo.

Dicotomía: dominación/rendición

La dicotomía es *dominación/rendición*. Ambos estilos son estrategias para lidiar con una amenaza. El Seis dominante puede adoptar una postura beligerante y peleona para quitarse la amenaza de encima. La apariencia externa podría ser una postura hostil, con el ceño fruncido, agresiva con los extraños. Sin embargo, esto colapsa rápidamente y se convierte en rendición al enfrentarse a la autoridad.

La cultura alemana es un Seis, y su postura es la del Seis dominante. Los militares y la policía también son ejemplos del estilo dominante del Seis. Lidian con la paranoia del peligro que acecha mediante la valentía machista. El cinturón negro de karate que deambula por vecindarios duros es otro ejemplo de este estilo.

El Seis rendición, por otra parte, está interesado en establecer alianzas para desviar la amenaza. Muchos Seises conservación son Seises rendición. Para desviar el ataque, transmiten la sensación de ser inofensivos y brindan ofrendas de lealtad y cooperación. Aunque un lado de la dicotomía es más prominente, el contrario está en el trasfondo, esperando la oportunidad para expresarse. Una Seis describe el juego de la dicotomía:

> *Me he dado cuenta de que a veces me muestro prepotente y autoritaria, y otras veces soy más pasiva y sumisa. Depende de si pienso que estoy segura o no. Si creo que estoy muy segura y que la persona con la que estoy tratando está en el lado débil, entonces es posible que sea más dominante. Aunque si pienso que el otro es más fuerte, me rendiré. Y esto ocurre muy intuitivamente. Pero me doy cuenta de que, en ciertas situaciones grupales, soy muy prepotente. En mi relación primaria, que es con un Seis, cambiamos constantemente para ver quién ocupa la posición prepotente y quién se rinde. Estas dos respuestas se producen cuando siento miedo y la necesidad de protegerme de alguna manera. Son dos formas de control, de defenderme contra la pérdida de él.*

Subtipos

Conservación: calidez

Los Seises conservación son *cálidos*, personas cuidadoras que desvían la amenaza o el peligro brindando su ayuda a los demás. El Seis cálido, a veces comparado con el conejo inofensivo, ayuda a los otros. Woody Allen personifica este subtipo. En el estilo y en el estado de ánimo de sus películas, prevalece una sensación de calidez y cuidado.

Un hombre que participó en un retiro del Eneagrama describió este estilo del Seis tal como puede manifestarse en el ámbito de las relaciones:

> *El deseo de supervivencia me impulsa a hacer que el entorno no resulte amenazador y, para ello, evito al poder. Hago alianzas con aquellos que percibo como no amenazantes y con un poder igual al mío. Las alianzas con otros más poderosos no me parecen igual de seguras, porque siento una desconfianza subyacente hacia quienes tienen el poder. Con los que tienen menos poder tampoco son muy seguras, porque cabe el peligro de convertirse en la figura de autoridad y ser atacado, o de que se rebelen contra uno. Valoro la autonomía y la confianza en mí mismo. No estoy dispuesto a dejar que nadie exhiba poder sobre mí, y tampoco estoy dispuesto a exhibir poder sobre otros.*

El judaísmo europeo preholocausto era una cálida cultura Seis. Lidió con el terror a la supervivencia aparentando ser inofensivo y viviendo en la cabeza, con interminables discusiones y argumentaciones. Dado su amor al aprendizaje y al intelecto, el estilo tradicional judío europeo consiste en estudiar y debatir ideas abstractas durante todo el día. Al ser paranoide (tal vez con razón), su estilo se decanta por el lado de la dicotomía que corresponde a la rendición: no hay que resultar amenazante para desviar el ataque. El lado dominante aparece en la seguridad de las relaciones familiares. La ansiedad suele proyectarse sobre otras personas significativas.

En su mayor parte, los Seises cálidos de Europa no se fueron a la tierra prometida desconocida; fueron los que perecieron en los hornos. Esto es muy diferente del Israel de nuestros días, que es una cultura Ocho, fundada por pioneros y dirigida por personas que fueron terroristas en contra de los británicos.

Muy a menudo descubro que las mujeres terapeutas son Seises conservación. La terapia es un lugar seguro donde exponer las emociones, lo que les permite ayudar a la gente y disfrutar de su fascinación por la mente.

Inicialmente, los Seises cálidos suelen identificarse erróneamente como Doses. Sin embargo, en general, son más nerviosos que los Doses, y su motivación no es la seducción, sino la seguridad. La madre judía entregada a los suyos, a menudo identificada como Dos, es una Seis cálida disfrazada.

Algunos Seises cálidos se identifican como Nueves porque evitan el conflicto y la ira. Pero, mientras que la motivación del Nueve es el miedo a matar a alguien, la del Seis es el miedo a ser asesinado.

Social: deber

El Seis deber es el hogar del policía que va en motocicleta. Su estilo a menudo se caracteriza por un bigote recortado y el cabello cuidadosamente arreglado, a veces con un aspecto muy similar al corte tipo casco característico del Uno. El deber es la fuerza esencial que impulsa su vida. Siempre hay un fuerte sentido del deber hacia la familia, aunque uno se rebele conscientemente contra ella.

Una Seis social dijo que solo tenía amantes casados, porque temía que, si alguna vez contraía matrimonio y tenía hijos, su sentido del deber acabaría con sus logros profesionales.

Los Seises deber casi siempre mantienen una estrecha relación con sus padres, y el conflicto con la autoridad de estos continúa hasta una edad muy avanzada. Es posible que los Seises deber de mediana edad se sientan tensos con sus padres por tener que volver a «casa» por Navidad. Ellos casi siempre «cumplen con su deber», les guste o no.

Un buen diagnóstico para el Seis social es la pregunta: «¿Has ido a casa por Navidad?». La respuesta puede ser: «Sí», o: «No, este año no», o: «Detesto ir a casa», o: «Siempre voy a casa por Navidad», pero se percibe de inmediato que su «hogar» es el lugar donde viven sus padres.

Hamlet es un Seis social. Se muestra paralizado por la duda, y la obra de teatro gira en torno a su incapacidad para reaccionar contra el asesino de su padre, que ahora duerme con su madre.

Un Seis social que conozco tiene más de setenta años y ya está retirado. Trabajó metódicamente durante toda su vida y rara vez perdía un día de trabajo por su sentido del deber hacia su familia. Su padre, que ahora tiene más de noventa años, aún está vivo y se pelean todo el tiempo. Él sigue representando el papel del hijo consagrado a su deber, y su padre Ocho continúa abusando de él verbalmente. Pero esto no impide que mi amigo siga llamándolo cada día y visitándolo varias veces por semana.

Un hombre Seis dudaba de que el Seis fuera su fijación porque había huido de casa a los dieciocho años y nunca había mirado atrás. Al investigar su situación, resultó que se había unido a los Boinas Verdes, que fueron su familia durante los treinta años siguientes.

Sexual: fuerza y belleza

Los Seises sexuales son siempre fuertes o hermosos. Y establecen alianzas con compañeros fuertes o hermosos. Algunos Seises sexuales, siempre prepotentes y nunca rendidos, son contrafóbicos (se ven atraídos por el mismo peligro que temen). No todos los Seises sexuales son contrafóbicos, pero la mayoría de los Seises contrafóbicos son del subtipo sexual. Muchas de las personas que se tiran en paracaídas, muchos escaladores o dobles de escenas peligrosas entran en esta categoría.

Evel Knievel, posiblemente, llegó a ser el Seis contrafóbico más conocido de nuestra cultura. Obtuvo su reputación y se ganaba la vida doblando escenas locas y muy peligrosas. Falló al tratar de saltar con su motocicleta por encima de un desfiladero —casi le costó la vida—, pero volvió a intentarlo. Le dispararon desde cañones y se le fracturaron innumerables huesos. A pesar de haberse roto el cuello, la columna y todas las demás partes del cuerpo, siempre quería continuar.

España es una cultura Seis sexual. Las corridas de toros son una actividad clásica; un hombre guapisimo con pantalones apretados afronta la muerte con una capa y una espada. Un Ocho se limitaría a disparar al toro.

Una famosa torera española es una Seis sexual. En una entrevista dijo que de niña había decidido que, si no le iba bien como torera, se haría bombera u oficial de policía.

El baile flamenco, con sus castañuelas, sus hombros levantados y sus taconeos, también tiene el sabor del Seis sexual, como también el cuero negro y las navajas de la cultura machista.

Un Seis sexual que vino a uno de mis talleres era instructor de esquí. Decía que era más fuerte que cualquier otro hombre de la sala y que con los esquís puestos podía desafiar a la muerte, pero tenía miedo de acercarse a una mujer y pedirle una cita.

Brigitte Nielsen y Sylvester Stallone fueron un hermoso ejemplo de una pareja fuerza-y-belleza. Los Seises sexuales pueden considerarse a sí mismos Ochos, y Stallone puede retratar a Ochos en sus películas, pero normalmente es el Seis sexual el que trabaja su cuerpo, levanta las pesas o se hace culturista. La barriga de Jack Nicholson o el cuerpo de Robert De Niro, ambos Ochos, son muy diferentes del hermoso cuerpo musculado de Arnold Schwarzenegger, un Seis sexual.

Los Seises fuerza-y-belleza a veces son los más difíciles de ubicar en el Eneagrama. Muchas personas adoptan estilos de fijaciones diferentes y al principio no reconocen su punto del Eneagrama. Los Nueves que viven en bandas de motociclistas son un ejemplo. Los Seises sexuales, sin embargo, adoptan la mayoría de sus disfraces para evitar lidiar con el terror asociado con el sexo y la muerte.

Una Seis sexual que conozco está segura de ser una Dos. Considera que está dedicada a ayudar a otras personas, y le escandaliza la sugerencia de que es una Seis. Otra Seis sexual empezó la terapia pensando que era una Cuatro. Era artista —una persona sentimental, melancólica, con estados de ánimo cambiantes—, no una Seis, proclamaba. Los hombres Seis sexuales a veces se consideran Ochos. Un hombre Seis sexual, cinturón negro e instructor de aikido, está seguro de ser un Siete.

De todas las fijaciones, la más difícil de identificar es la del hombre Seis sexual belleza. El hombre Seis sexual que está en el lado de la dicotomía correspondiente a la rendición a menudo es un Seis belleza más que un Seis fuerza. Por lo tanto, puede parecer un cruce entre un Cuatro y un Siete: se viste como un Cuatro, pero practica *windsurf* como un Siete. La comunidad espiritual de Maui está poblada de Sietes y Seises sexuales belleza.

Otros ejemplos

Curiosamente, tanto la cultura alemana como la judía son Seis. Alemania representa el Seis social dominante. El deber hacia la familia y el reconocimiento del deber hacia la «madre patria» son posturas germánicas. Cuando caminan por la calle, los alemanes evitan el contacto visual. Su máscara social muestra cierta fiereza enojada. La taberna alemana es un fenómeno muy Seis. Por supuesto, el propio idioma alemán es un lenguaje de ciencia y lógica. El atractivo de Hitler descansaba sobre las amenazas paranoicas del «exterior» y también de los «otros», que ponían en peligro a la madre patria. También había una fuerte protección sexual, porque a Hitler le preocupaba la desfloración de las mujeres alemanas por parte de los judíos oscuros y malvados, que representaban el *id* situado en el sótano.

Dan White es posiblemente un clásico ejemplo del brote psicótico que puede afectar a los Seises. Estuvo en el ejército. Luego fue bombero y policía. Era un Seis social y consiguió el puesto de supervisor del condado de San Francisco. Después de algún tiempo renunció al cargo porque no ganaba lo suficiente para mantener a su familia. Casi de inmediato, el fallecido alcalde Moscone designó al primer político abiertamente gay para que cubriera su puesto. Esto tocó a White en lo profundo del subconsciente. Intentó retirar la renuncia y recuperar su puesto. Al no conseguirlo, fue al ayuntamiento y disparó y mató al alcalde y a Harvey Milk, el hombre designado para sustituirlo. En su defensa dijo que había enloquecido como consecuencia de una subida de azúcar provocada por unos caramelos que había comido.

Jim Jones, un Seis social, era el líder de un movimiento social de la clase trabajadora articulado en torno a su iglesia. Después de años de buen trabajo al servicio de la comunidad, llevó a sus seguidores a las junglas de Guayana, en América del Sur. Su paranoia fue en aumento: primero dijo que el gobierno de Guayana iba a por ellos, y después añadió al gobierno estadounidense. Cuando Estados Unidos envió al congresista John Ryan para investigar la situación, lo asesinaron. A continuación, Jones y casi toda su iglesia cometieron un suicidio ritual colectivo.

David Koresh, una figura mesiánica para sus seguidores, era un Seis con delirios paranoides de grandeza. En torno a él se desarrolló una secta que se armó para el Armageddon. Casi todos murieron en un fiero intercambio de disparos con agentes del gobierno.

El hombre Marlboro es un buen ejemplo del Seis bravucón. Steve McQueen también representa el estilo del Seis. George Lucas, el director de la trilogía «La guerra de las galaxias», es un ejemplo de un Seis social con éxito. En una entrevista reciente, habla de «poner riendas a» la emotividad de Francis Ford Coppola, de establecer límites y plazos. Sus películas de «La guerra de las galaxias» son la clásica encarnación del héroe Seis. Un niño sin padre que sale en busca de aventuras. Una figura paterna le enseña a confiar en «la fuerza», a luchar contra el lado oscuro y a descubrir que su padre es el villano traidor que debe ser destruido para bien de la civilización.

Tuve una paciente cuya historia ilustra la fijación del Seis sexual. Cuando tenía cinco años de edad, se enamoró de su padre Ocho, que-también se sentía atraído hacia ella. Él era fotógrafo y pasaba mucho tiempo en el cuarto oscuro, donde ella no podía entrar. Una día lo hizo y descubrió las revistas Playboy de su padre. La riqueza simbólica de colarse en la «habitación oscura» de su padre y encontrar fotografías de mujeres desnudas se imprimió en ella con gran profundidad. Aquellas imágenes la atraían profundamente, sentía rechazo hacia ellas y en último término le producían terror.

Poco después tuvo un sueño en el que estaba sentada en la mesa de la cocina a última hora de la noche (algo que nunca hacía a los cinco años). Mientras estaba allí, el «hombre del saco» salió de la habitación oscura de su padre con un gran cuchillo. La miró y dijo: «Voy al piso de arriba a matar a tus padres. Cuando acabe con ellos, bajaré a matarte a ti».

Cuando el hombre del saco empezó a subir las escaleras, ella intentó esconderse pretendiendo que estaba leyendo el periódico, aunque aún era demasiado pequeña para leer. Se quedó tan congelada por el terror que no gritó ni avisó a sus padres. Ese momento de quedarse congelada, de estar tan aterrorizada que el movimiento era imposible, cristalizó la fijación. A partir de entonces se sintió profundamente culpable, tanto por su incapacidad de actuar como por la posibilidad de que algo estuviera acechando bajo la superficie de su mente consciente.

Ejemplos por subtipo

Conservación: calidez

Woody Allen, Spike Lee, Dick Cavett, Gilda Radner, Ruth Bader Ginsburg, Billy Crystal, preocuparse, ir en bicicleta, la cultura judía europea.

Social: deber

Sigmund Freud, Adolf Hitler, George Lucas, Spock, Confucio, Hamlet, Oliver North, William Buckley, Dan White, Janet Reno, Bill Moyers, Luke Skywalker, los bomberos, los policías en motocicleta, los delanteros de equipos de fútbol, Alemania.

Sexual: fuerza/belleza

Sylvester Stallone, Brigitte Nielsen, Britney Spears, Arnold Schwarzenegger, Evel Knievel, Richard Gere, Steve McQueen, Kirk Douglas, Ursula Andrews, Sigourney Weaver, Madonna, Jamie Lee Curtis, Gloria Steinem, Dennis Rodman, Osho Rajneesh, las corridas de toros, los paracaidistas, España.

Punto Siete: el punto del miedo exteriorizado

Esencia:	Absorción
Idea sagrada:	Trabajo sagrado
Camino santo:	Sobriedad
Rasgo principal:	Planificación
Pasión:	Gula
Idealización:	«Yo estoy bien»
Estilo de discurso:	Historias
Trampa:	Idealista
Mecanismo de defensa:	Racionalización
Evitación:	Dolor
Dicotomía:	Inferior/Superior
Subtipos:	Conservación: familia extendida Social: mártir Sexual: sugestionable

El Siete es el punto del miedo exteriorizado. Son los encantadores, los estafadores y los viajeros cósmicos del Eneagrama. En el Siete, buscar fuera lo nuevo y lo diferente vela la esencia de la absorción interna.

Este es el hogar del pensamiento mágico. Los Sietes creen que, si tenemos muchos buenos pensamientos, todo saldrá bien al final. El mandamiento del Siete es: «No me hundas». Un Siete describe esto muy bien en la siguiente historia:

> *Siempre sentí que podía hacer lo que quisiera. Cuando tenía seis o siete años, quería volar. Me subí sobre el garaje y estaba a punto de despegar cuando pensé que tal vez fuera buena idea bajar y hacer una pila de agujas de pino, por si no funcionaba la primera vez.*
> *Entonces, bajé e hice una gran pila y después volví a subir. Sabía que, si realmente lo creía, podría hacerlo. Simplemente salté como si estuviera en un ala delta. Y me sentí muy asombrado al ver que caía. Entonces pensé que la razón por la que había caído era porque había hecho la pila y que, si no la hubiera hecho, habría volado.*

Peter Pan es la quintaesencia del Siete: enseñó a los niños que podían volar si tenían buenos pensamientos. «Piensa en caramelos y casi estás allí... ¡Pensar en la Navidad equivale a despegar!».

Los Sietes entran en tu vida para animarte. Es posible que te cuenten una historia entretenida cuando los lleves a cenar, «cantando para pagar su cena», por así decirlo. Podrían hacer el amor contigo para iluminarte, y después dejarte.

Este es el lugar de las nuevas ideas y del pensamiento Nueva Era. El LSD, la vida en comunidad y caminar descalzo por las calles con flores en el pelo... todo eso tiene el sabor del Siete. Los Sietes tomaban comida saludable mucho antes que el resto de nosotros. Cary Grant tomaba LSD y bebía zumo de zanahoria en los cincuenta. Gypsy Boots, un trovador Siete de los cincuenta, tenía su propia línea de comida saludable y sufría la fiebre de la dietética.

A los Sietes les encanta deslizarse sobre las nuevas ideas. Este es el lugar del pensamiento sintético o asociativo. Les encanta realizar combinaciones nuevas e interesantes. Pero no les gusta «aterrizar» para discutir la nueva idea de ayer por la noche o quedarse con un solo pensamiento para darle profundidad.

Estos son los pensadores del futuro. Para ellos, este hace el presente tolerable. Los Sietes siempre nos visualizan entrando en la edad de oro. Las cosas van a mejorar.

Pasión: gula

La pasión que hace funcionar la máquina del Siete se llama *gula*. No se trata necesariamente de gula alimenticia, sino de experiencias. Un Siete que se pasó toda la noche de fiesta y ahora está durmiendo se siente un poco preocupado por estar perdiéndose algo.

Cuando comen en el restaurante, los Sietes prefieren un bufé; elegir de la carta puede ser una dura prueba. Una vez que la elección está hecha, a menudo se arrepienten.

En último término, e independientemente de la fijación, solo hay una verdadera elección. Es la elección de ser libres de la atadura de identificarse con un cuerpo que tiene una fijación particular. Al estar dispuestos a dar la espalda a los fenómenos —renunciando a la búsqueda de la felicidad en la experiencia fenoménica—, uno se da cuenta de que la libertad es su condición presente y previa. Hacer que esta elección sea verdadera y definitiva, lo que es equiparable a rendirse, puede ser particularmente difícil para la fijación Siete. Es probable que convierta el deseo de trascender la fijación en una divertida aventura espiritual que sustente la estructura egoica del Siete, en lugar de erradicarla. Este es el informe de un Siete:

> *Cuando oí hablar de la «iluminación», pensé: «¡Vaya! ¡Qué bien suena!». Y sin embargo la cosa tenía que tener chispa. De modo que cuando leí un libro de un gurú indio que hablaba de la música, la danza y la sexualidad, ¡todo estaba bien! Esto realmente me atrajo hacia India, y por eso decidí vivir en la comuna durante siete años. El nombre que me dio el gurú es el nombre sufí de uno de los cien aspectos de Dios, y su significado es: «Dios es el destino». De modo que pensé: «¡No tengo de qué preocuparme!».*

El doloroso dilema de la planificación del Siete es que decidir algo específico, o decidir un curso de acción, equivale a morir a todas las demás posibilidades. A los Sietes esto les resulta intolerable. Ser capaces de cambiar de planes y de dirección de un momento a otro les produce la sensación de estar abiertos a la guía divina. Los Sietes sienten que forman parte del plan divino. Para no alterararlo, tienen que mantener sus opciones siempre abiertas.

Los Sietes suelen hablar de hacer cosas durante seis meses. Su pasión, la gula, les hace pasar de una relación a otra, de un trabajo a otro. Viajar es una parte muy importante de su mundo, porque les aporta nuevas experiencias constantemente. Todos los Sietes que conozco han viajado, a menudo haciendo autoestop y, generalmente gastando poco. Los Sietes fueron los primeros en descubrir las playas de Goa, en India, y hacían senderismo en Nepal antes de que se pusiera de moda. Muchos hacen múltiples peregrinaciones a India, y se van a nadar con los delfines.

Una Siete que conozco planeó trasladarse de San Francisco a Boston. Primero se fue a Hawái a hacer un taller, y después a Bali. Al volver a San Francisco hizo un breve viaje a Nueva York, y después se fue a Boston. El proceso de trasladarse a Boston le llevó más de un año. Por supuesto, una vez allí, ¡se fue a viajar por Europa!

No se trata necesariamente de personas acaudaladas, pues el Siete clásico vive de manera frugal con ingresos modestos. Conozco a un Siete chicano que creció en el barrio Este de Los Ángeles. Sigue sin tener mucho dinero, pero consigue pasar la mitad del año en Europa organizando talleres de taichí.

Entorno infantil

Los Sietes han vivido muchos tipos de situaciones infantiles. Inicialmente, esperaba que vinieran de familias bien situadas, y así es en muchos casos. Sin embargo, también hay ejemplos como el que acabo de mencionar. Este hombre era el quinto de siete hijos y compartía su cama con dos de sus hermanos. Su padre se dedicaba a trasladar muebles y los niños tenían que ayudarlo los fines de semana. Este Siete contaba chistes y veía las situaciones con ligereza; animaba al resto de la familia. Ahora escenifica monólogos en los que cuenta cómo creció en el barrio y viaja por ahí dirigiendo talleres.

Una mujer Siete describió que había crecido en una familia negra pobre, los abusones del barrio la habían perseguido y había pasado temporadas en las que la comida no era suficiente. Ella hacía que sonara divertido, deleitando al público con la historia. Dijo que en aquellos tiempos también se lo había pasado muy bien.

Un hombre contó que había tenido una infancia desdichada, llena de tensiones entre sus padres. Su solución era salir a jugar con sus amigos y hacerles creer que no pasaba nada malo.

Los Sietes a menudo cuentan que han tenido problemas con sus padres y han estado más cerca de sus madres. En el caso típico, adoptan una postura antimachista en la vida y abrazan el lado femenino. La vida del Siete a menudo es una señal a mamá de que todo está bien.

Idealización: «Yo estoy bien»

La idealización del Siete es «yo estoy bien». Se considera que los Sietes son los más narcisistas de todos los puntos del Eneagrama. Resulta raro encontrarlos en terapia, pues hace falta una crisis repentina para que la busquen, y no se quedan mucho tiempo.

Hace muchos años, un Siete vino a mí porque sabía que practicaba la PNL. Su padre lo estaba presionando mucho para que «creciera», y, de hecho, le pagaba la terapia. Cuando le pregunté qué quería realmente, respondió: «Mi chanchullo barato ya no funciona. Sé que el imperio se está cayendo y quiero seguir adelante hasta que se hunda. Me gustaría que usases la PNL para enseñarme a mentir más eficazmente».

Llegar hasta los Sietes puede ser muy difícil, porque han creado una estructura del ego que para ellos es como un estado de iluminación. Este es el significado de «yo estoy bien». Incluso más profundo que «yo estoy bien», la respuesta del Siete a cualquier guía espiritual es «yo sé». A menudo estas personas están iluminadas conceptualmente, puesto que lo han oído todo y lo han incorporado a una estructura de creencias estanca. «¿Vacío? Oh, sí, ya lo sé, todos somos uno», suele ser la respuesta del Siete ante el reto de ir más profundo que lo conocido.

Estilo de discurso: contar historias

El estilo de discurso del Siete se denomina *contar historias.* Son los estafadores del Eneagrama. Pueden ser encantadores, pues convierten cualquier suceso en una historia deliciosa. La obra de Broadway *The Music Man* es la historia de un Siete. El personaje principal es un viajante que viene a la ciudad para vender instrumentos musicales. Lo hace tejiendo una historia mágica sobre la futura banda de la ciudad que encandila a todo el mundo. Los niños ahorran sus monedas para comprar el sueño que el hombre de la música les vende.

Timothy Leary, un Siete, pasó de ser profesor de la Universidad de Harvard a cómico de clubes nocturnos, basándose en su capacidad para hacer reír a todo el mundo con su mente brillante y sus historias encantadoras. Hace unos años hubo un programa de arte relacionado con el ácido lisérgico en San Francisco. Tim Leary estuvo en la apertura. Anunció que tenía cáncer y que, como último gran viaje, iba a retransmitir su muerte en vivo por Internet.

Robin Williams es el clásico Siete. Sus monólogos ofrecen un tapiz de historias entretejidas con improvisaciones brillantes. Tal vez el mejor ejemplo de sus trabajos de este estilo es *Live at Carnegie Hall.*

La trampa: idealista

La trampa de los Sietes se llama *idealismo.* El idealismo forma parte de la manera en la que el ego justifica que está iluminado. Los Sietes son verdaderos idealistas: «Libertad, igualdad y fraternidad» es un lema Siete.

A los Sietes les encanta combinar lo alto con lo bajo. Una Siete que conozco trabajaba de profesora de aerobic en un banco. Estaba dispuesta a dejarlo, pero lo que la mantuvo en el trabajo fue el deleite de ver al presidente y al portero sudar juntos.

Los Cuerpos de Paz son una idea Siete; el sargento Shiver, el hombre que los fundó, era un Siete. Ser un embajador de la buena voluntad y ayudar al Tercer Mundo son propuestas surgidas del idealismo del Siete.

Este idealismo a menudo surge cuando el Siete está bajo presión y se mueve a la posición del Uno. Es muy raro que el Siete exprese enfado. En cambio, al moverse al Uno, se vuelve sarcástico y moralista con respecto a su idealismo. Es posible que sermonee a sus amigos sobre que hay que comer comida orgánica, o que se muestre mordaz para expresar ira desde la posición justificada de sus ideales humanitarios.

Mecanismo de defensa: racionalización

El mecanismo de defensa del Siete es la *racionalización*. Como todo forma parte del plan de Dios, cualquier cosa puede ser racionalizada. «Seguir el flujo» es un concepto Siete. (Esto ha sido actualizado en la comunidad espiritual como «Suelta, deja hacer a Dios»). Y sin embargo, el Siete continuamente está intentando manipular el flujo mediante la planificación. Esto es lo que hace tan difícil abrir su cápsula. Todo forma parte de la voluntad de Dios y todo conduce a una conclusión agradable. De modo que no te inquietes… relájate y disfruta del viaje.

Evitación: dolor

El Siete evita el *dolor*. Para lograrlo, vive las relaciones con ligereza y sin compromiso. Esto lo mantiene patinando en la superficie de la vida. Otra manera de hacerlo es mantenerse en la cabeza con su «pensamiento mágico» sobre el futuro. Su miedo al dolor es terrorífico, mucho peor que el dolor mismo. Sin embargo, la mayoría de los Sietes no lo saben, puesto que son muy hábiles a la hora de evitarlo. Con este fin, los Sietes siguen moviéndose, incluso cuando persiguen una nueva experiencia. La evitación del dolor los convierte en conversadores encantadores y, a veces, en pensadores brillantes. El pensamiento lateral del Siete y las nuevas conexiones que establece son intentos de disfrutar del momento y de evitar las posibles profundidades emocionales del dolor. La historia siguiente ilustra la evitación del Siete:

Mi amiga, que es una Siete, nunca se pierde una oportunidad de salir a comer. Cuando supo que su marido tenía cáncer, accedió a ir a comer con un grupo de amigas y lo dejó a él en casa. Durante la cena, dijo divertida: «Me casé con él para lo bueno y para lo malo, pero no para dejar de salir a comer». Después, comentó su enfermedad y el pronóstico, entre anécdotas y risas salpicadas de lágrimas. No estaba dispuesta a dejar que el cáncer de su marido y el dolor acabaran con una comida divertida.

En la cita siguiente, un Siete muestra cómo funciona para él el patrón de evitación. Incluso en la forma de decirlo, el orador parece jugar con el público, manteniendo un ambiente ligero y provocando algunas risas:

Veo que poner la televisión o hacer ciento una cosas pueden ser maneras de no tener que estar en el momento y sentir el dolor y el terror. Ya han acabado las clases que me mantenían en marcha constantemente. Raras veces me aburría. En los últimos tres meses, desde que me gradué, he dispuesto de mucho tiempo y me he sentido un poco incómodo. Pero creo que es responsabilidad mía no aburrirme. Si estoy aburrido, es porque no estoy usando mis recursos para generar diversión. Eso es lo que quiero y, maldita sea, ¡lo voy a conseguir! ¡De modo que aléjate, aburrimiento! (Risas).

Dicotomía: inferior/superior

La dicotomía del Siete recibe el nombre de *inferior/superior*. Cuando conocen a un nuevo grupo de gente, se sientan en silencio y evalúan el estatus y las relaciones de poder en el grupo. Cuando comprenden dónde encajan en la jerarquía, entran en acción.

Algunos Sietes manifiestan el lado inferior de esta dicotomía y siempre se ponen en la parte de abajo de cualquier relación. Los Sietes inferiores a menudo están buscando más información para poder tomar decisiones. Pueden ser fanáticos de los talleres en busca de un líder fuerte. El aspecto inferioridad puede quedar amortiguado en público, esto ocurre si solo permiten que el pensamiento mágico se manifieste en las relaciones más íntimas.

El aspecto superior de la dicotomía se manifiesta como el estafador o el encantador. Aunque aún no he conocido a ningún Siete sexual que manifieste el lado inferior de la dicotomía, he conocido a Sietes conservación y a Sietes sociales de ambos lados.

Subtipos

Conservación: familia extendida

Cuando la pasión de la gula usa el instinto de conservación, se la llama *familia extendida*. Los Sietes conservación se consideran parte de una familia extendida. Las comunas son una manifestación del estilo de los Sietes conservación. No todos ellos viven en comunas, pero todos consideran que su familia extendida es más cercana que la familia de sangre.

Un amigo mío es un Siete conservación y vive en Budapest. Fue uno de los pioneros en llevar la cultura Nueva Era a Hungría, cuando aún era un país comunista. Basándose en su familia extendida, consiguió viajar por todo el mundo, incluso muchas veces a California y Hawái, a pesar de tener muy poco dinero (el dinero húngaro no tenía valor fuera del país).

Social: mártir

El Siete social recibe el nombre de *mártir*. Estas personas a menudo parecen ser los maridos y las esposas perfectos. Pueden vivir siempre en el mismo lugar haciendo el mismo trabajo. Esto se debe a que están dispuestos a ser mártires y a sacrificar su fascinación por las nuevas ideas, por el bien de la familia. Nótese que esta postura es una variante del deber del Seis social; el sentido del deber hacia la familia genera el mártir en el Siete.

Un Siete social, un enfermero psiquiátrico de San Francisco, soñó durante años con llevar a su familia a viajar por Europa. Lo ha racionalizado como que quiere que sus hijos tengan la misma riqueza de experiencias que él ha disfrutado. Aunque ha conservado este sueño durante años, se dedica al trabajo práctico de la vida cotidiana, asegurándose de que sus hijos obtengan una buena educación. Se ha ofrecido mártir por el bien de su familia.

Otro Siete social, un líder de talleres con mucho éxito, vino con el fin de recibir terapia conmigo para iluminarse. Temía que esto lo obligara a renunciar a algunos de sus placeres, como las aventuras extramaritales. Casi estaba dispuesto a hacer eso por su esposa, a la que quería mucho. Pero, finalmente, no la quiso lo suficiente como para sacrificarse. Ahora están divorciados.

Sexual: sugestionable

La tendencia a *sugestionarse* del Siete sexual crea las condiciones para que tenga la «mente inquieta como un mono». Marcados por una capacidad de atención corta y por su eterna fascinación por lo nuevo y exótico, los Sietes sexuales son los verdaderos «viajeros cósmicos».

Es poco común encontrar a un Siete sexual en una relación a largo plazo. La relación continua más larga que yo he conocido ha sido de dos años. Son los gourmets que se mueven en autoestop y salen a explorar y disfrutar de la variedad de las culturas del mundo.

Aunque a veces se los calumnia diciendo que tienen la capacidad de atención de una gallina y la lealtad de una serpiente, los Sietes sexuales pueden ser amigos leales. Les encanta entrar en tu vida periódicamente y animarte, o ayudarte a lidiar con tus problemas. Siempre que no los necesites cuando están haciendo senderismo en el Himalaya o tomando el sol en Tailandia, pueden ser amigos a largo plazo, leales en sus propios términos. Pero no esperes que entren muy profundamente en tu dolor, y menos en el suyo.

Otros ejemplos

Tengo un amigo muy querido, un Siete sexual, que fue profesor de historia. Después de «dejarlo todo» a los veintitantos, participó en la escena espiritual *hippy* y vivió en diversas comunas espirituales. Al aproximarse a los cincuenta años, pensó que le gustaría establecerse. Decidió abrir una joyería en Connecticut o en San Francisco. Y planeó estar con nosotros unos pocos días cada año durante su peregrinación anual desde la Costa Este hacia India y Nepal.

Antes de irse a Asia, un año visitó varios lugares para ver dónde establecería su comercio. Al año siguiente, al volver de la Costa Este y dirigirse hacia el Oeste, nos dijo que definitivamente había limitado su elección a uno de tres posibles lugares en Santa Bárbara y San Francisco.

Al año siguiente una tienda quedó vacía en el lugar exacto que él estaba considerando. Al tener que afrontar una verdadera decisión, se dio cuenta de que en realidad no quería limitarse a ser un tendero. Varios años después aún sigue viviendo cómodamente de sus inversiones y preguntándose qué quiere ser de mayor.

Cary Grant, también un Siete sexual, creció en un barrio *cockney* de Londres. Se cambió de nombre, adquirió un nuevo acento y su encanto natural lo llevó a ser famoso. En una ocasión, cuando le preguntaron cuál era el secreto de su éxito, dijo: «Ten siempre un buen bronceado».

Cuando le preguntaron cuál era el secreto de su éxito con las mujeres, Porfirio Rubirosa, el *playboy* dominicano de los años cincuenta, dijo: «Siempre tengo el mechero más rápido».

Ram Dass, un gurú Nueva Era, dijo en una ocasión que, mientras estaba en el circuito, aparecía en la ciudad para «dar una conferencia, fumar un porro, salir por ahí y animar a la gente».

Timothy Leary es el Siete arquetípico. Era profesor de psicología de la Universidad de Harvard y abandonó el puesto para explorar el potencial espiritual del LSD. Se convirtió en el gurú de una generación, con un famoso lema que animaba a todos a probar el ácido: «¡Enchufa, sintoniza, abandónate!».

En una ocasión, Leary dijo que con el LSD los hombres podían experimentar múltiples orgasmos, tener el mejor sexo de sus vidas y, al mismo tiempo, hacerse conscientes de su código genético. Años después, cuando le preguntaron si creía que eso era verdad, dijo que se lo había inventado simplemente para producir un efecto.

Tras ser arrestado por posesión de marihuana, Leary fue liberado de la prisión por la facción Weatherman de Estudiantes por una Sociedad Democrática, que lo envió a Argelia. Allí pasó tiempo en el exilio con Eldridge Cleaver y los Panteras Negras.

Sin embargo, Leary no podía soportar la energía destructiva de la política revolucionaria. Huyó a través de Europa, volvió a ser arrestado en Afganistán y lo devolvieron a Estados Unidos. Posiblemente es la única persona a la que se le permitió ser la estrella de un documental mientras cumplía condena en la prisión de Folsom. Debió encantar al guardia.

Después de tener varias esposas y docenas de amantes, Leary pasó de ser un profesor universitario estimado a un humorista en el circuito de los clubes nocturnos. Sus docenas de libros a menudo son brillantes, siempre entretenidos y llenos de nuevas ideas. Leary propuso la emigración al espacio y argumentó convincentemente que contenemos las semillas de una inteligencia intergaláctica. En una ocasión fabricó un mensaje supuestamente proveniente de la estrella Sirio y del comando intergaláctico para ampliar nuestra fe en él.

Llamarlo estafador sería demasiado burdo. El hombre simplemente tenía labia.

Ejemplos por subtipo

Conservación: familia extendida

André Gregory, Danny Kaye, Roger Rabbit, Peter Pan, David Niven, Zonker Harris, «Mi cena con André», «Nadando a Camboya», Disney World.

Social: mártir

Jerry Seinfeld, Robin Williams, George Bush, Spaulding Gray, Gary Hart, Steven Spielberg, Herb Caen, Michael Caine, Walt Disney, Brasil.

Sexual: sugestionable

Tim Leary, Ram Dass, Cary Grant, Bo Derek, Peter O'Toole.

Punto Cinco: el punto del miedo interiorizado

Esencia:	Paz
Idea sagrada:	Omnisciencia
Camino santo:	Desapego
Rasgo principal:	Retirada
Pasión:	Avaricia
Idealización:	«Yo sé»
Estilo de discurso:	Tratado
Trampa:	Observador
Mecanismo de defensa:	Aislamiento
Evitación:	Vacío
Dicotomía:	Social/Antisocial
Subtipos:	Conservación: hogar Social: tótem Sexual: confianza

Como es la versión interiorizada del Seis, el Cinco encubre inadvertidamente la esencia de la paz, intentando crearla mediante la exclusión del mundo externo. Lidian con su miedo reduciendo la vida hasta proporciones manejables. En el caso extremo, un Cinco podría ser un monje budista que viviera como eremita en una cueva, con todas sus posesiones en una pequeña bolsa.

El Cinco es el hogar de la arquitectura. Piensa mucho en su espacio vital. Le gusta tener límites bien definidos en el lugar donde vive. Necesita su particular espacio vital. Si vive con alguien, necesita su propia habitación de trabajo, un lugar donde desconectar. Más de un Cinco tiene una caravana en el jardín de su casa. Cuando viene compañía, renuncian a la casa y se retiran a la caravana, donde solo hay lugar para él.

A los Cincos les encanta ser los «sabios de la casa». Siempre disponen de información esotérica sobre una amplia variedad de temas, y les gusta ser el centro de atención. Compartir sus secretos puede ser una señal de intimidad.

Los Cincos son fogosamente independientes. Aunque no actúan externamente como los Ochos, son rebeldes inconformistas. Los Cincos se enorgullecen de ser capaces de cuidar de sí mismos. Muchos viven la experiencia de hacer autoestop en países extranjeros y viajar con muy poco dinero. Y a los que no han tenido esta experiencia les habría gustado vivirla. Sienten una profunda satisfacción al saber que pueden sobrevivir con muy poco, y mucho placer cuando son extraños en una tierra desconocida.

Les encanta ver y oír lo que ocurre mientras pasan inadvertidos. En los encuentros sociales tienden a hacerse invisibles. A veces, parecen búhos en sus perchas, observándonos a todos los demás con interés desapegado.

Los Cincos suelen tener un efecto muy plano. Pueden pasar desapercibidos dentro de un grupo de gente. Barbas, gafas y a veces mentones débiles pueden formar parte de su disfraz. También se esconden tras una voz nasal. A menudo tienen un repertorio de voces divertidas y pueden hablar con acento extranjero o como un ordenador.

Los Cincos están entre las personas más sensibles del Eneagrama. Su problema es que no tienen muchas defensas contra el mundo externo. Se retiran a su rica y fantástica vida interna y su presencia se difumina entre los demás.

Suelen tener la piel susceptible a quemaduras de sol y sarpullidos. Esto es una metáfora de su tierna sensibilidad que necesita protección ante un mundo abrasivo. Un Cinco dijo que esta sensibilidad era «como caminar sin piel por un campo de cactus».

~

Pasión: avaricia

La pasión del Cinco es la *avaricia*, que la mayoría de los diccionarios definen en relación con el dinero. Aunque puede ser tacaño con él, la mayoría no busca grandes fortunas y, de hecho puede estar en el polo opuesto: aferrarse con avaricia a las pocas cosas del mundo que considera suyas. Las personas que miran el mundo a través de los ojos del Cinco generalmente necesitan muy poco, porque son minimalistas. Piensan que, si no tienen mucho, el mundo los dejará en paz. También son muy celosos en lo relativo a su intimidad; el aislamiento se convierte en una manera de defenderse contra la intrusión del mundo.

J. Paul Getty es un maravilloso ejemplo de avaricia en su expresión más neurótica. Empezó a acumular fortuna al ganar unos pozos petrolíferos en una partida de póquer. Aunque era el hombre más rico del mundo, se llevaba la comida al trabajo en una bolsa de papel marrón. Tenía un teléfono de pago instalado en su castillo de Inglaterra para que la gente no se «aprovechase» de él. Cobraba a sus hijos y a sus invitados veinte libras por comida cuando iban a visitarlo a su castillo. Cuando su nieto fue secuestrado, se quejó de tener que pagar un rescate, ¡incluso después de que los secuestradores le enviaran la oreja del nieto! Su hijo no tenía dinero para pagarlo, puesto que el anciano lo controlaba todo. Al final, le prestó el dinero a su hijo, a interés, para pagar a los secuestradores.

Durante sus últimos meses de vida, se negaba a ir a la cama porque decía: «Los bastardos solo están esperando que me vaya a la cama y me muera». Getty murió en su silla.

La codicia suele manifestarse en los Cincos como acumulación de información. La idea sagrada del Cinco es la omnisciencia. El Cinco cree que la información, llevada a la estructura del ego, lo protegerá del agujero negro de la nada. Como los Cuatros, los Cincos son muy conscientes de este agujero negro que reside en la raíz de todo ego. El miedo a caer dentro para nunca volver a salir se ve contrarrestado por la creencia de que la suficiente cantidad de información los protegerá.

La avaricia de los Cincos también se manifiesta como una retención de su ser. Tienen un miedo mortal de perderse en el mundo. Una Cinco comentó en una ocasión que sentía que, si se abría al mundo, alguien destrozaría su corazón. El Cinco puede sentirse como si estuviera suspendido entre un agujero negro interno y un mundo externo amenazante e invasivo. La avaricia puede considerarse como el intento de aferrarse a esta posición estrecha. En un grupo de participantes en un taller, un Cinco compartió su comprensión de cómo funciona esto:

> *Para mí, el agujero negro representa algo más que una idea. Es la obliteración y la aniquilación absolutas. A veces, en medio de ello, no hay tiempo para pensar. Los sentimientos son demasiado fuertes. Se produce una especie de contracción celular, como un intento de protegerme a mí mismo. Puedo sentirlo ahora mismo, en esta situación. Aunque mentalmente sé que aquí no hay peligro y que sois amorosos, en cierto sentido vuestra atención es casi como un asalto, como si estuviera siendo atacado. De modo que me siento fiero, lo que es un imperativo de la supervivencia. Es como si no pudiera permitir que me empujarais con vuestras ideas. Me estoy esforzando mucho para mantenerme de una pieza.*
>
> *Caminando hoy por la playa, el sol, la arena y el mar eran tan abrumadores que me puse a llorar. ¿Cómo puedes estar en el cuerpo, cuando hay tantas cosas, y dejar que todo te traspase? Tomando una metáfora de la fontanería, es como intentar meter un tubo de diez centímetros de diámetro en otro de dos. Es una frustración primaria, y es terrorífica, porque, en la plenitud de todas las cosas, solo hay este sentimiento constante de que voy a estallar en mil pedazos y después no podré encontrarme entre las piezas. Esto me anima a meterme hacia dentro, esconderme e inmovilizarme, lo que puede leerse como frialdad, distancia o terquedad. Cuando me leen así, me resulta muy doloroso, porque por debajo hay un profundo anhelo de conectar y*

estar completo. Simplemente es difícil hacerlo a través de este cuerpo.

Los Cincos pueden ser grandes coleccionistas. A diferencia de los Nueves, que acumulan cosas que usarán algún día, los Cincos coleccionan y catalogan artículos raros e importantes. Conocí a un Cinco que era un esforzado músico de Nueva York. Por casualidad empezó a interesarse por el vino; a los pocos meses se convirtió en un experto. Conocía las grandes añadas y las mejores marcas de cada una de ellas. También sabía dónde encontrar los precios más convenientes. Me llamaba desde Nueva York para informarme de que había un St. Estephe de 1962 excelente por solo treinta euros. Mientras vivía frugalmente en su apartamento, amasó una colección de cincuenta expositores de vinos en el espacio de cinco años.

Otro Cinco colecciona discos, que ha clasificado y ordenado alfabéticamente. Los nuevos formatos no le gustan; la música no es tan importante como el hecho de que esté grabada en vinilo. Un Cinco de Mill Valley, California, dirige una de las grandes tiendas de discos en Estados Unidos. Tiene toda una sala dedicada exclusivamente a los discos de 78 r.p.m. Es posible que tenga todos los grandes discos de *jazz* y *blues* que se han grabado. Otros Cincos coleccionan flautas chamánicas del Amazonas y laúdes del siglo XVI.

John Barth, un brillante autor estadounidense, dedica docenas de páginas de una de sus últimas novelas a describir su encuadernador de hojas sueltas que compró en 1947 y que aún le encanta usar. También describe su querida y sagrada pluma Parker, comprada por aquel tiempo, que fluye con la voz de las musas.

Un Cinco describió la pasión de la avaricia a un nivel más mundano; fue algo que le ocurrió mientras conducía a lo largo de la frontera mexicana de camino hacia California. Le encantó descubrir que podía ir al otro lado de la frontera y comprar botellas de 750 ml de *whisky* por un par de dólares. Esperaba hasta la noche, cuando cambiaba la guardia de la frontera, para poder entrar y salir, dos veces cada vez, llevando consigo el máximo permitido. Pronto acumuló tanto *whisky* que tuvo que enviarlo a su domicilio. Era un banquero de éxito. Ya retirado, se reía diciendo que aquel güisqui le había durado más de veinte años. Tres décadas más tarde aún se acuerda de la cantidad exacta que pagaba por las botellas.

Entorno infantil

Los Cincos casi siempre tuvieron un progenitor invasor. A menudo era una madre excesivamente protectora. Suelen contar que su madre revisaba su armario en busca de pruebas para saber cómo se portaba su niño. Los Cincos se sentían sofocados por el amor de su madre o por la falta de espacio.

Un Cinco dijo que a los cinco años tenía un póster plegable de una conejita de *Playboy*. Lo plegaba en un pequeño cuadrado de pocos centímetros, lo ocultaba en una caja y la escondía en un lugar secreto de su habitación. Un día, al volver de la escuela, tenía el póster desplegado sobre la cama esperando su retorno.

Cuando no tienen lugar donde esconderse, los jóvenes Cinco a menudo se retiran a su mente. Una Cinco dijo que se pasaba todo su tiempo libre sola arriba de un árbol. Se retiran a los libros y la erudición para crearse un espacio libre.

Idealización: «Yo sé»

La idealización del Cinco es «yo sé». Esto alimenta su avaricia de conocimiento. Pero no puede tratarse del conocimiento común que los demás comparten; tiene que ser algo especial. Así, los Cincos se convierten en reporteros de investigación que descubren «la historia detrás de la historia».

Un Cinco, que ahora tiene treinta y tantos, aún recuerda las estadísticas de su equipo de béisbol escolar. Dijo que para él las estadísticas eran más importantes que ganar el partido.

Aldous Huxley no solo se sabía sus obras de memoria, sino que bajo hipnosis podía decirte en qué página aparecía un pasaje concreto en las distintas ediciones.

Si el Cinco sigue un camino espiritual, sabrá quién es el gurú de su gurú. En una ocasión organicé un taller para un Cinco que es uno de los expertos en el Eneagrama. El hombre entró, se sentó en el suelo y construyó un semicírculo de libros a su alrededor. Mientras hablaba solía mirar al semicírculo, encontraba un libro, se ponía a leerlo y se olvidaba del taller.

Estilo de discurso: tratado

El estilo de discurso del Cinco se llama *tratado*. Un tratado es una exposición escrita y sistemática de hechos, métodos, principios y conclusiones sobre un tema determinado. Esta es una manera más de crear distancia. A los Cincos les encantan los ordenadores. A menudo son piratas informáticos que se pasan horas de noche frente a su terminal. Cuando se encuentran con otros fanáticos del ordenador, pueden pasarse horas hablando de detalles técnicos para evitar la intimidad. El correo electrónico es el medio de comunicación ideal para los Cincos, que lo llaman «la tienda de hablar».

En una ocasión, un amigo llevó su televisión a reparar. De la habitación de atrás salió un hombre calvo con barba y gafas. Al examinar su lugar de trabajo, mi amigo se dio cuenta de que había un sitio especial para la taza de café y una palanca para llevarla al lugar de trabajo. En aquel espacio se había invertido mucho tiempo y reflexión. El hombre miró a mi amigo, le sonrió y dijo: «Oh, sí, probablemente quemaste un Sylvania 232». Había un ligero aire de condescendencia hacia alguien que no sabía qué era un Sylvania 232.

En los grupos he notado que el estilo de discurso del Cinco a menudo es el silencio. He estado en grupos en los que ha pasado una semana y casi todo el mundo ha compartido algo, excepto el Cinco, que se sienta en silencio en la parte de atrás. Al final de la semana nadie sabe su nombre, y muchos ni siquiera son conscientes de que está allí. A menudo, cuando los Cincos hablan en un grupo lo hacen en voz baja y todos tienen que escuchar muy atentamente para oír lo que están diciendo. Sin embargo, en un entorno seguro y con compañías amistosas, el Cinco puede ser divertido y brillante cuando te explica las maravillas del mundo.

La trampa: el observador

La trampa del Cinco es ser el *observador.* De esta manera se mantiene desvinculado de la vida. Conozco a varios Cincos que practican la meditación budista. Al tomar como camino el desapego de Buda, creen estar desapegados del mundo. Sin embargo, cuando afrontan el Eneagrama, a menudo tienen que admitir que están apegados al desapego.

El verdadero desapego nace al darse cuenta de que uno es pura conciencia. En esta realización, se reconoce que esta conciencia no necesita nada, y tampoco necesita evitar ni retirarse de nada. Se vive como la vasta conciencia en la que todas las cosas surgen, afrontando cada momento sin apego a los conceptos previos. Así, la trampa del observador puede servir para engañar al Cinco, perpetuando la estructura del ego en nombre de la iluminación.

Mecanismo de defensa: aislamiento

El mecanismo de defensa del Cinco es el *aislamiento.* Evidentemente, esto se combina de manera muy cercana con la trampa del observador. Cuando el Cinco se mete en una pelea, su estilo podría ser salir de la habitación dando un portazo. A menudo se siente agotado por un exceso de contacto con el mundo. El Cinco siente la necesidad de retirarse dentro de sus límites para recargarse.

Esto puede asumir la forma de pasar días en la biblioteca (una institución Cinco); meses viajando en un área donde no puede hablar el idioma y nadie lo conoce, o años como ermitaño. Un Cinco vino a un taller de un mes de duración en Esalen en una camioneta con caravana. Estaba muy feliz en ella. Otro Cinco dijo que pasaba mucho tiempo ante el ordenador en su oficina hogareña y que, si los demás miembros de su hogar querían comunicar con él, tenían que pasarle notas por debajo de la puerta.

En la primera conferencia internacional sobre el Eneagrama, dos de los presentadores invitados eran Cincos. Uno no se presentó y el otro envió un vídeo.

El Cinco es el lugar de los suicidios. El peligro de los Cincos es entrar tanto en el aislamiento que pierdan todo contacto nutricio con el mundo externo. Aquí, un Cinco habla del impulso de encontrar seguridad y comodidad por medio del aislamiento:

> *Recuerdo que una vez, cuando era pequeño, estaba jugando en un armario oscuro con juguetes y amigos imaginarios. Probablemente, fueron los momentos de mayor seguridad que he sentido nunca. Pero sabía que, si cedía ante ese impulso, aunque me sintiera cómodo no sería bueno para mí. De modo que he estado luchando contra ese impulso durante toda mi vida. No puedo permitirme ceder al impulso de escaparme a un mundo imaginario, porque, si eso ocurre, es peor que esta sensación de ser tan vulnerable.*

Evitación: vacío

A primera vista puede parecer que la evitación del vacío contradice el mecanismo de defensa. Sin embargo, el que los Cincos evitan es interno. El Cinco, como el Cuatro, vive al borde del abismo. El agujero negro de la nada de Sartre es muy real para él.

Como sienten que viven al límite, los Cincos evitan el vacío con su avaricia de conocimientos. Tal vez sientan que el agujero negro se llenaría si supieran lo suficiente. O pueden sentir que el conocimiento, o cualquier otra cosa que coleccionen y a la que se aferren, actúa como una barrera protectora contra los vientos huracanados que azotan el agujero negro.

Un Cinco, un brillante médico alemán que estaba investigando la leucemia, me dijo que nunca se iluminaría porque no quería renunciar a sus recuerdos. La finalidad era que el holocausto fuera recordado y nunca se repitiera. Cuando tenía uno de sus escasos días libres, llevaba a su renuente novia a visitar Dachau.

Se pasó la semana «escondiéndose» en el grupo, y solo cuando el seminario acabó se sintió seguro para hablar conmigo. Ningún miembro del grupo sabía que estaba investigando la sangre y buscando la cura de la leucemia. Me dijo que la mayoría de sus pacientes eran niños y que casi todos iban a morir. La ternura y crudeza con la que lo dijo hicieron que sus ojos y los míos se llenaran de lágrimas.

La dicotomía: social/antisocial

La dicotomía del Cinco se llama *social/antisocial*. El lado de esta dicotomía que se manifieste determina la relación del Cinco con el mundo.

Los Cincos sociales, como Henry Kissinger, pueden parecer personas muy públicas. Howard Cosell, que hacía anuncios de televisión, era un Cinco social. Se ganaba la vida consiguiendo la primicia desde dentro, la historia detrás de la historia. Se hizo amigo de Muhammad Ali y comerciaba con lo que el boxeador le decía personalmente antes de un combate. Su voz nasal es casi una caricatura de la tendencia del Cinco a hablar desde la parte posterior de la cabeza a través de las cavidades nasales.

Howard Hughes, el inventor millonario, fue la personificación del Cinco antisocial. Hughes inventó de todo, desde hidroaviones hasta un sostén para Jane Russell. En su momento, fue uno de los hombres más ricos del mundo, pero vivió durante años como un recluso fóbico. Lo aterrorizaban los gérmenes y hacía que toda la gente que entraba en su habitación tocara las cosas a través de una tela, para impedir que se extendieran.

Subtipos

Conservación: hogar

Cuando la avaricia está alimentada por el instinto de conservación, recibe el nombre de *hogar*. «El hogar de un hombre es su castillo»: esta es sin duda una noción Cinco. Este es el lugar de la arquitectura. Todos los Cincos conservación deben tener su propio espacio. Si no son arquitectos, a menudo sueñan con crear la casa perfecta.

Un hombre dijo que su sueño era construir una cabaña de troncos. Se pasó veintiséis años investigando cómo construirla: esbozando sus propios diseños, pidiendo modelos y catálogos, viajando a exposiciones de cabañas de madera, buscando información en Internet y peinando su localidad en busca del lugar perfecto.

Otro Cinco conservación, que está separado de su esposa, vive en una caravana. Sus dos hijos van a visitarlo allí. Aunque le encantan los niños y le gusta verlos, no puede evitar exhalar un suspiro de alivio cuando la familia deja de invadir su espacio.

La película *La Costa de los Mosquitos* es la historia de un Cinco conservación inventor que lleva a su familia a vivir a la jungla, lejos de la odiada sociedad.

Social: tótem

Cuando la avaricia hace uso del instinto social, se la llama *tótem*. Esta palabra hace referencia al poder ritual de un objeto, más allá de su funcionalidad habitual. Es el poder que tienen los libros para los coleccionistas de ellos, y los discos también para sus coleccionistas. Para John Barth es su pluma estilográfica. Para el Cinco social, lo que otorga este poder suele ser la información, especialmente tener la historia detrás de la historia. Este es el hogar natural de los periodistas de investigación. Los Cincos siempre tienen secretos. Compartirlos contigo es su manera de ofrecerte intimidad.

Sexual: confianza

Los Cincos sexuales exhiben confianza en su sexualidad. Saben que son dignos de amor, tal vez porque fueron muy queridos de niños. También confían en desempeñar su papel, que de hecho representan la mayor parte del tiempo, incluso en privado. Así ocultan sus sentimientos de incertidumbre, vulnerabilidad y timidez, y también su terror a las exigencias invasivas y a quedar expuestos. Algunos de los mejores actores son Cincos sexuales:

Meryl Streep, Glenn Close, William Hurt, Jeremy Irons, Jeff Bridges y Ben Kingsley.

Otros ejemplos

La China clásica era una cultura Cinco, en la que se adoraba la erudición. China tuvo el primer verdadero funcionariado basado en el mérito. Entrar en él era el bien más alto al que uno podía aspirar. Para pasar los exámenes había que componer poesía, pintar y escribir caligrafía. Después de hacer carrera en el gobierno, el erudito/funcionario se retiraba a su casa de campo para vivir de manera simple, a menudo como ermitaño, y a practicar la poesía, la pintura y la caligrafía.

Los chinos son los grandes coleccionistas del mundo. Han amasado colecciones de arte familiares durante los últimos dos mil años. ¿Y qué recopilan? Caligrafía: la caligrafía de los grandes pintores está entre los artículos más esotéricos y reverenciados. Como la mayoría de los chinos ni siquiera pueden leer esta escritura antigua e histórica, la capacidad de juzgar los méritos de las distintas obras es un talento escaso. Los chinos ven el carácter del hombre reflejado en su caligrafía, y coleccionan ejemplares de los grandes pintores de los siglos pasados como manera de preservar su esencia.

Las pinturas chinas también son ejemplos del Cinco estético. La más fina y superior es la pintura a pincel con tinta seca: tinta negra sobre papel de arroz. En las mejores obras, se usan unos pocos toques minimalistas para reproducir un sentimiento interno del paisaje percibido por el artista. Muy pocos aprecian la desnudez de esta forma de arte.

San Francisco celebró un festival de cine de animación para honrar a diversos profesionales del sector, todos ellos debían ser Cincos. Era penoso verlos de pie en el escenario intentando ser invisibles. Se retiraron a la parte de atrás de este y les resultó imposible responder a las preguntas que les propuso el moderador. Uno cometió el error de presentarse a sí mismo y dio un nombre equivocado. Estos individuos se habían pasado años en soledad desarrollando la secuencia de las viñetas en su estudio, trabajando en proyectos que sabían desde el comienzo que iban a ser obras de arte no comerciales de cinco minutos de duración.

Uno de los premios fue para un tablero de bolitas animadas. Esta obra fue el resultado de quedarse en casa durante tres años y medio fotografiando las sombras y texturas creadas por las bolitas al moverse dentro y fuera del tablero; una filmación de diez minutos que nadie volverá a ver excepto en los festivales de animación. Pero es una buena excusa para quedarse en casa.

J. D. Salinger, el famoso escritor de *El guardián entre el centeno*, demandó a su biógrafo para proteger su intimidad e impedir la publicación del libro. Salinger, que tiene muy pocos libros impresos para ser un escritor tan prominente, dijo que seguía escribiendo, pero solo para sí mismo. No ha sido fotografiado en público en los últimos veinte años. Ofreció su última entrevista a un periódico en 1953. Un alumno que vive en una comunidad cercana a la casa de Salinger nos contó esta historia:

> *J. D. Salinger venía a la zapatería local una vez al año para comprar calzado. Solicitaba dos pares, que recogía cuando estaban preparados. Esto fue así durante varios años. La mayoría de la gente del pueblo no sabía que Salinger era famoso y, en realidad, no le prestaba mucha atención. El dueño de la zapatería no era una excepción. Cuando supo que Salinger era un escritor respetado, decidió leer sus obras. En la siguiente visita anual del escritor a la tienda, el propietario le dijo que le había encantado leer sus libros. Salinger salió, nunca volvió a la tienda y ni siquiera recogió los zapatos que había encargado.*

Karl Marx escribía sus panfletos y libros revolucionarios en una época en que la revolución agitaba Europa. En lugar de unirse a la comuna de París (como habría hecho un Ocho) o a cualquier otra de las revoluciones que recorrieron Europa, Marx se quedó en Inglaterra, escribiendo a diario en la biblioteca de Londres.

Por otra parte, W. C. Fields fue un genio de la comedia. Su brillo como artista cómico lo ha sobrevivido y su voz aún es muy reconocible años después de su muerte. Comenzó en el mundo del espectáculo como malabarista. Después empezó a hacer películas, representando el papel de un forastero en un país extraño, y lo convirtió en una forma de arte cómico. Fogosamente independiente, el tema esencial de sus comedias era la aversión que sentía por los niños ruidosos, los pájaros, los animales domésticos y las esposas mandonas e invasoras.

Ejemplos por subtipo

Conservación: hogar

J. Paul Getty, Dick Cheney, Dustin Hoffman, Gene Wilder, Ted Kaczynski, Thomas Merton, Albert Camus, J. D. Salinger, Robert Crumb, W. C. Fields, Franz Kafka, Aldous Huxley, Lao Tse, la arquitectura, los eremitas.

Social: tótem

Thomas Jefferson, Henry Kissinger, Jonas Salk, Kurt Vonnegut, Mark Twain, Karl Marx, Bob Dylan, John Barth, Lenny Bruce, Albert Einstein, Walter Cronkite, los coleccionistas de libros raros, los inventores, los periodistas de investigación, Data (de la serie Star Trek).

Sexual: confianza

Meryl Streep, Glenn Close, William Hurt, Beng Kingsley, Jeff Bridges, Jeremy Irons, Ingmar Bergman, Gary Snyder, Marlene Dietrich, Spencer Tracy, Jimmy Stewart, Howard Hughes, los actores.

~

Movimiento y relación entre los puntos

Existen muchas relaciones diferentes entre cada una de las fijaciones. A medida que absorbas y estudies este sistema, descubrirás las que hay entre la fijación y los puntos que la rodean. Un Ocho tiene cualidades tanto del Siete como del Nueve. Los Ochos pueden reunir la gula del Siete y la indolencia del Nueve. Don Riso ha estudiado las «alas» para describir las distintas personalidades, cuando una fijación se inclina hacia un lado o hacia el otro. Se trata de un estudio muy preciso, pero los asuntos profundos que subyacen a la personalidad son más interesantes.

Cada fijación está en relación con otras dos conectadas por las líneas del Eneagrama. Algunos proponen teóricamente que es mejor moverse en una dirección y que es destructivo hacerlo en la otra. En realidad, hay lecciones para aprender en cada uno de los puntos.

Estos movimientos se producen en estados tanto de relajación como de tensión. El cambio hacia la dirección relajada a veces recibe el nombre de «espacio del corazón». Este nombre resulta confuso, porque en la realización del verdadero corazón se produce la trascendencia de la fijación. En el contexto de estar fijado, puede resultar útil y descriptivo llamar a este movimiento «caer más profundamente en el núcleo».

Las fijaciones anidan unas sobre otras. La primaria envuelve a otra fijación más profunda en el núcleo, y hay otra más superficial por encima. Es útil saberlo por dos motivos. En primer lugar, puede ayudar a hacer el diagnóstico. Y lo que es más importante, muestra las pautas subyacentes no examinadas que hay que afrontar.

Tres, Seis y Nueve. Movimiento de los puntos nucleares

El Tres, el Seis y el Nueve son los puntos nucleares del Eneagrama. Están conectados por un triángulo interno. Sobre este triángulo, el movimiento hacia el núcleo se hace en el sentido de las agujas del reloj. Bajo tensión, el movimiento sigue la dirección contraria a la de las agujas del reloj.

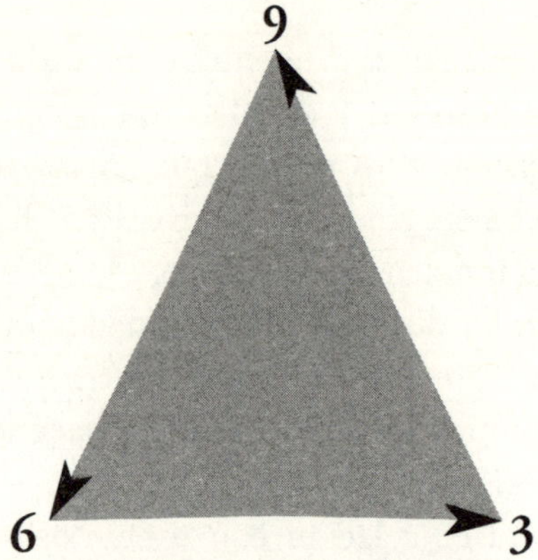

Tres, Seis y Nueve: movimiento bajo tensión

Punto Tres

Bajo tensión, el Tres actúa como un Nueve. En lugar de ser productivo, el Tres fantasea con la producción, saliendo de la acción y entrando en los pensamientos. Una mujer Tres que conocemos fue educada como mexicana estadounidense de clase media. Durante la infancia, le habían inculcado que las mujeres no tienen éxito en el mundo. Pero ella se divorció y, como vivía en la California de los ochenta, quiso triunfar profesionalmente. El conflicto generó tensión y la llevó a fantasear sobre su trabajo en lugar de trabajar.

En *La muerte de un viajante*, Willy Loman es el vivo retrato de un Tres bajo tensión. Lo que está evitando es la ira del Nueve ante la pérdida de control. Si invitara a la furia y la experimentara, podría alcanzar la dicha del verdadero amor.

Un Seis bajo tensión actúa como un Tres y empieza a producir. Muchos Seises piensan que deberían ser Treses y, tratan por lo tanto de producir, como tales. Por desgracia, este es un espacio de tensión que conduce al agotamiento y al hartazgo. El valor de este movimiento para los Seises es que los saca de su cabeza y los pone a producir. La oportunidad consiste en experimentar el terror y la falta de valía que impulsa toda la situación. Por debajo está el verdadero amor.

Un Nueve bajo tensión seguirá actuando como un Seis, dejándose atrapar en las garras de la duda y la paranoia. El Nueve no estará seguro de qué es real, o de si las cosas son realmente lo que parecen. En este estado, las decisiones darán vueltas en su cabeza, y tendrá interminables diálogos consigo mismo. Tiene la oportunidad de experimentar el miedo del Seis, que está debajo de la duda, y dejarse caer más profundamente en el verdadero vacío.

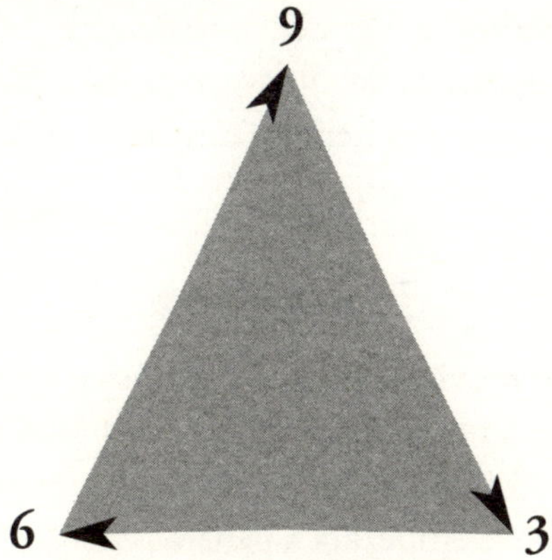

Tres, Seis y Nueve: caer en el núcleo

Cuando los Treses se enamoran, caen en el núcleo, que es el Seis. Esto significa que evitan el amor y la emoción volviéndose más mentales. Se retiran y empiezan a hacer inventario, confeccionando listas de las cualidades de la persona amada. Comienzan a evaluar cómo verán la relación las personas a las que tratan de impresionar y a intentar ver más allá de la escena para descubrir lo que está ocurriendo realmente. Así, los procesos mentales los llevan a evitar el sentimiento de amor.

La duda parece abrumadora. Al involucrarse en discusiones internas con la duda, el proceso mental continúa. La oportunidad ahora consiste en usar la duda del Seis como señal de que se está evitando el miedo; en este caso, el miedo a perder el control ante los sentimientos de amor. Cuando la duda se convierte en una señal de que se teme al amor, en lugar de ser un adversario en la mente, la propia fijación es el vehículo para aproximarse a lo que se está evitando.

Punto Seis

El Seis cae en el Nueve en el movimiento hacia el núcleo. El Seis se relaja y la paranoia se funde en pereza. Cuando finalmente bajan la guardia y se relajan, algunos Seises hablan de desconectar frente al televisor o, simplemente, tumbarse en la playa y no moverse durante una semana. Lo que se está evitando es el verdadero ser. Cuando desaparece el miedo, hacer algo se cambia por no hacer nada o por la pereza, como una imitación del simplemente ser. La oportunidad reside en sentir la tendencia del Nueve a quedarse dormido en la furia y la desesperación, y en mantenerse despierto al descubrimiento del verdadero ser.

Punto Nueve

Un Nueve en su movimiento hacia el núcleo caerá en el Tres, produciendo para el ser amado. Es posible que el Nueve fabrique regalos elaborados, que los compre o que asuma nuevas responsabilidades. De algún modo, el Nueve empezará a generar energía productiva para el ser amado. Esta es la manera de evitar el verdadero amor en la actividad que, supuestamente, es señal del verdadero amor. Aquí, el Nueve tiene la oportunidad de experimentar la falta de valía y el autoodio del Tres, así como la necesidad de crear un producto digno de amor. Al estar dispuesto a experimentar el autoodio profundo, el verdadero amor se revela a sí mismo.

Uno, Dos, Cuatro, Cinco, Siete y Ocho: movimiento de los puntos adyacentes

El Eneagrama es un sistema matemático con series que se repiten infinitamente. Si tomas el número 1 y lo divides por 7, el resultado es una secuencia que se repite hasta el infinito; empieza por 1428571. Este es el movimiento bajo tensión para los números adyacentes del triángulo interno. Para encontrar el movimiento hacia el núcleo, simplemente invierte esta secuencia.

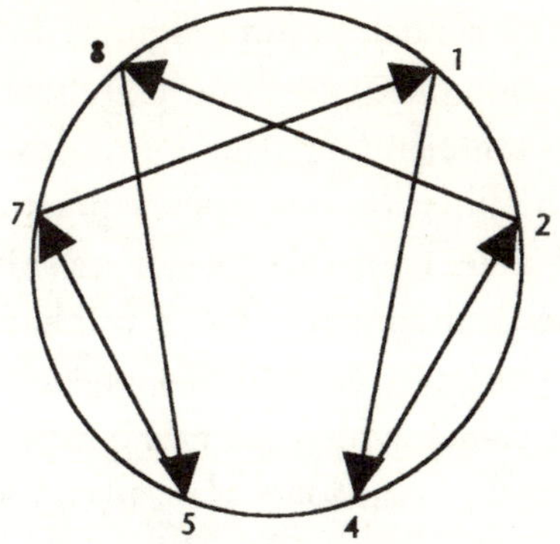

Movimiento bajo tensión para los puntos 1, 4, 2, 8, 5, 7

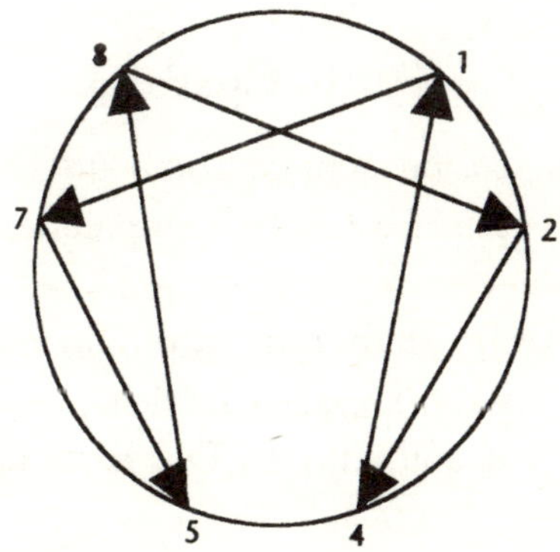

Movimiento hacia el núcleo para los puntos 1, 4, 2, 8, 5, 7

Ahora seguiremos los números en el orden superior y veremos qué ocurre cuando cada punto se mueve bajo tensión o cae hacia el núcleo.

Punto Uno

El Uno bajo tensión empieza a adoptar algunas de las estrategias del Cuatro, volviéndose melancólico e inestable. Es posible que los Unos añoren los buenos días de antaño, pues el pasado asume un cálido y brumoso brillo de perfección. Pueden mirar a su alrededor y sentir envidia de otras personas cuyas vidas parecen ir mejor. Lo que se está evitando es el autoodio del Cuatro. Cuando este se afronta y experimenta, se descubre justo debajo la verdadera alegría dorada.

El Uno que cae en el núcleo asume algunas de las características del Siete. Un Uno relajado puede disfrutar planificando viajes y mirando mapas. A los Unos también les gustan los dispositivos que les ahorran trabajo, en una combinación del espíritu práctico del Uno y de las ganas de jugar del Siete. La navaja del ejército suizo, los abrelatas eléctricos, los peladores de manzanas y los lavavajillas, probablemente, son inventos del Uno. Los Unos, en el núcleo, pueden viajar e, incluso, disfrutar de unas vacaciones, aunque es más que probable que en el viaje haya mucha actividad y excursiones planeadas. Lo que se está evitando es el terror del Siete a no saber. Cuando se está dispuesto a renunciar a todo conocimiento, a todos los conceptos y a todos los poderes de conceptualización, la mente cae en la dicha ilimitada del ser.

Punto Cuatro

Un Cuatro bajo tensión actuará como un Dos, cuidando de la figura de poder. A veces los Cuatros emprenden nuevas relaciones bajo presión, y a veces se comportan como Doses. Harán concesiones a la pareja y la cuidarán. Saldrán de su propio sufrimiento, pondrán una cara animada y serán la pareja servicial. Aquí la posibilidad es atravesar el orgullo y el autoodio del Dos hasta llegar a la esencia de la bondad.

En su caída hacia el núcleo, un Cuatro actúa como un Uno. Cuando los Cuatros están relajados, abiertos y con la guardia baja, tienden a convertirse en perfeccionistas enfadados, a notar los fallos y las imperfecciones sutiles de la pareja.

Este movimiento activa el eterno melodrama del Cuatro, de sentirse abandonado y carente de valía. Cuando un hombre llega por primera vez a la vida de la Cuatro, es el príncipe encantado. Es posible que ella se sienta bajo tensión y que lo trate como a un rey. Aunque una vez que empieza a conocerlo y se estabilizan, la Cuatro puede volverse protestona e hipercrítica. De esta manera, ella aleja a otro amor y su vida se convierte en una profecía autocumplida.

En el núcleo, el Cuatro tiene la posibilidad de sentir el autoodio enfadado e internalizado del Uno sin moverse. Al caer más allá de esto, se revela la pureza de la perfección esencial. Cuando un Cuatro cae más allá de la fijación, esta pureza brilla como una clara luz para guiar a otros a casa.

Punto Dos

Un Dos bajo tensión actúa como un Ocho. El Dos puede enfurecerse y lanzar cosas en una rabieta salvaje.

Una secretaria ejecutiva que conozco, una Dos conservación, trabaja para un contable. Un día fue a depositar una gran cantidad de dinero en un banco, pero este ya había cerrado cuando llegó. Ella empezó a aporrear la puerta pidiendo que la dejaran entrar. «¡Soy YO!», proclamaba. Estaba exigiendo que reconocieran su orgullo de lugar. Como no le abrieron las puertas, se puso furiosa. Al día siguiente, con espíritu de venganza, llamó a todos los clientes de su oficina que tenían cuenta en aquel banco y les pidió que las cerraran. El banco tuvo que cerrar la sucursal en aquella pequeña ciudad transcurrido un año.

El Dos bajo tensión tiene la posibilidad de sentir la venganza furiosa del Ocho y no moverse. Por debajo de ella está la sed de poder, y debajo de la sed de poder está la fuente del poder. Esta es la experiencia de la *shakti*, el poder de la creación.

En el núcleo del Dos vive un Cuatro romántico. Las Doses a menudo renuncian a las relaciones románticas en su intento de ser las madres o las esposas perfectas. Pero el romance siempre está allí, bajo la superficie. A los Doses les encantan el romance y la excitación del amor fresco. Con la adicción al brote hormonal y emocional del Cuatro, el Dos evita el autoodio. Cuando lo afronta y atraviesa lo que le espera es la verdadera alegría.

Punto Ocho

Un Ocho bajo tensión se retira hacia el Cinco. Algunos Ochos dicen que en los años del instituto estaban constantemente en tensión. En aquella época se retiraron a su habitación, se hicieron antisociales y leyeron libros. El espacio del Cinco es la oportunidad para el Ocho de ir profundamente hacia dentro. El movimiento hacia el Cinco también puede ser una manera de evitar la dolorosa verdad. Un Ocho, cuando su esposa lo presionaba para que cambiara sus hábitos, se retiraba a su revista para evitar ver lo que tenía delante. El Ocho bajo presión tiene la oportunidad de sentir el miedo y el aislamiento del Cinco y, al rendir la avaricia de conocimientos, descubre la verdadera paz bajo la superficie.

Se podría decir que en el núcleo del forajido Ocho anida una madre Dos. No obstante, cuando el Ocho empieza a cuidar de alguien, lo hace como un Ocho, lo que significa que se excede. El Ocho hará demasiados aperitivos para la cena y sacará demasiadas botellas de vino. Lo hace todo desde la perspectiva del Ocho de que más es mejor, un supuesto que descansa sobre su orgullo no examinado. Al afrontarse el orgullo del Dos, su profunda incapacidad de ser amado puede salir a la superficie. Bajo esta incapacidad, se esconde la verdadera bondad que no necesita premios ni reconocimientos.

Punto Cinco

Cuando los Cincos están bajo tensión, se mueven hacia el Siete. El Cinco empieza a planificar para el futuro y es posible que comience a viajar. Esta es la manera de evitar el terror del Siete a no saber, y el dolor emocional subyacente. Aquí es donde surge la posibilidad de renunciar a todo conocimiento y sumergirse en la profunda y dichosa absorción que espera bajo la superficie.

Anidado en el núcleo del Cinco, hay un bandido Ocho. Los Cincos son los más inconformistas de todos los puntos del Eneagrama. Cuando se relajan y caen hacia el núcleo, es posible que alardeen, que se vuelvan grandilocuentes o que griten y den portazos. No obstante, casi nunca actuarán antisocialmente como un Ocho. Cuando un Cinco se muestra antisocial, más bien se parece a Ted Keczyinski enviando cartas bomba a través del servicio de correos para evitar el contacto directo. Meyer Lansky, el cerebro de la mafia, era un Cinco, pero nunca participó directamente en actos violentos. Los Cincos mantienen opiniones antisociales y se ponen del lado del más débil. Una vez que han dado su lealtad o han llegado a una resolución en su mente, su determinación puede ser inamovible. La gran oportunidad para el Cinco en el núcleo es sentir la lujuria del Ocho sin moverse. Dejarse caer a través de la lujuria le aporta la *shakti* del verdadero ser y el verdadero alimento que busca.

Punto Siete

Bajo tensión, los Sietes se vuelven iracundos y críticos como los Unos. Es posible que parezcan dogmáticos y malhumorados al perder el barniz encantador del Siete. Lo que se está encubriendo es la furia que siente el Uno ante la imperfección, pues notarla internamente es insoportable y, por tanto, se proyecta hacia el entorno. La posibilidad que surge aquí para el Siete es la de abandonar el miedo a no saber y rendir la mente a la pureza de la perfección.

En el núcleo del Siete hay un Cinco. Los Sietes sienten el amor del Cinco a la vida frugal y se aferran mucho a su dinero. La danza en la que el Siete se aleja del compromiso y la intimidad es otra versión de la retirada del Cinco del contacto íntimo. El Siete, al tener un corazón Cinco, generalmente se siente demasiado vulnerable y delicado para permitir que nadie se le acerque mucho. El amor a la aventura de sentirse un extraño en una tierra extraña es común tanto al Cinco como al Siete, pues es la manera de estar de incógnito y, a la vez, mantener un contacto seguro con la gente. El teatro, los espectáculos y la música pueden cumplir la misma función. La oportunidad para el Siete en el núcleo es abandonar todo apego a las ideas y experiencias sensoriales, y caer en la paz profunda del silencio.

TERCERA PARTE

Despertar: esencia, trascendencia y silencio

¿Cómo hablaré de la Totalidad, que es no dual?
¿Cómo hablaré de la Totalidad, que es la naturaleza de la dualidad?
¿Cómo hablaré de la Totalidad, que es eterna y no eterna?
Yo soy el néctar del conocimiento, existencia homogénea, como el cielo.

AVADHUTA GITA

Pasar de la identificación con una fijación limitada a la verdadera identificación como «existencia homogénea» es el más raro de los sucesos. Los pocos que han despertado a su verdadera identidad han sido celebrados a lo largo de las eras. Ahora todos tenemos la posibilidad de despertar. Para ello no necesitas ser un yogui ni un santo. El único requisito es renunciar a todo lo que crees que es real para descubrir la verdadera realidad. Sin esta disposición total, el éxito seguirá siendo elusivo, independientemente de las prácticas o técnicas. Cuando estás dispuesto a ver la verdad, la totalidad del universo apoya tu despertar. Entonces el Eneagrama puede ser una medicina muy poderosa para curar los males ilusorios de la mente fijada.

Como ya eres amor consciente ilimitado, cualquier búsqueda de esto es un movimiento en la dirección equivocada. Cuanto más busques, más te alejas de la verdadera realidad. Cuando estás dispuesto a ver lo que ya está aquí, lo descubres todo.

El escape más rápido de la idea de una entidad personal limitada es no moverse. El no movimiento no significa quedarse físicamente inmóvil, aunque en las primeras etapas la inmovilidad física puede ser una gran ayuda. Más bien, el movimiento y el no movimiento se relacionan con los cuerpos emocional y mental. «Moverse» es seguir ondas de pensamiento mentales y emocionales, pautas reactivas de fijación.

El significado secreto de la sabiduría no dual es la iluminación primordial más allá de la acción y el esfuerzo.

VAJRASATTVA A SU DEVOTO VAJRAPANI

La idea sagrada

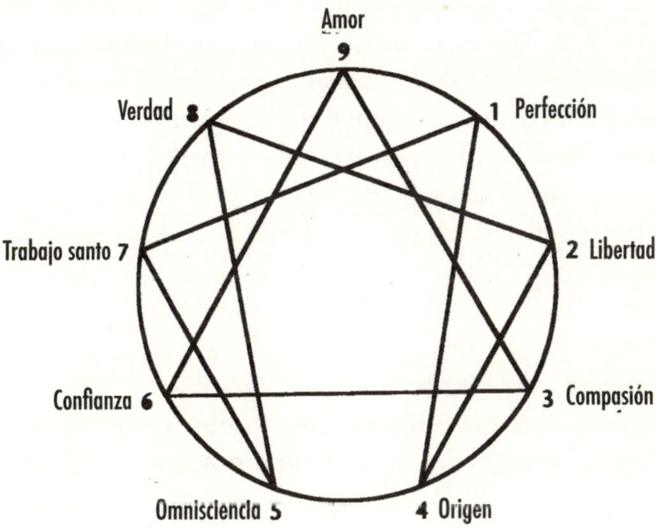

En verdad, ninguna idea es sagrada y no hay camino. Lo que es sagrado está más allá de cualquier idea, y ningún camino puede llegar nunca a la verdad de uno mismo.

Entonces ¿cuál es el uso de la idea sagrada en el Eneagrama? La posibilidad es que esta sea la fuerza galvanizante detrás del deseo de trascenderse a sí mismo y de morir a la idea de tener una identidad separada. Permite que la mente egoica enfoque toda su atención en el descubrimiento de lo que está más allá de la mente. La idea sagrada es la idea que trasciende el ego. Esta es la que capta la atención de la conciencia egoica y apunta a la aniquilación del ego. Cuando la totalidad del ser —mente, cuerpo y emociones— anhela la libertad, es posible darse cuenta del valor de la idea sagrada.

Cada fijación tiene una idea sagrada usada principalmente a fin de justificarse todavía más. El superego la capta. La manera más simple de entender el superego es darse cuenta de que la mente egoica vive en la dualidad. La dualidad primaria —hombre y Dios— está internalizada en la idea del hacedor y su juez. La idea fijada que tenemos de nosotros mismos es la de ser hacedores humanos, e internalizamos a Dios como el juez superego. Este diálogo mantiene la estructura egoica en su lugar. La función del superego es establecer límites, generar sentimientos de inadecuación y vergüenza, y juzgar y culparse a sí mismo y a los demás. Esto establece una guerra entre el hacedor y el juez. Esta guerra se considera el estado normal de la vida.

El superego usa la idea sagrada para juzgar al hacedor, y el hacedor usa la idea sagrada para justificar las ganas de realizar sus deseos.

~

La idea sagrada de la fijación Nueve es el *amor*.

La fijación Nueve justificará no ser sincero en el momento, en nombre del amor, porque eso podría generar ira. El miedo del superego que juzga a la furia la reprime incluso cuando es una respuesta apropiada. Cuando se reprime la respuesta natural, la conducta se manifiesta como fijación. Es una respuesta habitual y mecánica en nombre del amor. En el caso del Nueve, esto generalmente significa irse a dormir, o no posicionarse cuando las circunstancias se caldean o se vuelven peligrosas. Así, el Nueve a menudo no defenderá lo que es evidentemente correcto, y después se sentirá enfadado y resentido con el otro. El Nueve se convierte en la víctima impotente, llena de culpa y odio hacia sí misma. La «historia» de amor del Nueve implica no expresar lo que siente, y ni siquiera sentir lo que siente. Uno debería sentir amor; si en lugar de eso está enfadado, bueno, eso no es amoroso, de modo que es mejor insensibilizarse y desconectar.

Cuando uno se experimenta verdaderamente como amor, no hay reglas con respecto a cómo actúa el amor. Él es libre y espontáneo, sin condiciones. El amor ama de manera natural al amor. El amor sustenta al amor y lo refleja. Lo que esto significa y el tipo de conducta que esto implica está más allá de la capacidad de comprensión de la mente fijada.

~

La idea sagrada de la fijación Ocho es la *verdad*.

El Ocho usa la idea de verdad como una porra para golpear y someter a todos, manteniendo así el dominio y el control. Cuando la verdad se usa como un arma, siempre está presente la idea subyacente de «mi verdad». Hacer de la verdad algo personal y subjetivo es una mentira.

En la realización de la verdad eterna, no existe nadie separado que pueda tomarse nada personalmente. La verdad está más allá de todas las ideas y puede informar cada una de ellas. La verdad es informe y se manifiesta como todas las formas. Es el conocimiento de uno mismo como la fuente de toda manifestación.

~

Para la fijación Uno, la idea sagrada es la *perfección*.

Cuando el superego de la fijación Uno incorpora la *idea* de perfección sagrada, esta refuerza la tendencia a juzgar y a cortar. Como la perfección es una idea en la mente, siempre debe verse en polaridad con alguna idea de imperfección. La imperfección debe encontrarse y destacarse para sustentar la idea sagrada de perfección.

La verdadera perfección no es una idea en absoluto; simplemente es ver las cosas como son. En la verdadera perfección, todo está incluido. Como no hay nada separado de la perfección, ¿dónde puede haber imperfección?

~

La idea sagrada del Tres es la *compasión*.

Cuando la fijación Tres se apropia de la idea de compasión, se convierte en un pensamiento sobre cómo hacer lo adecuado. Todo acto justificado por el pensamiento de compasión es en último término autotraición, porque es una imitación artificiosa de la compasión surgida del código moral del hacedor. Todas las acciones que surgen de la imitación de la verdadera compasión acaban conduciendo al sufrimiento; alguien se sentirá insatisfecho o no apreciado.

La verdadera compasión nace espontáneamente de un corazón abierto. Cuando este se rompe, abriéndose por completo, el amor se vierte para beneficiar a todos los seres. Este es el camino de la compasión del *bodhisattva*, y transciende cualquier fijación particular. La verdadera compasión no tiene dador ni receptor, y tampoco está presente el acto de dar. Es el emerger espontáneo del amor.

~

La *libertad* es la idea sagrada del Dos.

Cuando la fijación Dos usa la libertad como idea sagrada, justifica la autoprostitución como un acto de libre albedrío. La idea de libertad que tiene el Dos consiste en escapar de la atadura de la servidumbre a una isla desierta donde no haya nadie a quien cuidar. Esto implica que la fijación nunca es libre de la obligación de cuidar a los demás. La necesidad obsesiva del Dos de cuidar a los demás es una manera de evitar ver que se trata de un deseo egoísta de extraer amor para uno mismo.

La verdadera libertad no es propiedad de ninguna fijación. El deseo de verdadera libertad conduce a la liberación del alma y, al final del Eneagrama, de la fijación del carácter. La libertad es la única elección real en la vida. Todas las elecciones hechas desde la fijación son mecánicas, previsibles, y no tienen peso ni libre albedrío. La elección de ser libre es la única verdadera y definitiva que surge en una corriente de vida.

Una vez que se elige la libertad, se renuncia a la vida fijada. Esta rendición es la renuncia a seguir las opciones determinadas por la fijación. Entonces, la vida fluye sin elección. Cuando la libertad toma el control, nadie elige, no hay nada que elegir. Se ha renunciado al control personal, de modo que la elección personal no tiene verdadero significado. La vida fluye sin elección como una divina expresión de amor.

El verdadero deseo de libertad es el último del ego. Antes de que surja, el ego fijado se pierde en una miríada de deseos y temores. La madurez espiritual consiste en estar dispuesto a reunir todos los deseos en uno último de libertad. Este deseo final lleva a la mente egoica a rendirse ante algo enorme y desconocido. Cuando el ego está dispuesto a morir por la libertad, finalmente afronta su muerte y muere. Lo que ahora queda es lo que no puede ser tocado por la muerte, y el alma inmortal se realiza a sí misma como conciencia inmortal. Este es el final de la búsqueda y el comienzo del verdadero amor.

~

El *origen* es la idea sagrada del punto Cuatro.

Cuando la fijación Cuatro usa la idea del origen, lo ve como si existiera en alguna otra parte: «Me encuentre donde me encuentre, la fuente debe estar en alguna otra parte». Con esta creencia, la fijación justifica su búsqueda interminable y emocional de satisfacción.

El verdadero origen es la naturaleza de Buda que todos compartimos. Es la verdadera inteligencia, la base del ser. Cuando te conoces a ti mismo como la fuente de todo, estás autorrealizado. No hay pensamiento, ni forma ni movimiento separado de la fuente. Cualquier pensamiento, cualquier forma o cualquier movimiento surge del campo del vacío, está hecho de vacío y retorna al vacío. Al tomar conciencia de esto, el ser realizado no tiene problemas con los pensamientos, las formas, los movimientos o su ausencia.

~

La idea sagrada de la fijación Seis es la *confianza*.

La confianza incorporada a las defensas mentales como una idea sagrada es un ejemplo de cómo esclaviza la religión fanática. Todas las sectas se basan en el miedo y están impulsadas por la idea de la confianza que tiene el superego. Entonces, la confianza se convierte en confianza ciega. La posibilidad de traicionar nuestra bondad básica e inherente surge cuando confiamos en un sistema de pensamiento y en una moralidad para tomar decisiones. Todos los movimientos religiosos fundamentalistas usan la confianza como un arma de la mente para derrotar la expresión espontánea de lo desconocido. La confianza ciega nos aleja de la sabiduría básica e inteligente del corazón, e implanta un superego que se presenta como Dios para determinar toda acción.

En realidad, la confianza se necesita cuando se llega al borde mismo del abismo, antes de saltar a lo desconocido. Ella puede ser el antídoto del miedo. El miedo es la contracción que se siente por tener que saltar; pero, con confianza, puedes tener miedo y saltar igualmente.

~

Para la fijación Siete la idea sagrada es el *trabajo sagrado.*

Cualquier «idea» de trabajo sagrado justifica la realización continua de los deseos de la fijación en nombre de dicho trabajo. Una vez que esta idea se incorpora al superego, puede sentirse culpa por no hacer lo que se ha conceptualizado como trabajo sagrado y comienza una búsqueda interminable del trabajo sagrado adecuado.

El trabajo sagrado nunca conduce a la realización, porque es un producto de ella. Cuando el ego se rinde finalmente al amor desconocido que habita conscientemente en el corazón, cuando nuestra vida de verdad está dedicada al servicio del amor, entonces ella misma es un trabajo sagrado.

Ramana Maharshi, por ejemplo, nunca abandonó su amada montaña. Nunca predicó ni trató de convertir a nadie. Simplemente siendo él mismo ayudaba a quienes venían pidiendo ayuda. Su misma encarnación fue el trabajo sagrado que tocó a un número incontable de personas con su transmisión silenciosa.

~

La fijación del Cinco es la idea sagrada de *omnisciencia*.

Cuando la estructura del ego asume la idea de omnisciencia, se convierte en una meta para el futuro, que puede ser realizada aprendiendo todo lo que es importante. De esta manera, la mente justifica el apego a sus preciosos objetos mentales. Este apego al pensamiento es el obstáculo para la verdadera omnisciencia.

La verdadera omnisciencia es el estado de la mente vacía. Al no saber nada en particular, la conciencia es capaz de conocer cualquier cosa que se presente. Este no saber inteligente, a veces, es imitado por el pensamiento de no saber, como en «yo no sé». Pero esto suele ser una declaración de ignorancia, no verdadera liberación. El verdadero no saber es dichosamente vacío y claro.

~

El camino sagrado

El camino no requiere cultivo,
simplemente no lo contamines.
¿Qué es la contaminación?
Mientras tengas una mente fluctuante,
que fabrica artificialidades y montajes,
todo esto es polución.
Si quieres realizar el camino directamente,
la mente natural es el camino.
A lo que me refiero con mente natural es la mente
sin artificialidad, sin juicios subjetivos,
sin apego ni rechazo.

MAESTRO CHAN MAZU, CHINA, SIGLO XII

El Eneagrama es una descripción de la mente fluctuante. En realidad, el camino sagrado no es un camino en absoluto. Más bien, es estar dispuesto a no moverse ante el impulso de la fijación. La expresión de la fijación es la contaminación, las artificialidades que constituyen los contenidos mentales.

Ningún camino puede llevarte al verdadero Ser, porque ya eres tu verdadero Ser. Cualquier camino implica que alguien va a alguna otra parte en busca de algo. A esto se le llama ignorancia o *samsara.*

Cuando te das cuenta de que lo que estás buscando es lo que está dirigiendo la búsqueda, puedes detener toda búsqueda, todos los caminos, y descubrir lo que ya está presente y siempre lo ha estado. Lo que siempre está presente es el fundamento del Ser eterno.

El budismo tibetano llama a este fundamento prístino del puro Ser el cuerpo de verdad o *Dharmakaya*, que es otro de los nombres del Absoluto. Tu verdadero cuerpo es conciencia inteligente vacía, el fundamento del universo. El alma, o *sambhogakaya,* que los tibetanos traducen como vehículo de placer, encarna una vida tras otra en busca del camino a casa en Dios.

Donde quiera que estés ahora mismo, este es el final del camino si estás dispuesto a soportar que se detenga la identificación con el ego. Para cada fijación esta detención asume cualidades distintas.

~

Para el punto Nueve, el camino sagrado es la *correcta acción.*

Cuando el Nueve está dispuesto a dejar de caer en la fijación, aparece todo lo que ha evitado anteriormente. Como la pauta del Nueve es evitar el conflicto a toda costa, el conflicto aparece. Insensibilizarse, desconectar, estar de acuerdo con cualquier cosa que se diga y pretender no tener preferencias son las maneras que tiene el Nueve de evitar el conflicto. Seguidamente el Nueve se siente como una víctima por no tomar postura, y siente resentimiento hacia los que tienen el control.

Al estar dispuesto a no volver a la fijación, la acción correcta del Nueve es mantenerse íntegro en el momento, aunque le resulte incómodo. Cuando está dispuesto a afrontar lo que ha estado evitando, surge de sus lóbregas profundidades la furia homicida que dirige la fijación para ser experimentada y quemada.

~

La *inocencia* es el camino sagrado para el punto Ocho.

La fijación Ocho toma la idea de inocencia y la usa para culpar a los demás y proclamarse libre de culpa. Entonces, el camino de la inocencia se convierte en un arma conceptual del ego para mantener la fijación Ocho firmemente bajo control. La fijación Ocho es un niño atemorizado cubierto por una armadura. Cuando se retiran la armadura de la competencia y la certeza de tener razón, el niño inocente puede emerger desnudo y sin armas.

La verdadera inocencia no se puede practicar; es una consecuencia de la verdadera realización. Lo que la fijación Ocho *puede* hacer es renunciar a tener *razón*. Los Ochos siempre suponen que cualquier *feedback* crítico es correcto. Esto genera la fricción derivada de la arrogancia de creer que uno siempre tiene razón. Cuando se renuncia a tenerla y cae la distinción entre lo correcto y lo equivocado, la verdadera inocencia brilla como signo de confirmación.

Esto prepara el terreno para la realización. Hasta que la fijación Ocho no pueda aproximarse desnuda e inocente, la puerta de la pureza inmaculada seguirá cerrada. Al pasar por la puerta, el fruto es la dicha de la autorrealización.

~

El camino sagrado para el Uno se llama *serenidad.*

El Uno tiende a vislumbrar la verdadera realidad, pero de inmediato la conceptualiza en una idea de lo que significa.

Para dejar de caer en la fijación, el Uno debe renunciar a tener razón dejando de lado todos los conceptos. Esto suscita un miedo enorme, que es la barrera que hay que atravesar. Detener el hábito de aferrarse mentalmente para tener razón deja expuesto el terror a estar equivocado. Al experimentar este terror sin moverse, se revela la serenidad. A partir de aquí comienza la verdadera investigación.

~

Para el punto Tres el camino sagrado recibe el nombre de *veracidad.*

La veracidad es estar dispuesto a romper la mentira esencial y la traición a uno mismo que implica la fijación. Cada Tres se siente aterrorizado ante el amor y evita un profundo odio hacia sí mismo. Este terror queda encubierto con un acto de amabilidad, y todo el juego es una mentira. Como la fijación se basa en una profunda autohipnosis de que está siendo verdadero en todo momento, los Treses creen ser honestos cuando aseguran que ninguno de esos sentimientos está presente. La veracidad requiere exponer la mentira y experimentar el aislamiento, el dolor, el miedo, la desesperación y el desprecio hacia uno mismo que se habían evitado tan completamente.

~

Para la fijación Dos el camino sagrado es la *humildad*.

Los Doses están dirigidos por el orgullo; la humillación es su antídoto. Aunque a nadie le gusta la humillación, tiene el potencial de ser una gran limpieza. Es como un ácido que se come las capas de orgullo incrustadas.

La gran trampa de la humildad es que, practicada como una idea o concepto, refuerza el orgullo espiritual. La verdadera humildad a menudo se revela como resultado de la profunda humillación de haber sido descubierto. Uno no puede practicar la humildad, pero puede dar la bienvenida a la calamidad de la humillación. Dar la bienvenida a la humillación no significa crearla, sino más bien mantenerse abierto sin resistencia a lo que aparezca.

~

El camino sagrado del punto Cuatro es la *ecuanimidad*.

La ecuanimidad es el equilibrio del cuerpo emocional. Sin embargo, uno no puede practicar la ecuanimidad. Cualquier práctica reprimirá las emociones no experimentadas de las capas más profundas. Como la fijación Cuatro es adicta a los altibajos emocionales, cree que la ecuanimidad es mortecina. Los Cuatros más inmaduros sienten un gran miedo a la ecuanimidad.

El único camino cierto hacia la verdadera ecuanimidad empieza con la disposición a renunciar a la propia historia de sufrimiento. De otra manera no se alcanzará el éxito. Con esta disposición es posible experimentar todo lo que se ha evitado sin tomárselo personalmente.

El Cuatro adicto emocional se lo toma todo de forma personal. En la madurez de la búsqueda del fin del sufrimiento, estar dispuesto a no tomarse las cosas personalmente significa ser capaz de hundirse hasta la raíz misma de la emoción negativa. En la base, debajo de la tristeza, la ira y el miedo superficiales está la profunda desesperación que encubre el agujero negro. Al rendirse al agujero negro, uno puede pasar al otro lado. Más allá del agujero negro está la naturaleza esencial, que es lo que se busca en último término a través de la historia y el apego emocional. La realización de nuestra propia naturaleza nos lleva a un estado natural de ecuanimidad que no puede ser practicado o imitado. Este verdadero estado de ecuanimidad permite que la claridad penetre aún más profundo hacia la exploración del verdadero Ser.

~

Para el punto Seis el camino sagrado es el *coraje*.

La fijación Seis teme el miedo, y cree que el coraje es la ausencia de él. Pero no lo es. El verdadero coraje es estar dispuesto a mantenerse en la verdad aunque se sienta miedo. Entonces el miedo no es un problema.

Este solo es un problema si significa algo. Si se toman decisiones basándose en el miedo, entonces es él el que gobierna. Si el miedo no afecta a las elecciones, se experimenta como es, sin duda ni culpa. En la experiencia limpia del miedo se descubre que es pura energía, que se ha identificado con la preservación de «alguien».

El verdadero coraje es sentirse aterrorizado y aun así rendirse a las profundidades desconocidas del corazón. Este es el secreto de una mente silenciosa.

~

La *sensatez* es el camino sagrado de la fijación Siete.

Sensatez es estar dispuesto a renunciar al hambre que siente la mente por lo nuevo y diferente. La verdadera sensatez cierra la puerta a cualquier idea de futuro. Cuando el Siete cierra esta escotilla de escape que es el futuro, es alcanzado por todo el dolor y el miedo que ha estado evitando con su constante carrera hacia delante.

Cuando se está dispuesto a soportarlo todo, la sensatez resultante es el comienzo de la verdadera sabiduría. Nuestra propia naturaleza sabia brilla de manera natural cuando el deseo deja de extender sus olas que distorsionan la superficie de la mente. Esta es la puerta hacia la dicha y la realización.

~

Para el punto Cinco, el camino sagrado es el *desapego.*

Externamente, los Cincos pueden parecer desapegados por su hábito de retirada. Pero la fuga y la conducta de ermitaño del Cinco son síntomas de un profundo apego. Lo hay a la intimidad y a la protección, y miedo a la invasión emocional. El apego se da a ambos lados de la polaridad egoica entre el miedo y el deseo. La aversión es el apego motivado por el miedo, mientras que el otro lado es perseguir los propios deseos. Todas las fijaciones tienen que afrontar esta dualidad primaria y estar dispuestas a acabar con ella. La noble verdad de Buda dice: «El fin del deseo conduce al fin del sufrimiento».

Para la fijación Cinco, la persecución de objetos deseables y el alejamiento de encuentros atemorizantes son apegos superficiales, en comparación con el profundo apego a los objetos de placer interiorizados. El Cinco está profundamente apegado a la mente y a sus ideas y fantasías.

El verdadero desapego es estar dispuesto a renunciar a la mente y a sus pensamientos. Esta rendición del precioso proceso interno conduce a una realización más profunda de la verdad de uno mismo. Desde esta realización, la conducta puede ser libre y no estar apegada a ningún resultado. Cuando el deseo de un resultado particular desaparece, entonces el verdadero desapego permite que las cosas sigan su curso de manera natural.

~

Cualidades de la esencia

Ananda: *El omnisciente señor Buda, encarnación de la iluminación universal, no destaca ni alaba de manera especial la perfección de la generosidad, la perfección de la bondad, la perfección de la paciencia, la perfección del compromiso o la perfección de la meditación. Solo la perfección sin par de la sabiduría, penetración trascendente en la insustancialidad y funcionamiento transparente de todos los fenómenos posibles, es mencionada continuamente por el señor Buda y la alaba extáticamente, la enseña intensivamente y la transmite radiantemente.*
Señor Buda: *Has observado con precisión, querido Ananda. Solo la perfección de la sabiduría genera y sustenta las otras cinco perfecciones trascendentes que constituyen el camino del bodhisattva, la traducción al altruismo del universo egocéntrico convencional.*

LEX HIXON,
PRAJNAPARAMITA SUTRA

La fijación es el funcionamiento del egoísmo. Intentar «trabajar sobre la esencia» se convierte en otro acto de egoísmo. Cuando la fijación no está activa, la esencia brilla. En el momento de ausencia de ego, se retira el velo que cubre la esencia.

Pase lo que pase, la esencia brilla siempre, igual que el sol. Pero, si te pones un dedo en el ojo, aunque es pequeño e insignificante con relación al Sol, ese pequeño dedo lo borrará y te sumirá en la oscuridad. Puedes creer que el Sol ya no está brillando, tal como no eres consciente de tu esencia fundamental, que siempre está aún más presente que el Sol, más cerca de ti que tu respiración.

Cada fijación enmascara una cualidad particular de la esencia. Cuando la luz está completamente desvelada y brilla, su irradiación se refracta en cada faceta de los nueve lados del Eneagrama. Seguidamente, este brillo asume distintas cualidades y sabores. Como ya se ha mencionado, los sufíes también asignaron colores a estas cualidades más densas de la esencia.

Uno no puede trabajar para hacer que el alma brille o para acumular esencia. Al estar dispuesto a morir al egoísmo, se revela la sabiduría trascendental de la irrealidad del universo aparente. Al ser fiel a esta revelación, la esencia brilla de manera natural.

A continuación, mencionamos las nueve cualidades esenciales de un alma que brilla plenamente.

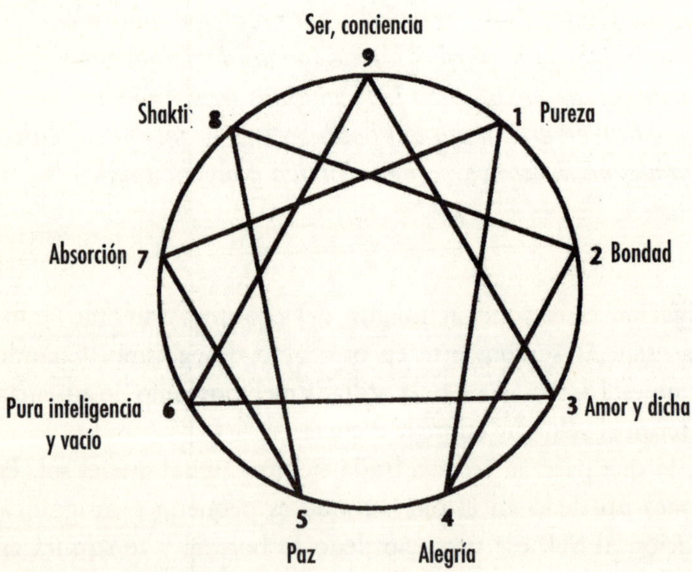

El punto Nueve es el lugar del ser inmortal. El Nueve tiene dos patas, una en el Seis y otra en el Tres. Como la esencia de la vida —representada por el Nueve, el Seis y el Tres— es la luz que informa y trasciende el alma, no toma el color de las cualidades refractadas del alma. La pura esencia es amor inmortal e inteligente, el tejido de la existencia y la fuente de todo. Da lugar al alma, al universo y a Dios, y trasciende su propia manifestación. Es el brillo que anima a todas las cualidades más densas de la esencia.

El ser inmortal del punto Nueve está flanqueado por dos cualidades del Ser: el poder (o *shakti*), la cualidad esencial del punto Ocho, expresada por la *latifa* roja; y la pureza, la cualidad esencial del punto Uno, expresada por la *latifa* blanca.

El amor, como naturaleza de la realidad, es la cualidad esencial velada en el punto Tres, y es tan fundamental que no tiene forma ni color. La bondad (llamada la *latifa* verde por los sufíes) y la alegría (la *latifa* dorada) son dos cualidades del amor que aparecen en los puntos Dos y Cuatro respectivamente.

El vacío del punto Seis está verdaderamente vacío de todo, incluso del nombre *vacío*. La absorción (la *latifa* azul) y la paz (la *latifa* negra) también son las cualidades del vacío en los puntos Siete y Cinco respectivamente. La experiencia de la paz se ha descrito como un terciopelo denso y negro que aún tiene una cualidad sutil de existencia.

La esencia del cuerpo sutil, o alma, se va desarrollando a lo largo de vidas llenas de pruebas. Tanto si uno está autorrealizado como si no, la esencia del alma puede ser evidente y brillar.

La fijación del carácter es lo que vela la pura esencia: es una imitación de ella, y el vehículo para poner a prueba y desarrollar el alma. Cada fijación es una imitación de una cualidad de la esencia. Así, el dar del Dos es una imitación de la esencia de la bondad. La pureza esencial del punto Uno queda velada a través del apego iracundo a encontrar impurezas.

¡El Invitado está dentro de ti!

El agujero negro: dicha y desesperación

Sabes que el brote está escondido en la semilla.
Todos estamos luchando, pero ¿hasta dónde hemos llegado?
Pierde tu arrogancia ahora y cae profundamente dentro.

KABIR

El cuerpo emocional es uno de los tres cuerpos aparentes de manifestación. Es un océano de sentimientos y tendencias latentes. Esto significa que todas las olas emocionales de la totalidad de nuestras vidas pasadas están discurriendo por debajo de la superficie de este mar emocional. Las olas están formadas por niveles de emoción no experimentada. Es posible hundirse en ese mar para descubrir las capas que se han evitado y para encontrar lo que subyace a todas las capas y las olas limitadas. Estas son las aguas traicioneras que debemos afrontar al zambullirnos. Cruzar el océano del *samsara* es hundirse debajo de todas las olas del deseo. El destino final, que pensamos que está en la orilla lejana, es en realidad el fondo del mar.

Cuando el impulso kármico de una ola cuenta con las condiciones apropiadas en el aparente «exterior», la ola sale a la superficie para empantanar la mente consciente y para actuar de maneras que parecen estar fuera de control. Lo que da su fuerza a las olas es que no han sido aún afrontadas y experimentadas directamente. Hasta que no se examinan directamente, hay apego a la realidad de las olas, en forma tanto de experiencia interna como de circunstancias externas. Estas olas subconscientes de fijación dirigen la vida. La idea de que tenemos libre albedrío solo es otro pensamiento para seguir justificando nuestro juego con las olas y así seguir haciéndolas en el futuro.

Dejarse caer profundamente dentro requiere que experimentes todo lo que crees que te separa de la verdad de ti como amor consciente y vacío. En este zambullirse dentro es posible pasar por alto todas las capas de material durmiente, subconsciente y latente. No obstante, estas capas durmientes seguirán estando allí para ser experimentadas en tu camino de vuelta al mundo. Si por la gracia del amor nunca vuelves a salir a la superficie desde tus profundidades, entonces todas estas tendencias latentes aparecerán para ser experimentadas y quemadas en el fuego sagrado de la mente iluminada. Si la identificación egoica vuelve a salir a la superficie, sigues teniendo la misma oportunidad de no moverte a medida que todo lo latente surge para ser experimentado y quemado.

Desesperación

Como en un pozo de agua profunda,
sumérgete profundamente con claridad.
Con el discurso, la mente y la respiración detenidos,
descubrirás la verdadera fuente
del ego-ser.

RAMANA MAHARSHI,
SAT DARSHAN BHASHYA

En la raíz de todo ego hay desesperación no experimentada. Esta emoción está en el fondo mismo del pozo. La desesperación es el reconocimiento de la desesperanzada futilidad de la situación. Se basa en el reconocimiento de la mortalidad y la inevitabilidad de la muerte. No obstante, la muerte es la guardiana del umbral de la inmortalidad.

Si bien la desesperación está en el origen de todo ego, raras veces ha sido experimentada plenamente. Creemos que es demasiado dolorosa como para soportarla. A fin de evitar la experiencia de la desesperación, el ego queda amortiguado por emociones más superficiales. En nuestro tiempo, cuando alguien se aproxima a la desesperación, se dice que está deprimido y se lo trata con medicamentos para evitar que la experimente directamente.

La mayoría de las personas viven sus vidas en la superficie de las cosas. Esto pertenece a la escuela de pensamiento que propone: «La ignorancia es dicha». Al nivel más superficial, resulta fácil ver que las heridas, las frustraciones, las irritaciones, los nervios y otras emociones están generados por una historia circunstancial que empieza a tomarse como algo personal. En combinación con los diálogos interno y externo que generan estados de ánimo y sentimientos, las personas siempre están culpando o sintiéndose culpadas o heridas en un ciclo interminable de historia personal. Por debajo de este nivel superficial, están las emociones no examinadas que generan la historia para amortiguar la experiencia de estar plenamente presente ante cualquier cosa que surja.

Por debajo de las ondas mentales de la historia personal se hallan las capas de emoción. El orden de las capas es común a la mayoría de las fijaciones, aunque la fijación del Nueve suele tener un orden distinto a las demás. Para el Nueve, la emoción de furia está muy abajo, cerca del fondo de la desesperación. La fijación Nueve cree que la furia es una expresión inútil de impotencia ante la catástrofe de la vida. Cuando la fijación Nueve está dispuesta a experimentar la furia homicida que está en el fondo, se halla muy cerca de la desesperación central.

Para el Nueve, por encima de la furia está el miedo; le resulta mucho más fácil sentir miedo que furia. Pero este también es desagradable y, por tanto, por encima del miedo están el dolor y la tristeza. Es mucho más fácil para un Nueve sentirse triste y un poco desesperado que dejarse caer hasta el fondo de los sentimientos más profundos. Incluso la tristeza queda amortiguada por las emociones más superficiales, generadas artificialmente, de la historia personal.

Es más fácil sentirse frustrado, incomprendido o confuso que sentir lo que está más profundo. A menudo, cuando cae en la experiencia de las emociones más profundas, el Nueve llega a un lugar de insensibilidad o falta de vida y no sigue adelante. Usa el mecanismo de defensa de la narcotización para protegerse de una experiencia dolorosa.

Las capas de las demás fijaciones siguen un orden ligeramente diferente. En la mayoría de ellas, el miedo es la emoción que encubre la desesperación. Por encima del miedo está la tristeza y, más arriba, está la ira. Pero siempre hay excepciones. Ciertos puntos del miedo reprimen la ira, cuya expresión resulta demasiado peligrosa, bajo la tristeza y el dolor.

Siempre es posible caer directamente de la superficie a las profundidades. Sin embargo, si hay capas de emoción no experimentada que uno se ha saltado o que ha negado, dichas capas reaparecerán más tarde para ser experimentadas.

A un nivel muy práctico, es posible comenzar en la superficie misma y, después de experimentar directamente la emoción superficial, seguir cayendo más profundo en la emoción subyacente. Por ejemplo, si estás enfadado con alguien y estás dispuesto a sentir el enfado completamente, sin reprimirlo ni descargarlo, por debajo del él a menudo encuentras dolor. Si experimentas el dolor, por debajo de él podrías encontrar miedo. Si a continuación experimentas plenamente el miedo y caes por debajo de él, encontrarás la desesperación. Si estás dispuesto a caer hasta esta, finalmente atravesarás un «agujero negro».

Uno de los muchos dones del Eneagrama es que, al examinar la estructura de las nueve fijaciones, podemos descubrir que en la raíz de cada ego está velado un agujero negro. Toda fijación es un intento para no caer en el vacío del agujero negro. Los puntos Cuatro y Cinco, en la base del Eneagrama, son las dos fijaciones más agudamente conscientes de la existencia de este. El Cuatro evita el agujero negro aferrándose a la emoción, y el Cinco lidia con el terror que le produce la caída en el agujero negro apegándose a las ideas mentales.

Ciertas propiedades propuestas para los agujeros negros descubiertos en el espacio exterior son notablemente similares a las de los agujeros negros descubiertos en el espacio interno. Cuando uno se zambulle dentro, descendiendo al agujero negro de la nada, se produce un colapso del horizonte de sucesos. Los científicos describen este colapso en el espacio exterior diciendo que las ondas luminosas no pueden escapar de la atracción del agujero negro, y así el pasado y el futuro son absorbidos en él. El colapso del horizonte de sucesos en el espacio interno es la disolución del pasado y del futuro personales, junto con la historia del yo personal.

El agujero negro es una escotilla de escape que te lleva desde el cuerpo emocional limitado hasta la esencia ilimitada. Al zambullirse en el agujero negro, se revela la posibilidad de realizar directamente la esencia, acabando con la identificación con el ego. No obstante, si se intenta convertir esta comprensión en una técnica para conseguir algo, o para no sentir emociones negativas, la medicina deviene en veneno y la fijación sigue dirigiendo nuestra vida.

El diálogo siguiente es un claro ejemplo del uso de la experiencia emocional como vehículo de la autoindagación. Se trata de una sesión que tuvo lugar en el Instituto Esalen, en Big Sur, California. El participante tiene una fijación Ocho.

Participante: ¡Me siento muy jodido! No puedo creer que ella me haya hecho eso.
Eli: Este es un sentimiento muy familiar, ¿cierto?
P.: Sí.
E.: ¿Te gustaría intentar experimentar y descubrir lo que está más profundo? Podría sorprenderte.
P.: De acuerdo. Cualquier cosa será mejor que esto.
E.: Dices que te sientes muy jodido. Ahora siente eso completamente, sin adosarle ninguna historia, ¿cuál es la pura emoción?
P.: Estoy muy enfadado.
E.: Sí, correcto. Estás muy enfadado. (El enfado es la emoción subyacente a la «historia» de estar «jodido»). Siente plenamente el enfado, sin historia.
Y ahora, ¿qué hay por debajo de la ira?
P.: Me siento triste. Me duele que me haya traicionado así. (En este punto aún hay una historia de culpar por lo que se está experimentando).
E.: Sí, te sientes triste. Siente la tristeza completamente, sin historia ni significado. ¿Y qué es lo que está aún más profundo?
P.: Tengo miedo de perderla. Tengo miedo de que esta sea una más de las relaciones que he perdido.
E.: Sí, tienes miedo. Invita a todo el miedo de esta vida a ser experimentado ahora. ¿Y qué hay más profundo, por debajo de ese miedo?

P.: Es un pozo. Es algún tipo de infierno. Siento que nunca lo voy a entender. Siento que las cosas nunca van a mejorar.
E.: Correcto. Sientes como que las cosas nunca van a mejorar. Siente esa emoción completamente, sin la historia. Siente su pura desesperación.
P.: Siento que es interminable.
E.: Sí, la sientes interminable. Ahora permítete sumergirte en ella. Déjate caer tan profundamente que ya no haya salida. (Larga pausa). Cuando te dejas caer hasta el fondo, ¿qué hay aún más profundo?
P.: Es como si estuviera cayendo a través del espacio. Estoy cayendo en un pozo de negrura.
E.: Sí, correcto, estás cayendo en un pozo de negrura, un pozo sin paredes. Déjate caer hasta el fondo y, cuando salgas por abajo, infórmame de qué estás experimentando.
P.: Está vacío por todas partes, pero es un vacío lleno. Hay amor por todas partes.
E.: Sí, amor por todas partes. ¿Estás separado de este amor?
P.: No.
E.: Entonces, ¿quién eres tú?
P.: Yo soy el amor.
E.: Sí, es cierto, tú eres amor.

~

En cada momento tienes la oportunidad de detenerte y de experimentar plenamente todo lo que hay ahí. Si estás dispuesto, puedes experimentar todas las capas de mente y emoción, todo el recorrido hasta el núcleo y hasta llegar al vacío. No hace falta un espacio ni una preparación especiales, solo estar dispuesto a afrontarlo todo. Solo a través de esta actitud puedes descubrir la total insustancialidad de todas las olas de la identidad.

Hace muchos años, antes de conocer a mi maestro, estaba en Alemania dirigiendo un retiro en el que trabajábamos con este modelo de los agujeros negros. Mi ayudante alemana me llevaba en coche a la meditación de primera hora de la mañana. Al cabo de pocos minutos me dijo que podríamos quedarnos sin gasolina y no llegar a la sala de meditación.

Mi primer impulso fue enfadarme por su descuido. Yo tenía que llegar antes que los demás para estar sentado cuando ellos fueran entrando. Pensaba que debía servir de modelo para ellos, y ella estaba arruinando mi trabajo con su olvido.

Lo normal en mí habría sido atacarla verbalmente, como había hecho la mayor parte de mi vida. Habría descargado mi ira proyectándola en ella y culpándola de nuestra situación y de mi enfado. O, posiblemente, en otra etapa en que hubiera trabajado más sobre mí mismo, en lugar de gritarle habría intentado reprimir mi ira, pero aun así habría hecho algún comentario sarcástico y cortante para informarla de su error.

En esta ocasión, simplemente experimenté la situación. Por debajo de la ira, experimenté el dolor de que ella me hubiera decepcionado. Por debajo de ese dolor, me chocó descubrir orgullo. Lo que yo llamaba «estar al servicio» en realidad era dirigido por el orgullo. ¡No tenía ni idea! Sentí el orgullo espiritual completamente y después la humillación ardiente que eso me producía. Por debajo de la humillación, me dejé caer en una dicha profunda y alegre. Durante todo este tiempo mi ayudante seguía conduciendo, inconsciente de lo que ocurría a su lado, excepto cuando entré en la experiencia de dicha, pues en ese momento cambió la calidad de la energía dentro del coche. Dejó de preocuparse por la gasolina y su tono de voz cambió. Permanecimos sentados en silencio mientras íbamos al centro de retiros, donde llegamos con tiempo y gasolina más que suficientes. Si nos hubiéramos quedado sin gasolina, igual habría sido una enseñanza perfecta. No se trataba de cambiar el resultado, sino, más bien, de estar dispuesto a renunciar a todo apego personal al resultado o a tener razón. Gracias a esta actitud, uno puede descubrir que la totalidad del universo es medicina.

La experiencia de dejarse caer por debajo de la superficie rompe el trance de la historia sobre la realidad que propone la fijación. Lo que superficialmente parece real resulta ser una versión superficial de ello.

Caer por debajo de la superficie ofrece una experiencia directa de la esencia. Si la caída es pura y profunda, caes en la dicha del verdadero Ser.

Dicha

Hablo del Sahaja Samadhi, en el que te mantienes calmado, sereno y aquietado, incluso mientras el cuerpo está activo. Te das cuenta de que estás siendo movido por el Ser interno más profundo y real. No tienes preocupaciones, ni ansiedades ni asuntos pendientes. Te das cuenta de que nada te pertenece, y todo es hecho por Algo con lo cual estás en unión consciente. La mente está libre de duda y elección. Está segura de la verdad. Siente la presencia de lo real. Incluso cuando está activa, sabe que está activa en la Realidad, el Yo, el Ser Supremo.

RAMANA MAHARSHI,
SAT DARSHAN BHASHYA

En sánscrito, a la absorción en la dicha se la denomina *samadhi*. En la cosmología hindú se han catalogado muchos tipos de ellos. La mayoría de los *samadhis* implican zambullirse internamente en la dicha del Ser. En el proceso de despertar a nuestra propia naturaleza, la experiencia de la dicha es tan esencial como la de la desesperación.

Como se ha descrito, caer por el agujero negro es una forma limitada de *samadhi*. Es una experiencia que tiene una duración y un final. A esto se lo llama «lanzar el cubo dentro del pozo con la cuerda todavía atada». La cuerda es la mente. Al final de la experiencia, la mente vuelve a salir a la superficie en forma de alguien identificado con el ego que acaba de experimentar algo.

Hay una historia muy conocida que ilustra este tipo de *samadhi*.

En una ocasión un rey anunció a su reino que regalaría un caballo a cualquier súbdito que pudiera permanecer en samadhi durante un mes. Un yogui de las colinas oyó

> *la noticia. Siempre había querido un caballo y sabía que podía hacerlo. Se presentó en la corte. El yogui entró en un profundo* samadhi *y no se movió en ningún momento. Pasó el mes y seguía sin moverse. Después pasaron seis meses, y un año. Y continuaron transcurriendo los años. Pronto el rey murió y su hijo heredó el trono. Un día el yogui abrió los ojos, miró a su alrededor y dijo: «¿Dónde está mi caballo?».*

El valor de este tipo de *samadhi* es que estás inmerso en la dicha de tu Ser. La desventaja es que se trata de una experiencia limitada, que tiene un principio y un final. Mientras la mente fijada se crea real, la *idea* que tienes de ti mismo sigue siendo la base aparente y no examinada de tu Ser. Las comprensiones, los estados de *samadhi* y dicha, son como agujeros en el terreno del ser personal. Cuando acaba la experiencia, el yo reconstituido la reclama para sí. El yo egoico busca más y más experiencias espirituales con la esperanza de que se hagan permanentes, de que yo me ilumine. Sin embargo, toda experiencia es limitada, y la iluminación solo es la ausencia permanente de la creencia en el «yo» limitado.

El siguiente nivel de *samadhi* es lanzar el cubo dentro del pozo sin cuerda. Aquí se está dispuesto a acabar con toda identificación con el yo individual que está viviendo una experiencia espiritual. La entidad personal se considera inexistente y, entonces, la vida individual se vive como vacío y amor.

El último nivel de *samadhi*, el *Sahaja Samadhi*, no consiste un zambullirse dentro, sino en descansar naturalmente en ti como tú mismo. Con independencia de que la experiencia sea dichosa o dolorosa, de que las circunstancias sean positivas o negativas, nunca te alejas de la verdad de ti. A esto se lo llama autorrealización.

El camino del silencio

Si quieres ser libre, conoce tu Ser real. No tiene forma, ni apariencia, ni raíz, ni base ni morada, pero es vivaz y boyante. Responde con facilidad versátil, pero su función no puede ser localizada. Por lo tanto, cuando lo buscas, te alejas de él; cuando vas tras él, te alejas más de él.

ENSEÑANZA ZEN

Hemos visto que el Eneagrama nos ofrece una superficie reflectora para exponer los artificios de la mente. La contaminación, o la mente fluctuante, está generada por la fijación del carácter. Las marcas características de la fijación son el apego, el rechazo, los juicios subjetivos y la artificialidad. La fijación del carácter es una cristalización en la materia mental de eones de olas de deseo, o fluctuaciones. Esta cristalización se experimenta como «yo, mi pasado y mi futuro». Las ondas son los pensamientos sobre «lo que temo» y «lo que quiero». Todo esto es el discurrir de la fijación.

Cuando nos hacemos conscientes de las estructuras sutiles de la mente, podemos dejar de hacer olas y la mente puede rendirse y descansar. Rendirse es dejar de hacer olas o de fluctuar en la materia mental. El resultado de esta rendición es la paz, que no es insensibilización ni quedarse en blanco, ni siquiera calma, sino paz y amor profundos, verdaderos y esenciales. La paz deviene en una quietud dichosa. El amor se experimenta como ser inmortal, consciente de sí mismo.

Cuando hablamos del yo, solemos referirnos al cuerpo físico, con los pensamientos y emociones que lo acompañan. Sin embargo, son todas las fluctuaciones del cuerpo, la mente y la emoción las que bloquean la clara percepción del verdadero Ser. La percepción clara solo es posible cuando no hay contaminación y la mente está en silencio.

Esta mente en silencio es el objetivo de toda práctica espiritual. Es tanto el camino de la realización como su fruto.

El gran dilema, por tanto, es cómo silenciar la mente para acabar con la contaminación mental y realizar, directamente, la verdad de uno mismo como conciencia pura e indiferenciada. Muchos han saboreado la sublime dulzura del verdadero silencio. No me estoy refiriendo a la quietud relativa que es lo opuesto al ruido, sino al rugido trascendente del silencio que sustenta y da nacimiento a todas las quietudes y los ruidos relativos.

~

Cuando Jesús declaró: «¡El Padre y yo somos Uno!», ese fue el don más precioso y poco común otorgado por la gracia a la humanidad. Esta Unidad primordial, más allá de toda acción o esfuerzo, es la condición natural del ser humano cuando se retira toda fijación.

San Juan de la Cruz, que vivió en la España renacentista, expresó esta realización de manera muy hermosa cuando escribió:

> *Entreme donde no supe y quedeme no sabiendo, toda ciencia trascendiendo. De paz y de piedad era la ciencia perfecta, en profunda soledad entendida, vía recta; era cosa tan secreta, que me quedé balbuciendo, toda ciencia trascendiendo.*

Muchas personas de nuestro tiempo y de nuestra cultura han saboreado la verdad que está más allá de todo conocimiento y de toda forma. Ya sea a través de la meditación, de las experiencias de cercanía con la muerte, de las drogas psicodélicas o mirando el atardecer, muchos han experimentado el descenso de la gracia y han saboreado la santidad, la quietud y la pureza que están en el núcleo de todo. La pregunta sigue vigente: ¿cómo hacer de este vislumbre, que suele ser pasajero, un estado permanente, libre de las distorsiones contaminadas de la fluctuación?

Se han probado muchas prácticas para aquietar relativamente la mente, con diversos grados de éxito. Para la mayoría, el resultado final ha sido, en el mejor de los casos, elusivo.

El secreto de una mente silenciosa es la no acción. La mente suele interpretar esto como un no hacer «haciendo», y no es así. La pura no acción está libre de fijación e identidad. Carece de sujeto y revela el verdadero no terreno del vacío. La caída libre en lo desconocido no termina nunca. Este es el secreto de la no acción.

Después de haber pasado por muchas tradiciones espirituales, de haber conocido a muchos gurús y santos, finalmente me topé con la transmisión pura de esta realización inmaculada. En el vasto universo de la espiritualidad, donde la vida está dirigida por declaraciones de uno y otro signo, encubrimientos y fraudes, hay un hombre que es respetado universalmente como ser verdaderamente autorrealizado que no hizo daño. Sus devotos lo llamaban Ramana Maharshi.

El método que Ramana sugirió para cortar el nudo de la mente egoica recibe el nombre de autoindagación. Esta es la esencia de las enseñanzas más internas que tienen su origen en India y que posteriormente dieron lugar al método y la realización de Buda. La mejor manera de describir la autoindagación es que la mente silenciosa descubre su fuente.

Tradicionalmente, la autoindagación se describe como un proceso en el que la mente se vuelve hacia dentro para preguntarse: «¿Quién soy yo?, ¿soy este cuerpo?, ¿soy estos pensamientos?, ¿soy estos sentimientos?». Cuando la mente silenciosa nota el emerger del pensamiento yo, lo sigue hasta su fuente, donde se disuelve y entonces brilla el verdadero yo.

Una mente silenciosa es una mente libre de enredos. Una mente silenciosa ha renunciado a la lucha por tener razón, por saber, por hacer y por tener. En la realización más profunda de la verdad, todos los enredos y luchas se queman en el reconocimiento de su irrealidad.

En las tradiciones budista e hindú, la transmisión de una mente silenciosa pasa de un Ser realizado al buscador maduro. Para esto es necesario un verdadero maestro.

Cuando emprendí mi búsqueda espiritual en 1971, a la edad de veinticuatro años, uno de los primeros libros que leí fue el *Tao Te Ching* de Lao Tse. Leí la descripción de una mente silenciosa, pero no sabía cómo llegar desde aquí hasta allí. No podía imaginar cómo sería eso ni qué aspecto tendría mi vida si pudiera alcanzar ese estado exaltado. Mediante el uso de drogas psicodélicas experimenté la dicha de una mente silenciosa. Pero la experiencia no era duradera y yo no tenía control sobre el proceso del pensamiento. Durante dieciocho años busqué en las diversas tradiciones espirituales, pero no encontré una respuesta definitiva.

El 19 de enero de 1990 entré en casa de un maestro aún desconocido en Lucknow, India. Sentado con él, en su cama, encontré el final de mi camino espiritual. En el instante en el que nos encontramos, supe que era la persona que había estado buscando toda mi vida. Supe que estaba sentado con, y frente a, mi propio Ser. Por si me quedaba alguna duda, la verdad fue confirmada por dos elementos colgados en la pared de su pequeña habitación. Uno era una fotografía imponente de su maestro Ramana Maharshi. Y también estaba el Sri Yantra, que había sido mi símbolo sagrado y el anagrama de mi organización durante más de una década antes de nuestro encuentro. Pero estas señales confirmadoras fueron secundarias con respecto al encuentro mismo.

En cuanto lo vi, me enamoré. Nos miramos mutuamente a los ojos y me sentí abrumado por la dicha. Él me preguntó:

—¿Por qué has venido?

—Estoy preparado para despertar —respondí.

Él se rio y me abrazó, y supe que estaba en casa.

A los tres días, le dije:

—Papaji, llevo tres días contigo y aún no estoy iluminado.

—Sí, me sorprende —dijo él—, un chico listo como tú.

—¿Qué debería hacer? —pregunté.

—Déjame que te cuente lo que me dijo mi maestro. Permite que la mente se quede quieta. No des lugar a ningún pensamiento.

—¿Cómo hago eso?

—Tu mente está en silencio ahora, ¿correcto?

Tuve que decirle que en su presencia sentía una abrumadora sensación de dicha y un profundo silencio mental.

—Sí, lo está —respondí.

—Ahora mira hacia abajo, al vacío, y observa el siguiente pensamiento —dijo él.

Lo hice. Observé que el siguiente pensamiento empezaba a surgir como una burbuja que tomaba forma lentamente. No lo toqué. Y volví a hundirme en el vacío.

Él sonrió y dijo:

—Mantenerse vigilante es no seguir el pensamiento siguiente. Ahora estás en el filo de la navaja. Cuando estés en el filo de la navaja, no lleves ninguna carga. Incluso un pensamiento es una carga excesiva.

Seguí sus instrucciones y durante el mes siguiente el silencio se ahondó hasta convertirse en un rugido ensordecedor. Vivía libre de pensamientos y la vida continuó desplegándose con su propia inercia. La conciencia vacía lo observaba todo en la dicha.

Mi maestro me pidió que llevara esta realización de vuelta al mundo y al trabajo que estaba haciendo antes de nuestro encuentro. Este libro forma parte de mi manera de cumplir sus deseos.

~

Actualmente, cada vez más gente descubre el secreto de una mente silenciosa. En el pasado cercano esto se consideraba imposible. Ahora todo el mundo puede detener la mente. No se trata de hacer esfuerzos. No se trata de que un pensamiento libre un duelo contra todos los demás. Simplemente se trata de usar el Eneagrama para ver cómo te identificas con una historia personal que, en realidad, no es «única» ni «personal» en absoluto, y de descubrir que estás dispuesto a acabar con ella.

Lo que acaba no es la mente, sino cierta función de la mente. La mente enfocada en una identidad personal discurre lateralmente del pasado al futuro, y vuelve. Cuando este correr de la mente cesa, esta se sumerge dentro de manera natural. En este sumergirse dentro hacia su fuente, ahora la mente es el vehículo para la revelación de las profundidades. Simplemente, es el cambio de una ruta horizontal a otra vertical. La mente deja de correr hacia atrás y hacia delante, y ahora se hunde hacia dentro y vuelve a salir. En este movimiento hacia dentro, se produce la toma de conciencia de que la mente no es otra cosa que pura conciencia, el verdadero Ser, quien uno es realmente.

Este no es el final, sino el principio. Todo lo que ha conducido hasta este momento es prehistoria. Todo lo que sigue contribuirá a la profundización de la realización del alma, que se funde en la unión final con Dios.

~

PARA RECIBIR INFORMACIÓN SOBRE EL ENEAGRAMA Y LAS ENSEÑANZAS DE ELI JAXON-BEAR EN ESPAÑOL:

Envía un correo electrónico
info@leela.es
o
Entra en el sitio web
www. leela.es